Der Tatbestand des Betriebsübergangs nach der Rechtsprechung des Europäischen Gerichtshofs und des Bundesarbeitsgerichts

Zivilrechtliche Schriften

Beiträge zum Wirtschafts-, Bank- und Arbeitsrecht

Herausgegeben von Peter Kreutz und Dieter Reuter

Band 38

PETER LANG

Frankfurt am Main · Berlin · Bern · Bruxelles · New York · Oxford · Wien

Holger Meyer

Der Tatbestand des Betriebsübergangs nach der Rechtsprechung des Europäischen Gerichtshofs und des Bundesarbeitsgerichts

PETER LANG
Europäischer Verlag der Wissenschaften

Bibliografische Information Der Deutschen Bibliothek
Die Deutsche Bibliothek verzeichnet diese Publikation in der Deutschen Nationalbibliografie; detaillierte bibliografische Daten sind im Internet über <http://dnb.ddb.de> abrufbar.

Zugl.: Kiel, Univ., Diss., 2003

D 8
ISSN 0941-147X
ISBN 3-631-52298-3

www.peterlang.de

Für Katrin

Vorwort

Die vorliegende Arbeit lag der Rechtswissenschaftlichen Fakultät der Christian-Albrechts-Universität zu Kiel im Wintersemester 2003/2004 als Dissertation vor. Änderungen in Gesetzgebung, Rechtsprechung und Literatur sind in der vorliegenden Fassung bis November 2003 berücksichtigt.

Für die wissenschaftliche Betreuung der Arbeit möchte ich meinen herzlichsten Dank an meinen Doktorvater, Herrn Prof. Dr. Peter Kreutz, richten.

Herrn Prof. Dr. Jörn Eckert danke ich für die zügige Erstellung des Zweitgutachtens.

Mein Dank gilt außerdem Andreas für seine Unterstützung bei den Formatierungsarbeiten und sonstigen IT-Fragen.

Juliane, Martin und Matthias danke ich für das Korrekturlesen dieser Arbeit und für ihre hilfreichen Anmerkungen.

Mein innigster Dank gilt meinen Eltern und Großeltern. Ohne ihr Verständnis und ihre Unterstützung wäre es mir nicht möglich gewesen, mich einer Promotion zu widmen.

Schließlich danke ich meiner Freundin Katrin für ihre Liebe und ihr Verständnis und dafür, daß sie immer für mich da war.

Hamburg, im Januar 2004
Holger Meyer

Inhaltsverzeichnis

1. Teil:
Einleitung

„Christel Schmidt“ und „Ayse Süzen“ sind Namen, die wohl jedem bekannt sind, der sich in Deutschland oder Europa für Entwicklungen im Arbeitsrecht interessiert. Der Hintergrund für den enormen Bekanntheitsgrad dieser zwei Entscheidungen des Europäischen Gerichtshofs (EuGH) zum Anwendungsbereich der (damaligen) Betriebsübergangsrichtlinie 77/187/EWG (heute Richtlinie 2001/23/EG) ist dabei folgender: Bei der Ausgestaltung des Tatbestands des Betriebsübergangs handelt es sich um eine komplizierte und in hohem Maße von Abwägungsvorgängen abhängige Rechtsmaterie, die daher und auch aufgrund ihrer immensen wirtschaftlichen Bedeutung im deutschen Rechtskreis schon immer Gegenstand heftig geführter Kontroversen im arbeitsrechtlichen Schrifttum und in der Rechtsprechung war. Darüber hinaus liegt hier noch die Besonderheit vor, daß die deutsche Bestimmung in § 613a BGB erst nachträglich durch den Erlaß der Richtlinie 77/187/EWG eine europarechtliche Bedeutung erhalten hat. Neben der deutschen Arbeitsgerichtsbarkeit war auf einmal auch der Europäische Gerichtshof zur Entscheidung über das Vorliegen eines Betriebsübergangs berufen. Insofern war es von vornherein voraussehbar, daß sich hieraus Spannungen ergeben würden, denn die Entscheidungen des europäischen Gerichts trafen auf eine schon existierende Rechtsprechung zum Betriebsübergang in der Bundesrepublik; ebenso war es naheliegend, daß der EuGH sich nicht nur an der deutschen Sichtweise orientieren würde, sondern darüber hinaus noch europarechtliche sowie Aspekte aus den anderen Mitgliedstaaten im Rahmen seiner Begriffsbestimmung berücksichtigen mußte.

Dennoch blieben die Entscheidungen des EuGH zur Anwendbarkeit der Richtlinie 77/187/EWG in der Bundesrepublik zunächst noch weitgehend unbeachtet. Erst im Jahre 1994 schlug eben die Entscheidung „Christel Schmidt“ ein wie ein Paukenschlag, schien sie doch die bis dahin in Deutschland absolut vorherrschende Sichtweise völlig auf den Kopf zu stellen, wonach es für die Annahme eines Übergangs vornehmlich auf die Übernahme des wesentlichen betrieblichen Substrats durch den Erwerber ankam. Für die Anwendbarkeit der Richtlinie 77/187/EWG sollte, so wurde die Entscheidung überwiegend verstanden, nunmehr eine bloße Funktionsnachfolge genügen, also der Fall, daß ein Unternehmer lediglich eine Aufgabe übernahm, die zuvor ein anderer Unternehmer ausgeführt hatte. Dies hätte weitreichende Konsequenzen für das Wirtschaftsleben im gesamten europäischen Raum mit sich gebracht. Denn alltägliche Vorgänge, wie beispielsweise die Fremdvergabe von Aufgaben, die ein Unternehmen bisher selbst erledigt hat, oder die Neuvergabe eines Auftrags nach einer Ausschreibung an ein anderes Unternehmen, würden nun immer mit einem Betriebsübergang verbunden sein und damit weitreichende Rechtsfolgen mit sich bringen, die die Richtlinie 77/187/EWG und § 613a BGB vorsehen. Insofern ist es verständlich, daß die Auseinandersetzung mit „Christel Schmidt“ - und zwar überwiegend in kritischer Form - in den folgenden Jahren in das Zentrum des arbeitsrechtlichen Interesses in der Bundesrepublik und in Europa gerückt ist.

Den eigentlichen Meilenstein in der Entwicklung hin zu einem europäischen Betriebsübergangsverständnis bildete dann aber die Entscheidung des EuGH „Ayse Süzen“ aus dem Jahre 1997. Diese Entscheidung wurde im Gegensatz zum „Schmidt“-Urteil von allen Seiten überwiegend wohlwollend aufgenommen und muß wohl, obwohl der Europäische Gerichtshof dies nicht zweifelsfrei ausgedrückt hat, als Abkehr von „Christel Schmidt“ angesehen werden. Immerhin bewegte die Entscheidung „Ayse Süzen“ schließlich auch das Bundesarbeitsgericht (BAG) dazu, sich der Sichtweise des EuGH zum Betriebsübergang anzuschließen, so daß seither in der Rechtsprechung das Verständnis des Tatbestands von § 613a BGB dem des Tatbestands der Richtlinie 77/187/EWG entspricht. Die Sichtweise des EuGH aus der Entscheidung „Ayse Süzen“ wurde auf europäischer Ebene zunächst in der Änderungsrichtlinie 98/50/EG zur ursprünglichen Betriebsübergangsrichtlinie 77/187/EWG und mittlerweile in der neu kodifizierten Richtlinie 2001/23/EG gesetzlich bestätigt.

Mit der vorliegenden Arbeit soll die Entwicklung hin zu einem gemeinsamen Modell des Tatbestands der europäischen Richtlinien 77/187/EWG, 98/50/EG und 2001/23/EG bzw. des § 613a BGB in der Rechtsprechung des EuGH und des BAG dargestellt werden. Dieses Modell wird sodann zum Gegenstand einer umfassenden Analyse, in der versucht werden soll, sowohl die dogmatischen Grundlagen als auch die Tauglichkeit und den Anwendungsbereich des Modells für die Praxis herauszuarbeiten. Zugleich sollen abweichende Konzepte und kritische Stimmen aus Rechtsprechung und Literatur erörtert und weiterhin bestehende Zweifelsfragen im Zusammenhang mit dem Tatbestand des Betriebsübergangs so weit wie möglich geklärt werden.

2. Teil: Die Grundlagen für die Rechtsprechung zum Tatbestand des Betriebsübergangs in den Richtlinien 77/187/EWG, 98/50/EG und 2001/23/EG sowie in § 613a BGB

A. Die europarechtliche Regelung in den Richtlinien 77/187/EWG, 98/50/EG und 2001/23/EG

I. Die Richtlinie 77/187/EWG

1. Entstehungsgeschichte

Die Richtlinie 77/187 EWG stellt bis heute neben den Richtlinien der Gemeinschaft zur Gleichbehandlung von Mann und Frau und zum Schutz der Arbeitnehmer bei Massenentlassungen die bedeutendste Maßnahme des Gemeinschaftsgesetzgebers im Bereich der arbeitsrechtlichen Rechtsangleichung dar[1]. Ihre Entstehung geht auf die steigende Anzahl von Unternehmenszusammenschlüssen und –umstrukturierungen im nationalen wie internationalen Kontext sowie einem wachsenden gesellschaftlichen Bewußtsein für die negativen Folgen der wirtschaftlichen Entwicklung (auch) für die Rechte der Arbeitnehmer in den frühen 70er Jahren zurück[2].

Der entscheidende Anstoß für die Ausarbeitung der Richtlinie 77/187/EWG ging dann von einem sozialpolitischen Aktionsprogramm des Rates vom 21.01.1974 aus[3]. Zu den zahlreichen Vorgaben dieses Programms zählte auch der Schutz von Arbeitnehmeransprüchen und -vergünstigungen bei Zusammenschlüssen, Konzentrationen und Rationalisierungsmaßnahmen von Unternehmen[4]. Daraufhin legte die EG-Kommission am 31.05.1974 einen „Vorschlag einer Richtlinie zur Harmonisierung der Rechtsvorschriften der Mitgliedstaaten über die Wahrung von Ansprüchen und Vergünstigungen der Arbeitnehmer bei Gesellschaftsfusionen, Betriebsübertragungen sowie Unternehmenszusammenschlüssen“ vor[5]. Die in dem Richtlinienvorschlag vorgesehenen Schutzmechanismen setzten auf zwei Ebenen an. Auf individualrechtlicher Ebene sollte der Bestand der Arbeitsverhältnisse durch die Anordnung eines automatischen Übergangs der Arbeitsverhältnisse vom Betriebsveräußerer auf den -erwerber[6] sowie durch ein Verbot von ausschließlich

---

1 Siehe Wendeling-Schröder, ArbR der Ggwart Bd. 32 (1995), 55 (57).
2 Eine ausführliche Darstellung dieser Entwicklung findet sich bei v. Alvensleben, S.87 ff; Wenking, S. 3 ff; vgl. auch Baudenbacher, DB 1996, 2177.
3 ABl. EG Nr. C 13 S.1 ff. vom 12.02.1974; siehe hierzu auch Wenking, S. 4 f.
4 ABl. EG Nr. C 13 S.1 ff. vom 12.02.1974.
5 Zusammen mit der Begründung abgedruckt in: RdA 1975, 124 ff.
6 Art. 3 Abs. 1 des Vorschlags der EG-Kommission.

durch Gesellschaftsfusion oder Betriebsübergang motivierten Kündigungen[7] sichergestellt werden. Ferner sah der Vorschlag auf kollektivrechtlicher Seite zum einen den Bestandsschutz der „Rechtsstellung und Funktion der Arbeitnehmervertretungen“[8], zum anderen die Weitergeltung kollektivrechtlicher Arbeitsbedingungen[9] vor.

Diese Grundkonzeption ist auch in der endgültigen Fassung der EG-Richtlinie 77/187 beibehalten worden[10]. Jedoch haben das Europäische Parlament sowie der Wirtschafts- und Sozialausschuß in ihren gemäß Art 100 EGV[11] erforderlichen Stellungnahmen[12] dem Richtlinienvorschlag zwar im wesentlichen zugestimmt, gleichzeitig regten sie aber verschiedene sprachliche wie auch inhaltliche Änderungen an, die sich in der endgültigen Konzeption der Richtlinie niedergeschlagen haben[13]. Schließlich wurde die „Richtlinie zur Angleichung der Rechtsvorschriften der Mitgliedstaaten über die Wahrung von Ansprüchen der Arbeitnehmer beim Übergang von Unternehmen, Betrieben oder Betriebsteilen“ (Richtlinie 77/187/EWG) dann am 14.02.1977[14] vom Rat verabschiedet.

2. Europarechtliche Rechtsgrundlagen

Wie sich bereits aus den Erwägungsgründen zur Richtlinie selbst ergibt, hat sich der Rat bei Erlaß der Richtlinie auf den Vertrag zur Gründung der Europäischen Wirtschaftsgemeinschaft (EWG-Vertrag), insbesondere auf Art. 100 gestützt. Ferner hat sich der Rat in den Erwägungsgründen auf Art. 117 EGV[15] berufen.

Art. 100 EWG-Vertrag (EGV) räumt dem Rat die Kompetenz zum Erlaß von Richtlinien „für die Angleichung derjenigen Rechts- und Verwaltungsvorschriften der Mitgliedstaaten, die sich unmittelbar auf die Errichtung oder das Funktionieren des Gemeinsamen Marktes auswirken“ ein. Diese Norm dient in erster Linie einer wirtschaftlichen Zielsetzung[16], so daß es zunächst überraschend erscheint, daß sie (zu Recht) als Rechtsgrundlage für die Regelung einer arbeitsrechtlichen Problematik in der Richtlinie 77/187/EWG herangezogen worden ist. Die Zielset-

---

[7] Art. 4 des Vorschlags der EG-Kommission.
[8] Art. 7 des Vorschlags der EG-Kommission.
[9] Art. 3 Abs. 2, 3 des Vorschlags der EG-Kommission.
[10] Löw, S. 2.
[11] Art. 94 EGV n.F.
[12] Stellungnahme des Europäischen Parlaments vom 08.04.1975, in ABl. 1975 C 95 S.17 ff; Stellungnahme des Wirtschafts- und Sozialausschusses vom 23/24.04.1975, in ABl. 1975 C 255 S.25.
[13] Hierauf geht v. Alvensleben, S.105 ff. näher ein.
[14] ABl. EG Nr. L 61/26 v. 5.3.1977.
[15] Art. 136 EGV n.F.
[16] Lenz/Birk, EG-Hb., S. 367.

zung der Richtlinie erschöpft sich aber nicht in diesem sozialen Aspekt; wie der ersten und vierten Begründungserwägung der Präambel zu entnehmen ist, liegen der Richtlinie zudem wirtschaftliche und wettbewerbspolitische Erwägungen zugrunde[17]. Des weiteren normiert Art. 117 Abs. 1 EWG-Vertrag (EGV) das sozialpolitische Ziel, „auf eine Verbesserung der Lebens- und Arbeitsbedingungen hinzuwirken und dadurch auf dem Wege des Fortschritts ihre Angleichung zu ermöglichen". Diese Regelung enthält dafür zwar keine Kompetenzzuweisung, nach Abs. 2 kann sich eine solche Entwicklung jedoch „sowohl aus dem eine Abstimmung der Sozialordnungen begünstigenden Wirken des gemeinsamen Marktes als auch aus den in diesem Vertrag vorgesehenen Verfahren sowie aus der Angleichung ihrer Rechts- und Verwaltungsvorschriften ergeben". Damit ist ein Zusammenhang der sozialpolitischen Ziele des Art. 117 EWG-Vertag (EGV) zu Art. 100 EWG-Vertag (EGV) geschaffen[18]. Der Europäische Rat hat damit die Richtlinie 77/187/EWG zu Recht auf die Art. 100 und 117 EWG-Vertrag (EGV) gestützt[19].

3. Schutzzweck

Der Regelungszweck der Richtlinie läßt sich direkt den der dem Richtlinientext vorangestellten Begründungserwägungen entnehmen. Dort wird nach einem kurzen Hinweis auf den Regelungsanlaß, die zunehmende Unternehmenskonzentration auf einzelstaatlicher und gemeinschaftlicher Ebene, festgestellt:

> Es sind Bestimmungen notwendig, die die Arbeitnehmer bei einem Inhaberwechsel schützen und insbesondere die Wahrung ihrer Ansprüche gewährleisten.

Auch den übrigen Materialien zur Richtlinie 77/187/EWG ist die Absicht zu entnehmen, die Position der Arbeitnehmer im Falle eines Betriebsinhaberwechsels zu erhalten und zu sichern[20]. Schließlich wird dieser Schutzzweck auch vom EuGH in ständiger Rechtsprechung betont[21].

---

[17] Ziemons, ZIP 1995, 988.

[18] Wenking, S. 13.

[19] Siehe hierzu die ausführlichen Darstellungen bei v. Alvensleben, S. 124 ff; Löw, S. 3 ff; Wenking, S. 13 ff, die zudem noch zeigen, daß der Erlaß der Richtlinie 77/187/EWG auch nicht gegen den Grundsatz der Subsidiarität und der Verhältnismäßigkeit der Rechtsangleichung verstößt.

[20] Vgl. hierzu Pottmeyer, S. 103 ff. für den Kommissionsvorschlag zur Richtlinie, dessen Begründung sowie die Stellungnahme des Wirtschafts- und Sozialausschusses.

[21] So EuGH v. 18.3.1986, EAS Nr. 2 zu Art. 1 RL 77/187/EWG (Spijkers), Rn. 6; EuGH v. 19.5.1992, EAS Nr. 7 zu Art. 1 RL 77/187/EWG (S. Redmond Stichting), Rn. 11; EuGH v. 14.4.1994, EAS Nr. 9 zu Art. 1 RL 77/187/EWG (Christel Schmidt), Rn. 15.

Zu fragen ist aber, wie weit dieser Bestandsschutz der Arbeitsverhältnisse reicht. Teilweise wird hier scheinbar überhaupt keine Einschränkung vorgesehen. So hat der EFTA-Gerichtshof in der Rechtssache „Eidesund“ ausgeführt[22]:

Aus der Präambel sowie aus den genannten Bestimmungen läßt sich daher schließen, daß der Zweck der Richtlinie darin besteht, im Fall eines aus einem Unternehmenszusammenschluß oder einer Übertragung eines Unternehmens, Betriebs oder Betriebsteils herrührenden Arbeitgeberwechsels den Schutz der Rechte der Arbeitnehmer so weit wie möglich sicherzustellen (...).

Selbst aus dieser Formulierung ergibt sich aber eine Einschränkung, da der Schutz nur „im Fall“ eines Unternehmenszusammenschlusses oder einer Übertragung eingreifen soll. Zudem zeigt die Formulierung in Art. 3 Abs. 1 der Richtlinie „Die Rechte und Pflichten des Veräußerers aus einem zum Zeitpunkt des Übergangs (...) bestehenden Arbeitsvertrag oder Arbeitsverhältnis gehen auf Grund des Übergangs auf den Erwerber über“, daß nicht die Arbeitsplätze allgemein, sondern nur das konkret bestehende Arbeitsverhältnis in seiner derzeitigen Form erhalten werden soll. Soweit also die bestehenden Beschäftigungsmöglichkeiten auf einen anderen Inhaber übergehen, sollen dies auch die vorhandenen Arbeitsverhältnisse tun. Eine Überleitung von Arbeitsverhältnissen auf einen Inhaber, der die bestehenden Beschäftigungsmöglichkeiten nicht übernommen, sondern solche erst aufbauen müßte, wird dagegen vom Schutzzweck der Richtlinie nicht gefordert. Dies zeigt sich auch in der Rechtsprechung des EuGH, wenn dieser ausführt[23]:

Aus dem Aufbau der Richtlinie 77/187 und dem Wortlaut ihres Art. 1 Abs. 1 ergibt sich nämlich, daß diese Richtlinie bezweckt, die Kontinuität der im Rahmen einer wirtschaftlichen Einheit bestehenden Arbeitsverhältnisse unabhängig von einem Inhaberwechsel zu gewährleisten.

Die Richtlinie verlangt den Schutz der Arbeitsverhältnisse also nur dann, wenn die konkreten Arbeitsverhältnisse im Rahmen des bisher bestehenden Unternehmens, Betriebs oder Betriebsteils erhalten bleiben[24].

4. Regelungsgehalt

a) Tatbestand

Nach ihren Art. 1 Abs. 1 ist die Richtlinie 77/187/EWG auf den Übergang von Unternehmen, Betrieben oder Betriebsteilen auf einen anderen Inhaber durch

---

[22] EFTA-GH v. 25.9.1996, EAS Nr. 11a zu Art. 1 RL 77/187/EWG (Eidesund), Rn. 26.

[23] Spijkers - Rn. 11.

[24] Damit liegt der Richtlinie der gleiche Schutzzweck zugrunde wie § 613a BGB, s.u. 2. Teil B. II. 1.

vertragliche Übertragung oder durch Verschmelzung anwendbar. Abs. 2 verlangt, daß sich die übergehende Einheit zudem innerhalb des territorialen Geltungsbereiches des Vertrags befinden muß. Schließlich gilt die Richtlinie nach Art. 1 Abs. 3 nicht für Seeschiffe. Auf den Tatbestand und insbesondere die Auslegung des Tatbestands durch die europäische Rechtsprechung soll erst im 3. Teil dieser Arbeit eingehend eingegangen werden.

b) Rechtsfolgen

aa) Übergang der Rechte und Pflichten gem. Art. 3 Abs. 1 und Widerspruchsrecht der Arbeitnehmer

Die zentralen Rechtsfolgenanordnungen trifft Art. 3 Abs. 1 der Richtlinie 77/187/EWG. Danach gehen „die Rechte und Pflichten aus einem zum Zeitpunkt des Übergangs (...) bestehenden Arbeitsvertrag oder Arbeitsverhältnis auf Grund des Übergangs auf den Erwerber über". Der Erwerber wird also zum Schuldner aller[25] Ansprüche, die der Arbeitnehmer aus dem Arbeitsverhältnis gegenüber dem Veräußerer hatte, im Gegenzug allerdings auch zum Gläubiger hinsichtlich der Leistungspflicht der Arbeitnehmer. Für die Rechtsstellung des Veräußerers gilt Art. 3 Abs. 1 Unterabs. 2 der Richtlinie 77/187/EWG. Hiernach können die Mitgliedstaaten vorsehen, „daß der Veräußerer auch nach dem Übergang im Sinne des Art. 1 Abs. 1 neben dem Erwerber für Pflichten aus einem Arbeitsvertrag oder Arbeitsverhältnis einzustehen hat". Dies entspricht der Absicht der EG-Kommission, wonach die Frage, ob und in welchem Umfang der Betriebsveräußerer neben dem Erwerber für die im Zeitpunkt des Betriebsübergangs entstandenen Ansprüche der Arbeitnehmer weiterzuhaften hat, in der Richtlinie 77/187/EWG nicht abschließend geregelt werden sollte[26].

Ein Sonderproblem stellte in diesem Zusammenhang die Frage dar, ob dem einzelnen Arbeitnehmer i.R.d. Richtlinie 77/187/EWG ein Widerspruchsrecht zusteht, mit dessen Hilfe er den automatischen Übergang seines Arbeitsverhältnisses auf den Erwerber verhindern kann. Ein derartiges Widerspruchsrecht zu § 613a BGB wurde im deutschen Recht von der Rechtsprechung angenommen und ist nunmehr in § 613a Abs. 6 BGB kodifiziert[27].

Der EuGH hat sich mit der Frage eines Widerspruchsrechtes zunächst in der Rechtssache „Berg u. Busschers" beschäftigt und festgestellt, daß der Übergang

---

[25] Nach Art. 3 Abs. 3 gelten die Absätze 1 und 2 nicht für die Rechte der Arbeitnehmer auf Leistungen bei Alter, Invalidität oder für Hinterbliebene aus betrieblichen oder überbetrieblichen Zusatzversorgungseinrichtungen außerhalb der gesetzlichen Systeme der sozialen Sicherheit der Mitgliedstaaten.

[26] Vgl. Stellungnahme des Wirtschafts- und Sozialausschusses, ABl. EG Nr. C 255/27 vom 07.11.75.

[27] S.u. 2. Teil B. III. 2. b).

der Arbeitsverhältnisse ipso iure allein aufgrund des Betriebsübergangs erfolge, selbst wenn die im Unternehmen beschäftigten Arbeitnehmer dem nicht zustimmten oder hiergegen Einwände erhöben[28]. Zur Begründung führt das Gericht an, daß gemäß Art. 3 Abs.1 der Richtlinie der Übergang der Arbeitsverhältnisse kraft Gesetzes erfolge, jedoch vorbehaltlich des Rechts der Mitgliedstaaten, gemäß Art. 3 Abs. 1 Unterabs. 2 eine gesamtschuldnerische Haftung von Veräußerer und Erwerber nach dem Betriebsübergang vorzusehen. Diese gesamtschuldnerische Weiterhaftung des Betriebsveräußerers habe der europäische Gesetzgeber als einen abschließenden und ausreichenden Schutz des Arbeitnehmers vor möglichen Gefährdungen seiner Interessen durch den Vertragspartnerwechsel begriffen[29]. Auch der schuldrechtliche Grundsatz, daß ein Schuldnerwechsel stets an die Zustimmung des Gläubigers gebunden sein müsse, zwingt nach Ansicht des EuGH nicht zur Anerkennung eines Widerspruchsrechts. Dieses Prinzip sei durch den automatischen Vertragspartnerwechsel nach Art. 3 Abs. 1 zurückgestellt[30].

Mit der gleichen Problemstellung hatte sich der Gerichtshof dann nochmals in der Rechtssache „Katsikas" zu beschäftigen und entschieden, daß es dem Arbeitnehmer nach der Richtlinie nicht verwehrt sei, dem Übergang seines Arbeitsvertrags bzw. -verhältnisses zu widersprechen[31]. Ein (europäisches) Widerspruchsrecht nach der Richtlinie 77/187/EWG hat er aber auch in dieser Entscheidung nicht angenommen. Vielmehr sei es Sache eines jeden Mitgliedstaates, zu bestimmen, was mit dem Arbeitsverhältnissen geschehe[32].

bb) Aufrechterhaltung der durch Kollektivvertrag vereinbarten Arbeitsbedingungen gemäß Art. 3 Abs. 2

Gemäß Art. 3 Abs. 2 der EG-Richtlinie „erhält der Erwerber die in einem Kollektivvertrag vereinbarten Arbeitsbedingungen (...) in dem gleichen Maße aufrecht, wie sie in dem Kollektivvertrag für den Veräußerer vorgesehen waren. Die Mitgliedstaaten können den Zeitraum der Aufrechterhaltung der Arbeitsbedingungen begrenzen, sofern dieser nicht weniger als ein Jahr beträgt". Der Erwerber wird also hierdurch (- im Gegensatz zur Regelung in § 613a Abs. 1 S. 2

---

[28] EuGH v. 5.5.1988, EAS Nr. 5 zu Art. 3 RL 77/187/EWG = Slg 1988, 2559 Rn. 11 ff. = NZA 90, 885 (Berg u. Busschers), Rn. 14, zugl. Leitsatz; zur hierdurch ausgelösten Diskussion vgl.: Meilicke, DB 1990, 1770; Bauer, NZA 1990, 881; Ehrich, NZA 1993, 635; Löw, S. 105 ff.

[29] Berg u. Busschers - Rn. 11, 13.

[30] Berg u. Busschers - Rn. 12 f.

[31] EuGH v. 16.12.1992, NZA 1993, 169 = EuZW 1993, 161; vgl. auch EuGH v. 7.3.1996 - Rs C. 117/94 u. C 172/94, WiB 1996, 742.

[32] Damit ist der EuGH Meinungsäußerungen aus dem Schrifttum entgegengetreten, wonach die Rechtsprechung des BAG, die ein derartiges Widerspruchsrecht bejaht, europarechtswidrig sei. So nämlich seinerzeit Bauer, NZA 1990, 881; Däubler, NZA 1991, 134; Heither, NZA 1991, 136; Hitzfeld, BB 1991, 199; Joost, ZIP 1991, 220.

BGB, wo eine individualrechtliche Fortgeltung der durch Tarifvertrag oder Betriebsvereinbarung begründeten Rechte und Pflichten festgelegt ist -) kraft Gesetzes zur Aufrechterhaltung der kollektivvertraglichen Arbeitsbedingungen verpflichtet[33].

cc) Kündigungsverbot gemäß Art. 4

Gemäß Art. 4 Abs. 1 der Richtlinie stellt der Betriebsübergang „als solcher für den Veräußerer oder den Erwerber keinen Grund zur Kündigung dar. Diese Bestimmung steht etwaigen Kündigungen aus wirtschaftlichen, technischen oder organisatorischen Gründen (...) nicht entgegen". Hierin ist (wie auch in der Regelung des § 613a Abs. 4 BGB) ein selbständiges Kündigungsverbot zu erblicken[34].

dd) Weitere Rechtsfolgeanordnungen

Weitere Rechtsfolgeanordnungen[35] sind in Art. 5 und 6 der Richtlinie vorgesehen. Art. 5 sichert den Schutz von Rechtsstellung und Funktion der Arbeitnehmervertreter oder -vertretungen, sofern der übergegangene Betrieb seine Selbständigkeit behält. Schließlich bestimmt Art. 6, daß Betriebsveräußerer und -erwerber bestimmte Informations- und Konsultationspflichten gegenüber ihren Arbeitnehmern und Arbeitnehmervertretern zu erfüllen haben.

II. Die Richtlinie 98/50/EG

1. Entstehungsgeschichte

Wohl vorwiegend als Reaktion auf die heftig kritisierte[36] „Christel Schmidt"-Entscheidung des EuGH[37] legte die Kommission der Europäischen Gemeinschaft am 8.9.1994 den Entwurf für eine neue Richtlinie zum Betriebs- und Unternehmensübergang[38] vor. Dieser Entwurf befaßte sich nicht nur mit dem Tatbestand des Betriebsübergangs, sondern bezweckte eine umfassende „Überarbeitung der Richtlinie 77/187/EWG unter Berücksichtigung der Auswirkungen des Binnenmarktes, der Tendenzen in der Gesetzgebung der Mitgliedstaaten hinsichtlich der Sanierung von Unternehmen in wirtschaftlichen Schwierigkeiten, der Rechtsprechung des Gerichtshofes der Europäischen Gemeinschaften, der verabschiedeten Überarbeitung der Richtlinie über Massenentlassungen sowie der bereits

---

33 Löw, S. 67 f.

34 Dies zeigt überzeugend Löw, S. 123 f.

35 Eine eingehendere Darstellung dieser Anordnungen findet sich bei Wenking, S. 34 ff.

36 S.u. 3. Teil B. I. 4. a) aa) (1).

37 S.o. Fn. 21.

38 „Vorschlag für eine Richtlinie des Rates zur Angleichung der Rechtsvorschriften der Mitgliedsstaaten über die Wahrung der Ansprüche der Arbeitnehmer beim Übergang von Unternehmen, Betrieben oder Betriebsteilen", ABl EG, Nr. C 274, 1.10.1994, S. 10 ff; auch abgedruckt in: DB 1994, 1568 mit Anm. Bauer; ZIP 1994, 1568 mit Einl. Hanau.

in den meisten Mitgliedstaaten geltenden gesetzlichen Normen“[39]. Nachdem der Wirtschafts- und Sozialausschuß[40], der Ausschuß der Regionen[41] und das Europäische Parlament[42] angehört worden waren, wurde der Entwurf überarbeitet und durch die Kommission am 24.2.1997[43] erneut vorgelegt. Daneben gab die EU-Kommission am 4.3.1997 ein Memorandum[44] heraus, dessen Hauptziel „die Erleichterung des Verständnisses der Richtlinie 77/187/EWG unter Berücksichtigung der Kriterien des Europäischen Gerichtshofes“ war[45].

Nachdem der überarbeitete Vorschlag keine Zustimmung erhalten hatte, entschloß sich Großbritannien zum Ende seiner Präsidentschaft, einen eigenen Vorschlag auszuarbeiten. Dieser fand am 4.6.1998 die Zustimmung der Regierungschefs der Mitgliedstaaten der Europäischen Union. Als Ergebnis der vorstehend geschilderten Reformbemühungen hat dann der Europäische Rat am 29.6.1998 die Richtlinie 98/50/EG[46] verabschiedet.

2. Inhalt

Mit der Richtlinie ist die Richtlinie 77/187/EWG lediglich geändert und angepaßt worden. Die Richtlinie 77/187/EWG blieb zunächst weiter bestehen. Es handelte sich bei der Richtlinie 98/50/EG also nicht um einen Neuerlaß der europäischen Betriebsübergangsrichtlinie. Auf der Grundlage umfangreicher Erwägungsgründe wurden durch die Richtlinie 98/50/EG weite Teile der Art. 1 bis 7 der bisherigen Richtlinie neugefaßt. Dabei wurde zu einem großen Teil die ständige Rechtsprechung des EuGH nachvollzogen, so daß mit der Neufassung keine sachliche Umorientierung verbunden war[47].

---

[39] So die vierte Erwägung des Entwurfes; zu den wesentlichen Neuerungen im Richtlinienentwurf, vgl. Wenking, S. 196 ff.

[40] Abl. EG, Nr. C 133, 31.5.1995, S. 13 ff.

[41] Abl. EG, Nr. C 100, 2.4.1996, S. 25 ff.

[42] Abl. EG, Nr. C 33, 3.2.1997, S. 81 ff.

[43] ABl. EG, Nr. C, 21.4.1997, S. 124 ff; hierzu auch Gaul, NZA 1997, 1022 (1024 ff.).

[44] Abgedruckt in DB 1997, 1030 mit Einf. Bauer; ZTR 1998, 1 mit Einf. Gaul.

[45] Unter Gliederungspkt „O. Gegenstand“.

[46] Richtlinie 98/50/EG des Rates zur Änderung der Richtlinie 77/187/EWG zur Angleichung der Rechtsvorschriften der Mitgliedstaaten über die Wahrung von Ansprüchen der Arbeitnehmer beim Übergang von Unternehmen, Betrieben oder Betriebsteilen, ABl EG, Nr. L 201, 17.7.1998, S. 88 ff; ebenfalls abgedruckt in: NZA 1998, 1211.

[47] Daß in den Änderungen die Rechtsprechung des EuGH umgesetzt wird, ergibt sich schon ausdrücklich aus den Punkten (3) - (6) der Erwägungsgründe zur Richtlinie 98/50/EG; vgl. zudem Willemsen/Annuß, NJW 1999, 2073; Waas/Johanns, EuZW, 1999, 448; Gaul, BB 1999, 526; Krause, NZA 1998, 1201.

a) Der Tatbestand des Betriebsübergangs

Gemäß Art. 1 Abs. 1 a) der neugefaßten Richtlinie kann neben einem Unternehmen, einem Betrieb oder Betriebsteil nunmehr auch ein Unternehmensteil Objekt eines Betriebsübergangs sein. Zudem werden in Art. 1 Abs. 1 b) und c) wichtige Feststellungen des EuGH zum Tatbestand der Richtlinie nachvollzogen. Hierauf soll aber erst jeweils i.R.d. Prüfung der einzelnen Tatbestandsvoraussetzungen im 3. Teil eingegangen werden.

b) Weitere Neuerungen

Weitere nennenswerte Änderungen[48] sind die Einführung einer Legaldefinition des Arbeitnehmerbegriffs in Art. 2 Abs. 1 d) der Richtlinie. Hinsichtlich der Ausgestaltung der Haftung der beteiligten Rechtsträger ist in Art. 3 Abs. 1 Unterabs. 2 die Betriebsübergangsrichtlinie dahingehend geändert worden, daß die Mitgliedstaaten eine gesamtschuldnerische Haftung von Veräußerer und Erwerber für bestehende Verpflichtungen vorsehen können, die vor dem Zeitpunkt des Übergangs entstanden sind. Nach Art 3 Abs. 1 S. 1 können die Mitgliedstaaten nunmehr Maßnahmen ergreifen, um zu gewährleisten, daß der Veräußerer den Erwerber über alle Rechte und Pflichten unterrichtet, die nach diesem Artikel auf den Erwerber übergehen. Weitere Änderungen in Art. 3 Abs. 4 a) betreffen die Rechte der Arbeitnehmer auf Leistungen bei Alter, Invalidität oder überbetrieblichen Zusatzversorgungseinrichtungen außerhalb der gesetzlichen Systeme und in Art. 5 Abs. 1 Unterabs. 1 den Erhalt der Rechtsstellung und Funktion der Arbeitnehmervertretung. Schließlich wurden in Art. 6 Abs. 1, Abs. 4 S. 1, 2, Abs. 6 weitergehende Informations- und Konsultationserfordernisse geregelt. Danach sind Veräußerer und Erwerber verpflichtet die Arbeitnehmervertreter (Art. 6 Abs. 1), sofern es im betreffenden Unternehmen oder Betrieb unabhängig vom Willen der Arbeitnehmer keine Arbeitnehmervertreter gibt die Arbeitnehmer unmittelbar (Art. 6 Abs. 6) über den (geplanten) Zeitpunkt und Grund des Übergangs, dessen rechtliche, wirtschaftliche und soziale Folgen sowie die hinsichtlich der Arbeitnehmer in Aussicht genommenen Maßnahmen zu informieren.

III. Die Richtlinie 2001/23/EG

Die europäische Grundlage für Betriebsübergänge bildet nunmehr die „Richtlinie 2001/23/EG des Rates vom 12.3.2001 zur Angleichung der Rechtsvorschriften der Mitgliedstaaten über die Wahrung von Ansprüchen der Arbeitnehmer beim Übergang von Unternehmen, Betrieben oder Unternehmens- oder Betriebsteilen“[49] Die bisherige Rechtsgrundlage, die durch die Richtlinie 98/50/EG geänderte

---

[48] Eingehendere Darstellungen der weiteren Neuerungen in der Richtlinie 98/50/EG finden sich bei Wenking, S. 202 ff; Willemsen/Annuß, NJW 1999, 2073; Waas/Johanns, EuZW, 1999, 448; Gaul, BB 1999, 526.

[49] Abl. EG, Nr. L 82, 22.3.2001, S. 16 ff.

Richtlinie 77/187/EWG ist gemäß Art. 12 der Richtlinie 2001/23/EG aufgehoben worden. Die Neukodifizierung erfolgte ausweislich der Gründe (Ziffer 8) aus Gründen „der Rechtssicherheit und Transparenz“. Eine inhaltliche Änderung des Anwendungsbereichs der Richtlinie 77/187/EWG ging mit der Neukodifizierung nicht einher[50]. Die Art. 1-11 der Richtlinie 2001/23/EG entsprechen zu 100% den bisherigen Art. 1-8 der geänderten Richtlinie 77/187/EWG. Bei den weiteren Art. 12-14 der Richtlinie 2001/23/EG handelt es sich um europäische Verfahrensregelungen, materielle Aussagen zum Tatbestand oder den Rechtsfolgen von Betriebsübergängen sind hierin nicht enthalten.

[50] Vgl. Ziffer 8, S. 2 der Gründe.

B. Die nationale Regelung in § 613a BGB

I. Entstehungsgeschichte

1. Der Betriebsübergang im deutschen Recht vor Erlaß der Betriebsübergangsrichtlinie

Die arbeitsrechtlichen Probleme im Zusammenhang mit einem Wechsel des Betriebsinhabers werden in der Bundesrepublik nicht erst seit Bestehen der europäischen Betriebsübergangsrichtlinie 77/187/EWG, nunmehr 2001/23/EG, diskutiert. Vielmehr geht diese Diskussion schon auf die Zeit vor dem Zweiten Weltkrieg zurück, und eine Regelung der Problematik in § 613a BGB bestand ebenfalls schon vor der Schaffung der Richtlinie 77/187/EG.

a) Die Vorgeschichte zu § 613a BGB

Der Einführung des § 613a BGB ging ein jahrzehntelanger Meinungsstreit über die rechtlichen Auswirkungen eines Betriebsinhaberwechsels voraus. Im Mittelpunkt der damaligen Auseinandersetzungen standen aber weniger die Voraussetzungen für das Vorliegen eines Betriebsinhaberwechsels, als vielmehr die Frage nach dessen Rechtsfolgen bezüglich der bestehenden Arbeitsverhältnisse. Die wohl herrschende Meinung lehnte einen automatischen Übergang der Arbeitsverhältnisse ab und verlangte eine rechtsgeschäftliche Übertragung, zu der man gemäß § 415 BGB überwiegend die Zustimmung der Arbeitnehmer für erforderlich hielt[51]. Die Vorschrift des § 613 S. 2 BGB, wonach der Anspruch auf geschuldete Dienste im Zweifel nicht übertragbar ist, wurde als Auslegungsregel interpretiert, die vertraglich vereinbarte Abweichungen ohne weiteres zuläßt[52].

Nach dieser dem System des bürgerlichen Rechts entsprechenden Konstruktion war ein Betriebsübergang für den neuen Inhaber mit gewissen Unsicherheiten verbunden. Diejenigen Arbeitnehmer, die einen Übergang ihrer Arbeitsverhältnisse auf den Erwerber ablehnten, schieden nach h.M. ohne Einhaltung jeglicher Fristen aus. Hierdurch konnte die Fortführung des übernommenen Betriebs u.U. erheblich erschwert werden[53]. Hauptkritikpunkt an der dargestellten Sichtweise war jedoch, daß danach der neue Betriebsinhaber frei entscheiden konnte, ob er die bisherige Belegschaft insgesamt oder nur zu einem Teil übernehmen wollte. Zudem hatte er die Möglichkeit, die Weiterbeschäftigung von einer Änderung der Vertragsbedingungen abhängig zu machen[54]. Eine derartige Rechtsfolgengestaltung wurde mit dem Grundgedanken des Kündigungsschutzes, wonach ein Arbeitsplatzverlust

[51] Hierzu näher Wendling, S. 10 ff; Posth, S. 18 ff; Staudinger/Richardi/Annuß, § 613a BGB, Rn. 3,4; Edenfeld, AuA 1996, 379 (380).

[52] Vgl. Posth, S. 24; Hueck/Nipperdey, Lehrbuch Arbeitsrecht I, § 54 III 1 (S. 514); BAG vom 25.05.1955, AR-Blattei, D-Blatt „Betriebsinhaberwechsel/Entsch. 4".

[53] Wendling, S. 2 f.

[54] Vgl. BAG, AP Nr. 2 zu § 282 ZPO.

sich nur über eine sozial gerechtfertigte Kündigung vollziehen soll, als nicht zu vereinbaren angesehen[55]. Denn wenn der Betriebserwerber die Arbeitsverhältnisse nicht übernahm und der bisherige Arbeitgeber mangels vorhandenen Betriebes zur Beschäftigung der nicht übernommenen Arbeitnehmer nicht mehr in der Lage war, konnte er das Arbeitsverhältnis grundsätzlich aus betrieblichen Gründen kündigen. Der Arbeitsplatzverlust beruhe somit allein darauf, daß der Betrieb übergegangen ist, Wertungen des Kündigungsschutzgesetzes kämen damit nicht zum Tragen[56]. Daher waren bis zur Kodifizierung des § 613a BGB Erklärungsversuche im Vordringen begriffen, wonach die Arbeitsverhältnisse automatisch auf den Erwerber übergehen sollten[57]. Zur Begründung wurde u.a. eine analoge Anwendung des § 571 BGB[58] herangezogen. Andere wollten bei § 419 BGB als Anknüpfungspunkt für eine umfassende Rechtsanalogie unter Berücksichtigung der Art. 1 und 20 GG[59] ansetzen. Höchstrichterliche Rechtsprechung lag nur in Bezug auf leitende Angestellte und Angestellte in Vertrauensstellungen vor, bei denen ein automatischer Übergang der Arbeitsverhältnisse abgelehnt wurde[60]. Für nicht leitende Angestellte war ausdrücklich offengeblieben, ob entsprechend zu entscheiden sei.

Zudem unternahm der Gesetzgeber schon früh Versuche einer Kodifikation, die die Auswirkungen eines rechtsgeschäftlichen Betriebsübergangs für die Arbeitsverhältnisse regeln und damit dem anerkannten Schutzbedürfnis der Arbeitnehmer Rechnung tragen sollte[61]. Schon der „Entwurf eines allgemeinen Arbeitsvertragsgesetzes“ von 1923[62] befaßte sich in den §§ 23 ff. mit den Problemen des Betriebsübergangs. § 25 des Entwurfs lautete:

> Wird ein Unternehmen veräußert oder aus anderem Rechtsgrunde von einem Dritten fortgeführt, so sind Ansprüche auf Arbeitsleistung im Zweifel übertragbar und übertragen. Mit den Ansprüchen gegen den Arbeitnehmer gehen auch die Verpflichtungen aus dem Arbeitsvertrage des früheren Arbeitgebers auf den neuen Arbeitgeber über.

---

[55] Nikisch, Arbeitsrecht Bd. I, S. 659; Staudinger/Richardi/Annuß, § 613a BGB, Rn. 4.

[56] Wendling, S. 20.

[57] Vgl. u.a. Nikisch, Arbeitsrecht Bd. 1, § 46 II 3, S.659; Bötticher, FS für Nikisch (1958), 3 (10); Brecher, FS für Schmidt-Rimpler, 181 (227); S. 258 ff.; Schmidt, BB 1971, 1199 ff.

[58] LAG Frankfurt v. 1.12.1964, BB 1965, 1270; dasselbe v. 5.12.1961, AuR 1963, 317; Nikisch, Arbeitsrecht Bd. 1, § 46 II 4, S. 660; Bötticher, FS für Nikisch (1958), 3 (10).

[59] Schmidt, S. 110 ff.

[60] BAG, SAE 1967, 9; AP Nr. 1 zu § 419 BGB; AP Nr. 6 zu § 419 BGB; näher dargestellt wird diese Rechtsprechung bei Wendling, S. 2, 8 ff.

[61] Vgl. auch Wendling, S. 14 ff.

[62] Vgl. Wendling, S.14.

Wesentlich weiter ging der vom Arbeitsrechtsausschuß der Akademie für Deutsches Recht vorgelegte „Entwurf eines Gesetzes über das Arbeitsverhältnis" von 1938[63], dessen § 90 folgende Regelung vorsah:

Geht ein Betrieb als Ganzes (...) in andere Hände über, so tritt der neue Unternehmer in die bestehenden Arbeitsverhältnisse mit dem Tage des Übergangs ein. Eine abweichende Regelung durch Vereinbarung zwischen dem bisherigen und dem neuen Unternehmer ist nichtig.

b) Die Einführung des § 613a BGB durch § 122 BetrVG vom 15.1.1972

§ 613a Abs. 1 S. 1, Abs. 2, 3 BGB ist anläßlich der Reform der Betriebsverfassung durch § 122 BetrVG vom 15.1.1972[64] in das Gesetz eingefügt worden und mit dem BetrVG 1972 am 19.1.1972 in Kraft getreten. Es handelt sich hierbei um eine Norm mit bürgerlich-rechtlichem Charakter, unabhängig vom Geltungsbereich des BetrVG[65]. Dies folgt systematisch daraus, daß sich der Anwendungsbereich einer Bestimmung nach dem Gesetz richtet, in das sie aufgenommen wurde und nicht nach dem einfügenden Gesetz[66]. Zudem läßt sich dies aus der Entstehungsgeschichte der Norm ableiten. Der DGB hatte im Rahmen des Gesetzgebungsverfahrens gefordert, den Betriebsübergang der Mitbestimmung des Betriebsrates (§ 111 BetrVG) zu unterwerfen[67], um Mißbräuchen vorzubeugen. Denn vielfach würden Betriebe erworben, um sie alsbald stillzulegen. Diesem Verlangen ist der Gesetzgeber nicht gefolgt, weil er befürchtete, die unternehmerische Freiheit beim Betriebsübergang zu weit einzuschränken, wenn dieser von der Mitbestimmung des Betriebsrats und etwaigen Sozialplanforderungen abhängen würde[68].

2. Die Fortentwicklung des § 613a BGB unter der Geltung der europäischen Betriebsübergangsrichtlinie

a) Das EG-Anpassungsgesetz vom 13.8.1980

Nach dem Inkrafttreten der europäischen Betriebsübergangsrichtlinie 77/187/EWG hat die Bundesrepublik ihrer Umsetzungspflicht durch den Erlaß des „Gesetzes über die Gleichbehandlung von Männern und Frauen am Arbeitsplatz und über die

---

[63] Vgl. Arbeitsberichte der Akademie für Deutsches Recht, Nr. 8.

[64] BGBl. I, S. 13.

[65] BAG AP Nr. 3 zu BetrVG § 99 m. Anm. Kraft u. Geppert; zust. Kraft, FS 25 Jahre BAG, 299 (303); KR/Pfeiffer, § 613a BGB, Rn. 10; gleichwohl hat die Regelung aber auch betriebsverfassungsrechtliche Bedeutung, da sich das Mitbestimmungsrecht des Betriebsrates auch gegen den neuen Arbeitgeber richtet, wenn dieser Maßnahmen beabsichtigt, die nachteilige Auswirkungen für die Arbeitnehmer haben können.

[66] BAG v. 21.01.1988 - AP Nr. 72 zu § 613a BGB = NZA 1988, 838.

[67] Vgl. Vorschläge des DGB zur Änderung des BetrVG, 1970, 30.

[68] Begründung des Reg.-Entwurfs, BT-Drucks. VI/1786, S. 59.

Erhaltung von Ansprüchen beim Betriebsübergang“ vom 13.8.1980 entsprochen[69]. Hiermit sind die Absätze 1 S. 2-4 und 4 also die kollektivrechtlichen Folgen und die Regelung des Kündigungsschutzes in den § 613a BGB eingefügt worden.

b) Die weitere Entwicklung bis heute

Durch Art. 2 des „Gesetzes zur Bereinigung des Umwandlungsrechts“ (UmwBerG) vom 28.10.1994[70] wurde der Abs. 3 des § 613a BGB neugefaßt[71].

Mit dem „Gesetz zur Änderung des Seemannsgesetzes und anderer Gesetze“ vom 23.3.2002 hat der Gesetzgeber schließlich § 613a BGB um die Abs. 5 und 6 ergänzt[72]. Hiermit sollte ausweislich der Gesetzesbegründung der Umsetzungsverpflichtung gem. Art. 7 Abs. 6 der Richtlinie 2001/23/EG nachgekommen werden[73]. Die Neuregelung ist zum 1.4.2002 in Kraft getreten. In § 613a Abs. 5 BGB ist nunmehr geregelt, daß der bisherige Arbeitgeber oder der neue Inhaber die vom Betriebsübergang betroffenen Arbeitnehmer vor dem Übergang über Zeitpunkt oder geplanten Zeitpunkt, Grund und Folgen sowie in Betracht gezogene Maßnahmen in Textform (§ 126b BGB) zu unterrichten hat. § 613a Abs. 6 BGB gewährt den Arbeitnehmern das Recht, der Überleitung ihres Arbeitsverhältnisses zu widersprechen. Das Widerspruchsrecht kann innerhalb eines Monats nach der Unterrichtung gem. Abs. 5 schriftlich ausgeübt werden. Die neuen Vorschriften finden aufgrund geänderter Verweisung in § 324 Umwandlungsgesetz (UmwG) auch bei Verschmelzungen, Spaltungen oder Vermögensübertragungen nach dem UmwG Anwendung[74].

---

[69] BGBl. I, S. 1308.

[70] BGBl. I, S. 3210.

[71] Mit der Änderung, statt „Verschmelzung, Aufspaltung oder Umwandlung“ heißt es nunmehr nur noch „Umwandlung“, wurde die Terminologie des § 613a BGB lediglich an die des Umwandlungsgesetzes angepaßt, sachlich ist hiermit keine Neuerung eingetreten.

[72] BGBl. I, S. 1163; vgl. auch Gesetzentwurf der Bundesregierung, BR-Drucks. 831/01, S.16; Beschlussempfehlung und Bericht des Ausschusses für Arbeit und Sozialordnung zum Gesetzentwurf der Bundesregierung, BT-Drucks. 14/8128; kritisch: Stellungnahme des Arbeitsrechtsausschusses des DAV, NZA 2002 (Heft 2), S. VIII, IX; Übersicht über die abgelehnten Änderungsanträge in Drucks. 14/8128, S. 4.

[73] Die Umsetzungsfrist war bereits am 17.7.2001 abgelaufen; vgl. zur Umsetzungsverpflichtung v. Roetteken, NZA 2001, 414 (419 f.).

[74] Vgl. zur Ergänzung des § 613a BGB um die Abs. 5 und 6: Gaul/Otto, DB 2002, 634; Bauer/ v. Steinau-Steinrück, ZIP 2002, 457; Grobys, BB 2002, 726.

II. Schutzzweck

1. Arbeitnehmerschutz

Als zentrale Zweckrichtung des § 613a BGB wird die Sicherung und Erhaltung von Arbeitsplätzen angesehen[75].

Allerdings ist dieses nicht ausdrücklich aus den einschlägigen Gesetzesmaterialien zum BetrVG 1972 ersichtlich[76]. Ebenso problematisch erscheint eine Herleitung aus der systematischen Stellung des § 613a BGB innerhalb der §§ 611 bis 630 BGB[77] sowie aus dem Gesamtcharakter[78] der Norm[79]. Zutreffend erscheint es hingegen, das Regelungsziel der Arbeitsplatzsicherung aus dem oben schon kurz dargestellten Streitstand vor Inkrafttreten des § 613a BGB zu begründen. Nach der herrschenden Lehre hatte der Betriebserwerber ein freies Ablehnungsrecht, so daß für die Arbeitnehmer die Gefahr des Arbeitsplatzverlustes bestand. Er konnte sich zwar an den Betriebsveräußerer halten. Dieser konnte den Arbeitnehmer jedoch bestenfalls entschädigen, nicht aber den Arbeitsplatz erhalten. Diese Rechtslage wurde als mit der modernen Auffassung von der Rechtsstellung des Arbeitnehmers und den Wertungen des Kündigungsschutzrechtes nicht vereinbar angesehen. Deswegen wurde sowohl von Befürwortern als auch von Gegnern dieser h.M. eine Regelung der Rechtsfolgen bei einem rechtsgeschäftlichen Betriebsinhaberwechsel für die bestehenden Arbeitsverhältnisse durch den Gesetzgeber gefordert[80]. Diesem Ruf ist der Gesetzgeber mit Schaffung des § 613a BGB gefolgt, der diese Frage in § 613a Abs.1 S.1 BGB regelt. Denn wie sich aus den Materialien ergibt, fand eine Auseinandersetzung mit den Vorschlägen zur Lösung arbeitsrechtlicher Probleme statt. So wurde abgelehnt, den Entwurf des DGB sowie der SPD-Fraktion zu übernehmen, wonach der Inhaberwechsel der Mitbestimmung des Betriebsrates unterworfen war[81]. Insofern kann davon ausgegangen werden, daß der Gesetzgeber in § 613a BGB das Zentralproblem des Betriebsübergangs, das Schicksal der Arbeitsverhältnisse, in der Weise lösen wollte, daß das Ablehnungsrecht des

---

[75] Erman/Hanau, § 613a BGB, Rn. 3; MüHb ArbR/Wank, § 124, Rn. 15; Schwanda, S. 72; Seiter, S. 30; Pottmeyer, S. 91; Staudinger/Richardi, § 613a BGB Rn. 9; BAG, AP Nr. 18 zu § 613a BGB = DB 1980, 308 (310); DB 1985, 2459 (2460).

[76] Vgl. BT-Drucks. VI/1786, S. 59; Pottmeyer, S. 95; Schwanda, S. 73; Martens, DB 1977, 495 (496); Anders Wenking, S. 46, der auf die Begründung zum Regierungsentwurf (siehe den Verweis auf die BT-Drucks. Am Anfang der Fn.) verweist. Hierin findet sich lediglich der Hinweis, daß mit dem neuen Paragraphen „die Rechtsfolgen eines Betriebsübergangs für alle Arbeitsverhältnisse allgemein geregelt werden" und an anderer Stelle, daß Abs. 2 S. 1 „die zur Sicherung der Ansprüche der Arbeitnehmer erforderliche Mithaftung des bisherigen Arbeitgebers" regelt.

[77] So aber Bieler, BB 1981, 435 (436).

[78] So Martens, DB 1977, 495 (496); Schwanda, S.73.

[79] Vgl. Hierzu Pottmeyer, S. 97 f.

[80] Vgl. Pottmeyer, S. 100.

[81] BT-Drucks. VI/1786, S. 59.

Arbeitgebers eingeschränkt wird, und somit die Arbeitsplätze der betroffenen Arbeitnehmer erhalten werden sollten[82]. Dieses Ergebnis ergibt sich zudem durch die Heranziehung der Materialien, die zur Änderung des § 613a BGB durch das EG-Anpassungsgesetz vom 13.08.1980 führten. Neben den europäischen Materialien ergibt sich auch aus den Materialien auf nationaler Ebene der Charakter des § 613a BGB als Arbeitsplatzsicherungs- und -erhaltungsnorm. Denn wenn die durch das EG-Anpassungsgesetz eingeführten neuen Regelungen den Arbeitnehmerschutz „verbessern“[83] bzw. „verstärken“[84] sollten, muß § 613a BGB auch schon vor der Gesetzesnovelle den Charakter einer Arbeitnehmerschutznorm gehabt haben[85].
Es bleibt zu prüfen, wie weit dieser Schutz reichen soll. Bei näherer Betrachtung zeigt sich, daß § 613a BGB keinen umfassenden Schutz der bestehenden Arbeitsplätze regeln soll. Der von § 613a BGB geleistete Arbeitnehmerschutz bezieht sich zunächst nur auf den Zeitpunkt des Betriebsinhaberwechsels, was sich schon aus dem Wortlaut des § 613a Abs.1 S.1 BGB („..., so tritt dieser in die Rechte und Pflichten aus den im Zeitpunkt des Übergangs bestehenden Arbeitverhältnissen ein.“) ergibt. Eine spätere Kündigung, die dann nach allgemeinen Vorschriften[86] zu beurteilen ist, wird nicht ausgeschlossen.

Eine Ausprägung des Arbeitnehmerschutzes in § 613a BGB ist hingegen der Schutz vor einer Negativauslese. Durch § 613a BGB wird danach ein individualrechtlicher Bestandsschutz dergestalt sichergestellt, daß die gesamte im Übergangszeitpunkt „vorhandene Belegschaft ohne Rücksicht auf Alter, Dauer der Betriebszugehörigkeit, soziale Stellung etc. erfaßt“[87] wird, der Betriebserwerber darf nicht nur die leistungsfähigsten Mitarbeiter weiterbeschäftigen. Diese aus § 613a Abs. 1 S. 1 BGB abzuleitende Konsequenz wird auch durch die Regelung in § 613a Abs. 4 BGB, dem insoweit eine flankierende Funktion zukommt, bestätigt.

Als alleiniger dem § 613a BGB zugrundeliegender Grundgedanke kann der Schutz vor einer Negativauslese oder mit anderen Worten ein ´alle-oder-keinen´-Prinzip[88] jedoch nicht angesehen werden. Denn die ausgemachte Lücke im Kündigungsschutz bezieht sich auf jedes einzelne Arbeitsverhältnis und besteht auch dann, wenn der Erwerber die gesamte Belegschaft nicht weiterbeschäftigen will. Vielmehr erscheint als ein weiterer entscheidender Anknüpfungspunkt für die Regelung

---

[82] Vgl. Pottmeyer, S. 98 ff.
[83] BT-Drucks. 8/3317, S. 6.
[84] BT-Drucks. 8/3317, S. 9.
[85] So auch mit ausführlicher Begründung: Pottmeyer, S. 106 ff.
[86] In diesem Fall ist einer Kündigung dann wiederum der „soziale Filter“ des § 1 Abs. 3 KSchG vorgeschaltet.
[87] Wiedemann/Willemsen, RdA 1979, 418 (421).
[88] So die anschauliche Formulierung von Pietzko, S. 36.

in § 613a BGB, daß die konkret mit dem Betrieb oder Betriebsteil verknüpften Arbeitsverhältnisse auch nach dem Übergang weiter beim Betriebserwerber fortbestehen. Die konkrete Beschäftigungsmöglichkeit besteht also weiter, allerdings aufgrund des rechtsgeschäftlichen Betriebsübergangs nicht mehr beim Veräußerer, sondern beim Erwerber. Hieraus läßt sich aber ebenfalls entnehmen, daß der Schutz des § 613a BGB nicht eingreift, wenn nach den Transaktionen zwischen (vermeintlichem) Veräußerer und Erwerber die Arbeitsplätze der Arbeitnehmer nicht beim Erwerber vorliegen. Dann würden u.U. nur einzelne Betriebsmittel, wie z.B. Maschinen verkauft, ein Betriebsübergang liegt jedoch nicht vor. Die Richtigkeit dieser Überlegungen zeigt sich, wenn man von der ursprünglichen Überlegung ausgeht, nämlich die aufgezeigte Lücke im Kündigungsschutz zu schließen. Wenn die konkrete Beschäftigungsmöglichkeit der Arbeitnehmer nicht auf den Erwerber übergegangen ist, liegt eine solche Lücke gar nicht vor. Denn entweder besteht die Beschäftigungsmöglichkeit weiterhin beim alten Arbeitgeber, dann kann dieser auch nicht betriebsbedingt kündigen oder sie besteht überhaupt nicht mehr, dann ist zwar eine betriebsbedingte Kündigung möglich, diese verstößt jedoch nicht gegen Grundsätze des Kündigungsschutzes, denn wenn eine Beschäftigungsmöglichkeit nicht mehr gegeben ist, so muß eine Kündigung aus betrieblichen Gründen möglich sein. Somit besteht der Arbeitnehmerschutz der Vorschrift genaugenommen darin, die Arbeitsverhältnisse als „rechtliches Band“ auf den Betriebserwerber überzuleiten, wenn die zugrundeliegenden nach wie vor vorhandenen Arbeitsplätze auf diesen übergegangen sind[89]. Pietzko spricht diesbezüglich vom „Grundsatz des Gleichlaufs von Betrieb (Arbeitsplatz) und Arbeitsverhältnis“[90].

2. Andere Zweckrichtungen

Als weitere Schutzrichtungen des § 613a BGB werden neben der Arbeitsplatzsicherung die Verteilung des Haftungsrisikos zwischen dem alten und neuen Arbeitgeber[91] und die Gewährleistung der Kontinuität des amtierenden Betriebsrates[92] genannt. Da diesen für die Festlegung des Tatbestands des § 613a Abs. 1

[89] Schwanda, S. 75.

[90] Pietzko, S. 36 f.

[91] Staudinger/Richardi/Annuß, § 613a BGB Rn. 10; MüKo/Schaub, § 613a BGB Rn. 6 mwN.

[92] Staudinger/Richardi/Annuß, § 613a BGB Rn. 10; MüKo/Schaub, § 613a BGB Rn. 6; Pottmeyer, S. 108 ff., kommt nach eingehender Untersuchung hingegen zu dem Ergebnis, „daß dem Gesetzgeber lediglich daran gelegen war, beim Betriebsübergang im Interesse der Wahrung der Mitwirkungsrechte die Kontinuität des Betriebsrates als Institution, nicht notwendig in seiner konkreten Zusammensetzung und unter Wahrung der einzelnen Betriebsratsämter zu erhalten“ (S. 116). Daß die der Kontinuität des amtierenden Betriebsrates tatsächlich erhalten bleibt, stelle sich lediglich als Rechtsreflex des mit § 613a BGB verfolgten Bestandsschutzes dar. Die Anerkennung eines diesbezüglichen selbständigen Normzwecks sei zu verneinen.

BGB keine Bedeutung zukommt, soll hierauf an dieser Stelle nicht weiter eingegangen werden.

III. Regelungsgehalt

1. Tatbestand

Der Tatbestand des § 613a Abs. 1 S. 1 BGB setzt nur voraus, daß ein Betrieb oder Betriebsteil auf einen anderen Inhaber übergeht. Auf die mannigfaltigen Probleme, die hiermit verbunden sind, soll erst im 3. Teil eingegangen werden.

2. Rechtsfolgen

a) Eintritt des neuen Betriebsinhabers in die Arbeitsverhältnisse

Nach § 613a Abs. 1 S. 1 BGB tritt der Erwerber „in die Rechte und Pflichten aus den im Zeitpunkt des Übergangs bestehenden Arbeitsverhältnissen ein". Der bisherige Arbeitgeber haftet noch neben dem neuen Inhaber für Verpflichtungen, „soweit sie vor dem Zeitpunkt des Übergangs entstanden sind und vor Ablauf von einem Jahr nach diesem Zeitpunkt fällig werden, als Gesamtschuldner" (§ 613a Abs. 2 S. 1 BGB). Ansonsten bleibt der bisherige Arbeitgeber nicht neben dem neuen Inhaber Partei der Arbeitsverhältnisse, sondern scheidet aus diesen aus. Somit handelt es sich bei § 613a Abs. 1 S. 1 BGB um einen gesetzlichen Übergang der Arbeitsverhältnisse als Ganzes durch Auswechslung des Arbeitgebers[93].

b) Widerspruchsrecht der Arbeitnehmer gem. § 613a Abs. 6 BGB

Der Übergang der Arbeitsverhältnisse tritt von Gesetzes wegen ein; er hängt nicht vom Willen des bisherigen oder des neuen Inhabers ab. Bis zur Ergänzung des § 613a BGB durch die Abs. 5 und 6 durch das „Gesetz zur Änderung des Seemannsgesetzes und anderer Gesetze" vom 23.3.2002 war auch eine Zustimmung der Arbeitnehmer nicht erforderlich. Nach Ansicht des BAG sollte der Wortlaut des § 613a BGB a.F. insoweit aber nicht eindeutig sein[94]. Auch der Wille des Gesetzgebers führe - so das Gericht - nicht zu der Folgerung, ein Arbeitnehmer müsse einen Übergang seines Arbeitsverhältnisses auf den Erwerber des Betriebes gegen seinen Widerspruch hinnehmen[95]. Das BAG hat daher gegen kritische Stimmen in der Literatur[96] eine Reduktion des § 613a BGB (a.F.) dahin vorgenommen, daß das Arbeitsverhältnis dann nicht übergehe, wenn der Arbeitnehmer

---

[93] Wenking, S. 49; Seiter, Betriebsinhaberwechsel, S. 32 f; BAG AP Nr. 1, 4, 11, 12 zu § 613a BGB; Schaub, ZIP 1984, 275; anders noch: Wiedemann/Willemsen, RdA 1979, 421, die von einem gesetzlich angeordneten Schuldbeitritt ausgehen.

[94] BAGE 26, 301 (304).

[95] BAGE 26, 301 (306 f.).

[96] Soergel/Kraft, § 613 BGB, Rn. 146 ff; Fischer, S. 115 ff; Gitter, FS 25 Jahre BAG, 133 (140 ff.); Kraft, ebenda, 299 (307 ff.).

dem Übergang widerspreche[97]. Rechtsdogmatisch handelt es sich hierbei um ein Gestaltungsrecht, durch das der Arbeitnehmer beim Übergang eines Betriebes oder Betriebsteils den Wechsel seines Vertragspartners verhindern oder rückgängig machen kann[98]. Das BAG begründete seine Ansicht mit einer verfassungskonformen Auslegung des § 613a BGB aus Art. 1 Abs. 1, 2 GG sowie aus Art. 12 GG[99]. Es dürfe kein Verkauf der einzelnen Arbeitnehmer zusammen mit dem Betrieb erfolgen. Außerdem würde ohne Anerkennung eines Widerspruchsrechts gegen das durch Art. 12 GG verfassungsrechtlich gewährleistete Recht der freien Arbeitsplatzwahl verstoßen. Mit der Anerkennung eines Widerspruchsrechts hat der Senat von einer Möglichkeit Gebrauch gemacht, die der EuGH den einzelnen Mitgliedstaaten in seiner Rechtsprechung ausdrücklich zugebilligt hat[100].

Durch die Ergänzung des § 613a BGB um das Widerspruchsrecht der Arbeitnehmer in Abs. 6 hat der Gesetzgeber daher im Grundsatz nur die ständige Rechtsprechung des BAG nachvollzogen. Eine gesetzliche Regelung des Widerspruchsrechts war durch die Umsetzungsverpflichtung der europäischen Betriebsübergangsrichtlinie 2001/23/EG nicht geboten, ein auf der Betriebsübergangsrichtlinie beruhendes Widerspruchsrecht besteht nach der Rechtsprechung des EuGH nicht[101]. Demgemäß hat der bundesdeutsche Gesetzgeber das Widerspruchsrecht auch mit der Begründung eingeführt, Informationspflicht des Arbeitgebers (§ 613a Abs. 5 BGB) und Widerspruchsrecht der Arbeitnehmer (§ 613a Abs. 6 BGB) stünden im wechselseitigen Bezug und erforderten eine zusammenhängende Regelung[102]. Darüber hinaus geht § 613a Abs. 6 BGB auch inhaltlich über die bisherige BAG-Rechtsprechung zum Widerspruchsrecht hinaus. So kann ein Arbeitnehmer nunmehr gem. § 613a Abs. 6 S. 1 BGB dem Übergang seines Arbeitsverhältnisses innerhalb eines Monats nach Zugang einer Unterrichtung gem. § 613a Abs. 5 BGB schriftlich (§ 126 BGB) widersprechen[103]. Das BAG hielt demgegenüber bisher eine Widerspruchsfrist von drei Wochen entsprechend der im Kündigungsschutzrecht gem. § 4 KSchG geltenden Frist für systemgerecht[104].

[97] So zunächst für die Übertragung eines Betriebsteils BAGE 26, 301 (304 ff.); sodann für die Übertragung eines ganzen Betriebes BAG, AP Nr. 8 zu § 613a BGB; BAGE 45, 140; 53, 251.
[98] Tschöpe, S. 30; Seiter, S. 67 f.
[99] BAG NZA 1993, 169; NZA 1994, 357 (360).
[100] S.o. 2. Teil A. I. 4. b) aa).
[101] S.o. 2. Teil A. I. 4. b) aa).
[102] Begründung zum Gesetzentwurf der Bundesregierung, BR-Drucks. 831/01, S. 22; kritisch Bauer/v. Steinau-Steinrück, ZIP 2002, 457 ff.
[103] Der Bundestag hat sich für diese Frist in zweiter Lesung auf Vorschlag des Ausschusses für Arbeit und Sozialordnung mit der Begründung entschieden, der Arbeitnehmer müsse „ausreichend Zeit" zur Entscheidung haben, Beschlussempfehlung und Bericht des Ausschusses für Arbeit und Sozialordnung zum Gesetzentwurf der Bundesregierung, BT-Drucks. 14/7760, S. 7; kritisch Bauer/v. Steinau-Steinrück, ZIP 2002, 457 (459); Gaul/Otto, DB 2002, 634 (637).
[104] BAG, DB 1994, 941 = NZA 1994, 357 (358).

Ferner begann diese Frist bisher nach ausreichender Unterrichtung durch den Arbeitgeber[105]. Hierfür genügte die Mitteilung über Betriebsübergang und Person des Erwerbers. Eine Bindung an eine Information durch den Veräußerer oder Erwerber, die den Anforderungen des § 613a Abs. 5 BGB entspricht und zudem „vor" dem Übergang zu erfolgen hat, war nicht vorgesehen[106].

c) Auswirkungen eines Betriebsinhaberwechsels auf Tarifverträge und Betriebsvereinbarungen (§ 613a Abs. 1 S. 2-4 BGB)

In § 613a Abs. 1 S. 2-4 BGB sind die Auswirkungen eines Betriebsinhaberwechsels auf Tarifverträge und Betriebsvereinbarungen geregelt.

aa) Weitergeltung kollektivrechtlich gestalteter Regelungen (Abs. 1 S. 2)

§ 613a Abs. 1 S. 2 BGB gewährleistet einen Inhaltsschutz im Hinblick auf kollektive Regelungen durch eine individualrechtliche Fortgeltung der durch Tarifvertrag oder Betriebsvereinbarung begründeten Rechte und Pflichten. Die entsprechenden kollektiven Regelungen verlieren ihre von außen auf die Arbeitsverhältnisse einwirkende unmittelbare und zwingende Wirkung gemäß § 77 Abs. 4 S. 1 BetrVG und § 4 Abs. 3 TVG und werden Bestandteil des Arbeitsvertrages[107]. Dabei ist der Wortlaut, der davon spricht, daß die Rechte und Pflichten „Inhalt des Arbeitsverhältnisses" werden, insoweit mißverständlich, als auch die Rechtsnormen in Tarifvertrag und Betriebsvereinbarung Rechte und Pflichten im Verhältnis zwischen Arbeitgeber und Arbeitnehmer begründen, mithin zum Inhalt des Arbeitsverhältnisses werden[108]. Sie werden nur nicht Inhalt des Arbeitsvertrages[109]. Diese Transformation in arbeitsvertragliche Regelungen stellt den Sinn des § 613a Abs. 1 S. 2 BGB dar. Die Rechtsnormen gelten fort, als ob ihr Inhalt im Arbeitsvertrag vereinbart wäre.

Diese Anordnung in § 613a Abs. 1 S. 2 BGB schließt eine normative Weitergeltung der kollektiven Regelungen jedoch nicht aus. Die Vorschrift soll den inhaltlichen Bestandsschutz beim Betriebsübergang verstärken. Sie trägt damit der Tatsache Rechnung, daß ein erheblicher Teil der Rechte und Pflichten im Arbeitsverhältnis nicht im Arbeitsvertrag selbst, sondern in Tarifverträgen und Betriebsvereinbarungen geregelt ist. Folglich greift die Vorschrift nicht ein, wenn die Tarifverträge oder Betriebsvereinbarungen ohnehin normativ weitergelten, weil es dann einer Transformation in arbeitsvertragliche Regelungen nicht bedarf. § 613a Abs. 1 S. 2 BGB kann daher als Auffangtatbestand gesehen werden, der die indi-

---

[105] BAG, ZIP 1994, 391.

[106] Vgl. Bauer/v. Steinau-Steinrück, ZIP 2002, 457 (459).

[107] Erman/Hanau, § 613a Rn. 90; GK-BetrVG/Kreutz, § 77, Rn. 327; a.A.: Zöllner, DB 1995, 1401 (1402), der eine beschränkte normative Weitergeltung annimmt.

[108] GK-BetrVG/Kreutz, § 77, Rn. 214 ff.

[109] GK-BetrVG/Kreutz, § 77, Rn. 213.

vidualrechtliche Fortgeltung anordnet, soweit eine kollektivrechtliche Fortgeltung nicht in Betracht kommt[110]. Für die Frage, ob Tarifvertrag oder Betriebsvereinbarung kollektivrechtlich fortgilt, sind die einschlägigen Normen des BetrVG und des TVG heranzuziehen. § 613a BGB enthält hierüber keine Aussage.

bb) Vorrang der beim Übernehmer bestehenden Kollektivregelungen (Abs. 1 S. 3)

Die individualrechtliche Weitergeltung kollektiver Regelungen tritt nach § 613a Abs. 1 S. 3 BGB nicht ein, „wenn die Rechte und Pflichten bei dem neuen Inhaber durch Rechtsnormen eines anderen Tarifvertrags oder durch eine andere Betriebsvereinbarung geregelt werden". Nach dem Regierungsentwurf soll S. 3 klarstellen, daß gegenüber der in S. 2 geregelten individualrechtlichen Verpflichtung die kollektivrechtlichen Verpflichtungen wie bisher vorgehen[111]. Der Gesetzgeber hat einer einheitlichen Behandlung der Arbeitnehmer im Betrieb des Erwerbers den Vorrang vor dem individuellen Bestandsschutz nach § 613a Abs. 1 S. 2 BGB eingeräumt.[112] Schließlich kommt in S. 3 die Wertung zum Ausdruck, daß der Arbeitnehmer des Schutzes der bisher für ihn geltenden kollektiven Regelung nicht mehr bedarf, wenn dieser Schutz schon durch neue im Übernehmerbetrieb geltende kollektive Regelungen hergestellt wird[113].

Keine Rolle spielt für § 613a Abs. 1 S. 3 BGB, ob die bisherige Regelung für den Arbeitnehmer günstiger war[114]. Das Günstigkeitsprinzip gilt also nicht, da lediglich ein Tarifvertrag durch einen anderen bzw. eine Betriebsvereinbarung durch eine andere abgelöst wird. Bestanden hingegen günstigere Individualvereinbarungen mit dem bisherigen Arbeitgeber, so gelten diese nach Abs. 1 S. 1 weiter, insoweit bleibt es bei der Geltung des Günstigkeitsprinzips[115].

cc) Vorzeitige Beendigung der individualrechtlich weitergeltenden kollektivrechtlichen Regelungen (Abs. 1 S. 4)

Kommt es zu einer Übernahme bisher kollektivrechtlich geltender Regelungen als individualrechtliche Regelungen gemäß § 613a Abs. 1 S. 2 BGB, so kann die dort für ein Jahr angeordnete zwingende Wirkung in den zwei in § 613a Abs. 1 S. 4 BGB genannten Fällen ausnahmsweise verkürzt werden.

Nach § 613a Abs. 1 S. 4 1. Fall BGB geschieht dies, wenn der Tarifvertrag oder die Betriebsvereinbarung, deren Regelung in den Individualarbeitsvertrag einge-

---

[110] Soergel/Kraft, § 613a BGB, Rn. 105; MüKo/Schaub, § 613a BGB, Rn. 128; GK-BetrVG/Kreutz, § 77 BetrVG, Rn. 390; BAG AP Nr. 89, 118 zu § 613a.

[111] BR-Drucks. 353/79, S. 18; BT-Drucks. 8/3317, S. 11; MüKo/Schaub, § 613a BGB, Rn. 180.

[112] BAG AP Nr. 108 zu § 613a BGB; AP Nr. 15 zu § 4 TVG (Ordnungsprinzip).

[113] BAG AP Nr. 49 zu § 613a BGB; Soergel/Kraft, § 613a BGB, Rn. 124.

[114] Staudinger/Richardi/Annuß, § 613a BGB, Rn. 184; Seiter, S. 94; Bauer, Unternehmensveräußerung und Arbeitsrecht, S. 110; Wank, NZA 1987, 505 (509).

[115] Staudinger/Richardi/Annuß, § 613a BGB, Rn. 184; Wank, NZA 1987, 505 (506).

gangen ist, im Unternehmen des Betriebsveräußerers keine Geltung mehr gehabt hätte. Hintergrund dieser Regelung ist, daß der Arbeitnehmer durch den Betriebsinhaberwechsel nicht besser gestellt werden soll als bei seinem bisherigen Arbeitgeber[116]. Eine Änderung zum Nachteil des Arbeitnehmers ist nach § 613a Abs. 1 S. 4 2. Fall BGB auch dann möglich, wenn zwar für den Übernehmer und/oder für die übernommenen Arbeitnehmer die Tarifbindung an einen Tarifvertrag fehlt, in dessen Geltungsbereich das übernehmende Unternehmen fällt (ansonsten würde Abs. 1 S. 3 gelten), dessen Anwendung aber durch individualrechtliche Vereinbarung (Inbezugnahme) vereinbart wird. Die Vorschrift ermöglicht also unter den genannten Voraussetzungen eine Ablösung der gemäß Abs. 1 S. 2 fortgeltenden kollektiven Regelungen zuungunsten der Arbeitnehmer vor Ablauf der Jahresfrist durch individualrechtliche Gestaltungen. Dagegen ist eine Ablösung durch Kollektivverträge in jedem Fall vor Ablauf der Jahresfrist unzulässig[117].

d) Das Haftungssystem für Verbindlichkeiten

Der bisherige Arbeitgeber scheidet mit dem Übergang des Betriebes aus dem Arbeitsverhältnis aus. Gleichwohl wäre es unangemessen, wenn er damit von jeglicher Haftung frei würde. Soweit er die Arbeitsleistung bereits erhalten hat, schlägt sich nach der Vorstellung des Gesetzgebers der Gegenwert in dem aus der Betriebsveräußerung erzielten Erlös nieder. Außerdem hat er durch die Übertragung seines Betriebes der Belegschaft einen anderen Schuldner aufgedrängt. Aus dieser Interessenlage ergibt sich das gesetzliche Haftungssystem des § 613a Abs. 2 BGB[118].

Gemäß § 613a Abs. 2 S. 1 haften bisheriger Arbeitgeber und neuer Inhaber für Verpflichtungen nach Abs. 1 gesamtschuldnerisch, soweit sie vor dem Zeitpunkt des Übergangs entstanden sind und vor Ablauf von einem Jahr nach diesem Zeitpunkt fällig werden. Werden Verpflichtungen erst nach dem Zeitpunkt des Übergangs fällig, so haftet nach Abs. 2 S. 2 der bisherige Arbeitgeber für sie nur in dem Umfang, der dem im Zeitpunkt des Übergangs abgelaufenen Teil ihres Bemessungszeitraums entspricht. Nach dieser Haftungsbegrenzung soll der bisherige Arbeitnehmer grundsätzlich nicht für die Vergütung von Leistungen der Arbeitnehmer haften, die erst nach Übergang des Betriebes erbracht worden sind[119].

Für Ansprüche, die vor dem Betriebsübergang entstanden und fällig geworden sind, haftet der bisherige Betriebsinhaber zeitlich unbeschränkt als Gesamtschuldner neben dem Betriebserwerber. Die Mithaftung des bisherigen Arbeit-

---

116 Staudinger/Richardi/Annuß, § 613a BGB, Rn. 197.
117 Soergel/Kraft, § 613a BGB, Rn. 134, 136.
118 Vgl. MüKo/Schaub, § 613a BGB, Rn. 104.
119 So die Begründung des BT-Ausschusses für Arbeit und Sozialordnung, BT-Drucks. VI/2729, S. 35.

gebers ergibt sich aus § 613a Abs. 2 S. 1 BGB. Nach dem Gesetzeswortlaut bezieht diese sich zwar auf alle Verpflichtungen, die „vor dem Zeitpunkt des Übergangs entstanden sind und vor Ablauf von einem Jahr nach diesem Zeitpunkt fällig werden". Mit der Bestimmung der Jahresfrist sollte aber nur eine zeitliche Grenze festgelegt, die Fälligkeit nach Betriebsübernahme sollte hingegen nicht zur Haftungsvoraussetzung erhoben werden[120]. Dies ergibt sich schon aus der Haftungsbegrenzung nach Abs. 2 S. 2. Diese gilt nur für nach dem Zeitpunkt des Übergangs fällig werdende Verpflichtungen. Folglich muß S. 1 sich auch auf Ansprüche beziehen, die vor dem Betriebsübergang entstanden und fällig geworden sind. Die Mithaftung des neuen Betriebsinhabers ergibt sich aus § 613a Abs. 1 S. 1, wonach dieser von Gesetzes wegen in die Rechte und Pflichten aus dem Arbeitsverhältnis mit dem bisherigen Betriebsinhaber eintritt. Dies gilt auch für Ansprüche des Arbeitnehmers, die vor dem Übergang des Arbeitsverhältnisses entstanden und fällig geworden sind[121]. Abs. 1 S. 1 enthält keine Einschränkung, daß der neue Betriebsinhaber nur für die Zukunft in die Rechtsposition des Arbeitgebers eintritt. Dies ergibt sich aus Abs. 2, wo geregelt ist, daß der neue Inhaber auch für Verpflichtungen, die vor dem Zeitpunkt des Übergangs entstanden sind „neben" dem bisherigen Arbeitgeber haftet[122]. Ferner haftet der bisherige Betriebsinhaber nicht für Ansprüche, die erst nach Betriebsübergang entstanden und fällig geworden sind. Dies folgt nicht nur aus dem Wortlaut von § 613a Abs. 2 S. 1 BGB, sondern auch aus der Überlegung, daß der bisherige Betriebsinhaber zu diesem Zeitpunkt nicht mehr Arbeitgeber der Belegschaft ist[123]. Schließlich entfällt seine Haftung nach § 613a Abs. 2 S. 2 BGB, wenn die Ansprüche zwar vor Betriebsübergang entstanden, aber später als ein Jahr nach dem Betriebsübergang fällig geworden sind.

e) Die Kündigung wegen des Übergangs eines Betriebs oder Betriebsteils gemäß § 613a Abs. 4 BGB

aa) Regelungszweck und rechtsdogmatische Einordnung

Nach § 613a Abs. 4 S. 1 BGB ist die „Kündigung des Arbeitsverhältnisses eines Arbeitnehmers durch den bisherigen Arbeitgeber oder durch den neuen Inhaber wegen des Übergangs eines Betriebes oder Betriebsteiles unwirksam". Hiermit ergänzt § 613a Abs. 4 BGB die Regelung des Abs. 1. Er hat insoweit nur eine Komplementärfunktion und soll als spezialgesetzliche Regelung des allgemeinen Umgehungsverbots nur verhindern, daß der in Abs. 1 angeordnete Bestandsschutz durch eine Kündigung unterlaufen wird[124]. Hieraus folgt zugleich, daß Abs. 4 nicht

[120] Soergel/Kraft, § 613a BGB, Rn. 165.
[121] BAG, AP Nr. 4, 6 und 12 zu § 613a BGB; Seiter, S. 34 f.
[122] Staudinger/Richardi/Annuß, § 613a BGB, Rn. 208.
[123] MüKo/Schaub, § 613a BGB, Rn. 108.
[124] Willemsen, ZIP 1983, 411 (413); BAG, AP Nr. 34 und 40 zu § 613a BGB.

nur die Sozialwidrigkeit der Kündigung im Sinne des KSchG klarstellt, sondern einen eigenständigen Unwirksamkeitsgrund für die Kündigung normiert, dessen Geltendmachung unabhängig vom Anwendungsbereich des KSchG und dessen Regelungen über die Geltendmachung der Sozialwidrigkeit der Kündigung ist[125].

bb) Inhalt des Kündigungsverbots

§ 613a Abs. 4 S. 1 BGB stellt klar, daß ein Betriebsübergang als solcher kein Kündigungsgrund ist, läßt aber gemäß Abs. 4 S. 2 das „Recht zur Kündigung aus anderen Gründen" unberührt. Eine Kündigung „wegen" des Übergangs eines Betriebes liegt vor, wenn die Kündigung wesentlich durch den Wechsel in der Person des Betriebsinhabers bedingt, dieser Wechsel also das tragende Motiv für die Kündigung und nicht nur ihr äußerer Anlaß ist[126]. Nicht ausgeschlossen ist daher eine Kündigung, die ihre Rechtfertigung darin findet, daß infolge des Betriebsübergangs betriebliche Umstrukturierungen stattfinden, die zum Wegfall der Beschäftigungsmöglichkeit einzelner Arbeitnehmer führen.

Andererseits ist eine Kündigung unwirksam, wenn sie ausgesprochen wird, weil der Erwerber aus Kostengründen nur einen Teil der Arbeitnehmer übernehmen will, selbst wenn es sich dabei um den einzigen Interessenten handelt und ansonsten die Stillegung und damit der Verlust aller Arbeitsplätze droht[127]. Anderenfalls würde faktisch der frühere Rechtszustand wieder hergestellt, wonach zum Übergang des Arbeitsverhältnisses die Zustimmung des Erwerbers erforderlich war[128]. Eine solche Kündigung fände ihren Grund allein in der Person des Erwerbers. Keine Kündigung wegen eines Betriebsübergangs liegt hingegen vor, wenn der Veräußerer zum Zwecke der Rationalisierung einen Personalabbau durchführt, weil sich abzeichnet, daß etwaige Kaufinteressenten den Betrieb nur mit reduzierter Belegschaft übernehmen wollen. Die Kündigung findet hier ihre Rechtfertigung nicht in dem beabsichtigten Wechsel der Person des Betriebsinhabers, sondern in der Rationalisierungsentscheidung des Betriebsinhabers als unternehmerische Maßnahme, die die Organisation des Betriebes betrifft und zum Wegfall der Beschäftigungsmöglichkeit führt[129].

---

[125] BAG, AP Nr. 40 zu § 613a BGB; Soergel/Kraft, § 613a BGB, Rn. 185; Palandt/Putzo, § 613a BGB, Rn. 36.

[126] BAG, AP Nr. 39 zu § 613a BGB; AP Nr. 74 zu § 613a BGB; Soergel/Kraft, § 613a BGB, Rn. 187; Staudinger/Richardi/Annuß, § 613a BGB, Rn. 249; MüKo/Schaub, § 613a BGB, Rn. 67.

[127] Soergel/Kraft, § 613a BGB, Rn. 187.

[128] S.o. 2. Teil B. I. 1. a); BAG AP Nr. 34 zu § 613a BGB; MünchArbRHb/Wank, § 121, Rn. 16.

[129] Soergel/Kraft, § 613a BGB, Rn. 187.

C. Das Verhältnis der europäischen Regelung in der Richtlinie 2001/23/EG zur nationalen Regelung in § 613a BGB

I. Das Verhältnis von Gemeinschaftsrecht zum nationalem Recht im allgemeinen

1. Anwendungsvorrang des Gemeinschaftsrechts

Nach Ansicht des EuGH genießt Gemeinschaftsrecht grundsätzlich Vorrang vor nationalem Recht[130]. Innerhalb der Bundesrepublik ist daher zur Lösung eines Rechtsfalles in erster Linie Gemeinschaftsrecht anzuwenden; fehlt es, gilt nationales Recht. Das Gericht begründet diesen Vorrang des Gemeinschaftsrechts mit der Eigenständigkeit der Gemeinschaften und ihres Rechtskreises, mit der von den Mitgliedstaaten eingegangenen Verpflichtung nach Art. 10 Abs. 2 EGV (n.F.), alle Maßnahmen zu unterlassen, die der Verwirklichung der Gemeinschaftsziele entgegenstehen könnten, sowie damit, daß die Einheitlichkeit der Rechtsanwendung Voraussetzung für die Funktionsfähigkeit der Gemeinschaften sei[131]. Hingegen sieht das Bundesverfassungsgericht (BVerfG) in der verfassungsrechtlichen Möglichkeit, Hoheitsrechte gemäß Art. 23 GG zu übertragen, zugleich die damit korrespondierende Rücknahme des Geltungsanspruchs des nationalen Rechts, so daß es nur dann zu einem Anwendungsvorrang des Gemeinschaftsrechts kommt, wenn sich dieses innerhalb der Vorgaben und Grenzen bewegt, die das Vertragsrecht und die Einzelermächtigung setzen[132].

2. Richtlinien und deren Umsetzung in die nationale Rechtsordnung

Die grundlegende Bestimmung des EG-Vertrags zur Rechtsnatur von Richtlinien ist Art. 249 Abs. 3[133]. Nach Art. 249 Abs. 1 EGV können das Europäische Parlament, der Rat und die Kommission zur Erfüllung ihrer Aufgaben nach Maßgabe des EG-Vertrags Verordnungen, Richtlinien und Entscheidungen erlassen, Empfehlungen aussprechen oder Stellungnahmen abgeben. Im Gegensatz zu Verordnungen, die in all ihren Teilen verbindlich sind, ist nach Art. 249 Abs. 3 EGV die Richtlinie „für jeden Mitgliedstaat, an den sie gerichtet wird, hinsichtlich des zu erreichenden Zieles verbindlich, überläßt jedoch den innerstaatlichen Stellen die Wahl der Form und der Mittel“. Richtlinien sind zunächst nur für die Mitgliedsstaaten und erst nach erfolgter Umsetzung auch für den einzelnen Gemeinschaftsbürger verbindlich. Im Unterschied zu Verordnungen, die unmittelbar in den Mitgliedstaaten gelten, sieht das Gemeinschaftsrecht für Richtlinien ein zweistufiges Rechtssetzungsverfahren vor. Die Gemeinschaftsorgane erlassen die

---

[130] Grundlegend EuGHE 1964, 1251; vgl. Hirsch, NJW 2000, 1817.
[131] EuGHE 1964, 1251 (1269); 1970, 1125 (1171).
[132] BVerfGE 22, 293 (296); 31, 145; 37, 271; 52, 187; 73, 339; 75, 223; 89, 155.
[133] § 189 Abs. 3 EGV a.F.

Grund- oder Rahmenregelung, die Mitgliedstaaten die dazu erforderlichen Durchführungsmaßnahmen. Richtlinien sind ein gemeinschaftsrechtliches Instrument, um eine Rechtsangleichung in Sachbereichen zu erreichen, in denen eine Vereinheitlichung durch Verordnung nicht erforderlich ist, und um gleichzeitig die Souveränität der Mitgliedstaaten zu achten[134].

Richtlinien bedürfen also der Umsetzung durch die Mitgliedstaaten, um zu Bestandteilen der innerstaatlichen Rechtsordnungen zu werden[135]. Hinsichtlich der Form und der Mittel hierzu sind die Mitgliedstaaten zwar grds. frei, sie haben gem. Art. 10, 249 Abs. 3 EGV ihren Umsetzungsakt aber so zu gestalten, daß die praktische Wirksamkeit („effet utile“) der Richtlinie so gut wie möglich gewährleistet ist[136]. Daher müssen die Mitgliedstaaten ergangene Richtlinien in verbindliche innerstaatliche Vorschriften umsetzen, die den Erfordernissen der Rechtssicherheit und Rechtsklarheit entsprechen[137]. Zumindest bei Richtlinien, die die Schaffung gerichtlich durchsetzbarer Individualrechtspositionen beinhalten, führt dies zu einem Rechtsnormvorbehalt, d.h. es muß eine Umsetzung durch Gesetz oder durch Verordnung (i.S.d. Art. 80 GG) erfolgen[138].

3. Die richtlinienkonforme Auslegung

Ein weiterer Aspekt im Verhältnis des europäischen zum nationalen Recht ist das Erfordernis einer richtlinienkonformen Auslegung nationalen Rechts. Hintergrund der richtlinienkonformen Auslegung ist die oben angesprochene Zweistufigkeit der Gesetzgebung durch europäische Richtlinien[139]. Als dessen Ergebnis stehen Richtlinie und Umsetzungsnorm nebeneinander[140] und beanspruchen Geltung für den gleichen Regelungsbereich. Die Umsetzungsnormen sind dabei Bestandteil der nationalen Rechtsordnung, die Richtlinie Bestandteil des Gemeinschaftsrechts.

---

[134] Magiera, Jura 1989, 595 (599); Herdegen, EuropaR, Rn. 177 f.

[135] Jedoch ist ausnahmsweise auch eine unmittelbare (nach h.M. allerdings nur vertikale) Geltung von Richtlinien denkbar, wenn ihr Charakter „self executing“ ist und der betreffende Mitgliedsstaat die Richtlinie nicht fristgerecht oder nur unzulänglich in innerstaatliches Recht umgesetzt hat; vgl. hierzu EuGHE 1979, 1629 (1642); 1982, 53 (70); 1989, 1839 (1870); Jarass, Grundfragen der innerstaatlichen Bedeutung des EG-Rechts, S. 71 ff; ders., NJW 1990, 2420 (2422); Schweitzer, StaatsR III; Rn. 266 ff.

[136] EuGHE 1976, 497 (Leits. 6).

[137] Streinz, EuropaR, Rn. 391.

[138] Streinz, EuropaR, Rn. 391.

[139] S.o. 2. Teil C. I. 2.

[140] Di Fabio, NJW 90, 947 (949) mwN, hält die Vorstellung, daß Gemeinschaftsrecht und innerstaatliche Rechtsordnung nebeneinander als zwei unabhängige Rechtskreise existieren, wobei das Gemeinschaftsrecht punktuell in den nationalen Rechtskreis unmittelbar mit Geltungsanspruch eingreifen kann, wegen fortschreitender Integrationsbemühungen und fortschreitender Harmonisierungsanstrengungen für inadäquat. Er weist darauf hin, daß bereits ein monistisch zu sehendes Verhältnis beider Normsysteme gegeben sein soll.

Letztere büßt mit ihrer Umsetzung in das nationale Recht keineswegs ihre legislativen Wirkungen ein. Die Umsetzung soll der Richtlinie Geltung im Mitgliedstaat verschaffen, nicht etwa umgekehrt zu ihrer Erledigung führen[141].

Vor diesem Hintergrund geht der EuGH von einem Gebot zur richtlinienkonformen Auslegung des innerstaatlichen Rechts für die Träger der öffentlichen Gewalt in den Mitgliedstaaten aus. Die Pflicht der nationalen Gerichte und Behörden zu einer richtlinienkonformen Auslegung entnimmt der EuGH primären EG-Recht und zwar dem Art. 249 Abs. 3 und der allgemeinen Mitwirkungspflicht der Mitgliedstaaten gemäß Art.10 Abs. 1 EGV[142]. Hierzu führt der EuGH aus[143]:

Die sich aus einer Richtlinie ergebende Verpflichtung der Mitgliedstaaten, das in dieser vorgesehene Ziel zu erreichen, sowie die Pflicht der Mitgliedstaaten gemäß Art. 10 EGV, alle zur Erfüllung dieser Verpflichtung geeigneten Maßnahmen allgemeiner oder besonderer Art zu treffen, (obliegen) allen Trägern öffentlicher Gewalt in den Mitgliedstaaten, und zwar im Rahmen ihrer Zuständigkeiten auch den Gerichten. Daraus folgt, daß das nationale Gericht bei der Anwendung des nationalen Rechts (...) dieses nationale Recht im Lichte (...) der Richtlinie auszulegen hat, um das in Art. 249 Abs. 3 EGV genannte Ziel zu erreichen.

Diese Begründung hat das BVerfG hat vom verfassungsrechtlichen Standpunkt aus akzeptiert[144]. Zudem ist die richtlinienkonforme Auslegung zumindest bei Normen, die der nationale Gesetzgeber zur Umsetzung einer Richtlinie erlassen hat, auch durch das nationale Recht geboten. Denn in diesem Fall spricht eine Vermutung für den Willen des Gesetzgebers, mit der nationalen Regelung den von der Richtlinie vorgegebenen Auftrag erfüllen zu wollen. Bei einer Auslegung des nationalen Rechts nach den allgemeinen Regeln - insbesondere bei systematischer und

---

[141] Götz, NJW 1992, 1849 (1852).

[142] Art. 5 EGV a.F.; Art. 10 EGV sieht der EuGH als Ausdruck eines umfassenden, als Gemeinschaftstreue zu kennzeichnenden Grundsatzes an, nach dem „den Mitgliedstaaten und den Gemeinschaftsorganen gegenseitige Pflichten zur loyalen Zusammenarbeit obliegen" - EuGH vom 10.02.83, Rs. 230/81, Slg. S. 255, Nr. 37.

[143] EUGHE 1987, 3969 (3986); EuGH, Rs. 14/83, Slg. 1984, 1891 (1909); Rs. 79/83, Slg. 1984, 1921 (1942). Allerdings sind gegen diese Herleitung in der Literatur auch Vorbehalte deutlich geworden: Es wird angeführt, aus der Bindung der Mitgliedstaaten an die Umsetzungspflicht gem. Art. 10 EGV könne nicht auf die Maßgeblichkeit des Umsetzungsprogramms (der Richtlinie) für die gerichtliche Entscheidung geschlossen werden - so Scherzberg, Jura 1993, 225 (232); ähnlich Jarass, EuR 1991, 211 (216); Dänzer-Vanotti, DB 1994, 1052. Zudem beinhalte eine das nationale Gesetz relativierende Auslegung durch Heranziehung der Richtlinie die Gefahr, daß dadurch dem Rechtsanwender unzulässigerweise jener Gestaltungsspielraum, der dem nationalen Gesetzgeber verbleiben sollte, systemwidrig entzogen werde - so Di Fabio, NJW 1990, 947 (949 f.).

[144] BVerfGE 75, 223 (237) = NJW 1988, 1459 = NVwZ 1988, 621 L.

teleologischer Interpretation - sind die ausdrücklich oder stillschweigend in Bezug genommenen gemeinschaftsrechtlichen Vorgaben zu berücksichtigen[145].
Die Träger der öffentlichen Gewalt in den Mitgliedstaaten haben also das nationale Recht „im Lichte des Wortlauts und des Zwecks" der Richtlinienbestimmungen auszulegen[146]. In der grundlegenden Entscheidung zur Umsetzung der Gleichbehandlungsrichtlinie[147] in Deutschland hat der Gerichtshof die richtlinienkonforme Auslegung näher beschrieben. Danach sei es[148]

> Sache des nationalen Gerichts, das zur Durchführung der Richtlinie erlassene Gesetz unter voller Ausschöpfung des Beurteilungsspielraums, den ihm das nationale Recht einräumt, in Übereinstimmung mit den Anforderungen des Gemeinschaftsrechts auszulegen und anzuwenden.

Diese Pflicht bestehe bereits mit In-Kraft-Treten der Richtlinie, nicht erst mit Ablauf der Umsetzungspflicht[149] und beziehe sich auf alle Vorschriften des nationalen Rechts, also nicht nur auf nationales Umsetzungsrecht, sondern auf jede Privatrechtsnorm, die in den Anwendungsbereich der Richtlinie fällt[150]. Die Grenzen einer richtlinienkonformen Auslegung ergeben sich nach Ansicht des EuGH aus dem Wortlaut und Sinn der nationalen Regelungen. Eine Auslegung sei nur innerhalb des Spielraums möglich, der durch die einschlägige nationale Vorschrift eröffnet werde[151]. Wie für die verfassungskonforme Auslegung gelte auch für die richtlinienkonforme Auslegung, daß sie einer nach Wortlaut und Sinn eindeutigen nationalen Regelung keinen entgegengesetzten Sinn verleihen und den normativen Gehalt der Regelung nicht grundlegend neu bestimmen dürfe[152]. Die Entscheidung darüber, was die nationalen Auslegungsregeln zulassen, liege schließlich allein in der Kompetenz der nationalen Gerichte bzw. Rechtsanwender[153].

---

145 Grabitz/Hilf/Langeheine, Art. 100 EGV a.F. (Stand Sept. 1994), Rn. 71; Jarass, Grundfragen zur innerstaatlichen Bedeutung von EG-Recht, 1994, S. 89 f; Götz, NJW 1992, 1849 (1853); Scherzberg, Jura 1993, 225 (231); Dänzer-Vanotti, RIW 1991, 755; ders., DB, 1994, 1052; Di Fabio, NJW 1990, 947 (953).

146 EuGH, Slg 1987, 3969 (3986); ebenso EuGH, Slg 1984, 1891 (1909); 1984, 1921 (1942); 1988, 4635 (4662); 1989, 3533 (3546); 1990, I - 4135 (4159).

147 Richtlinie 76/207/EWG, Abl. 1976 L 39, S.40.

148 EuGH vom 10.04.1984, Rs.14/83, Slg. S. 1891, Nr. 28.

149 EuGHE 1987, 3969 (3987); 1997 I, 7411, C 129/96.

150 EuGHE 1987, 3969 (3986); 1990 I, 4135 (4149); 1994 I, 3325 (3357).

151 EuGHE 1987, 3969 (3986).

152 Jarass, EuR 1991, 211 (218).

153 EuGH, Slg. 1984, 1891 (1908); 1984, 1921 (1942). Daher ist der EuGH in der Rechtssache „Forster" allein auf die unmittelbare Wirkung der betreffenden Richtlinie und nicht auf eine richtlinienkonforme Auslegung eingegangen, weil eine richtlinienkonforme Auslegung nach Auffassung des House of Lords nicht möglich war; EuGH EuZW 1990, 424.

II. Das Verhältnis des Tatbestands der Richtlinie 2001/23/EG zum Tatbestand des § 613a BGB

1. Systematischer Vergleich der Tatbestände

Die Tatbestände der Richtlinie 2001/23/EG und der nationalen Umsetzungsnorm § 613a BGB sind einander ähnlich. Nach Art. 1 Abs. 1a) der Richtlinie ist diese

> auf den Übergang von Unternehmen, Betrieben oder Unternehmens- bzw. Betriebsteilen auf einen anderen Inhaber durch vertragliche Übertragung oder durch Verschmelzung

anwendbar. Der Tatbestand des § 613a Abs. 1 BGB lautet hingegen:

> Geht ein Betrieb oder Betriebsteil durch Rechtsgeschäft auf einen anderen Inhaber über (...)

Hieraus ergibt sich eine identische Tatbestandsstruktur mit jeweils drei Tatbestandsmerkmalen[154]: Zunächst ist ein „Übergang eines Unternehmens, Betriebs, Unternehmens- oder Betriebsteiles“ und zwar „auf einen anderen Inhaber“ erforderlich; dieser muß schließlich auf eine „rechtsgeschäftliche Übertragung“ zurückführbar sein. Im einzelnen bestehen aber sprachliche Unterschiede. So kann Bezugsobjekt eines Übergangs nach der Richtlinie auch ein Unternehmen (bzw. Unternehmensteil) sein, nach § 613a Abs. 1 BGB nur ein Betrieb oder Betriebsteil, und während nach der Richtlinienfassung eine „vertragliche Übertragung“ verlangt wird, erfordert § 613a BGB eine Übertragung „durch Rechtsgeschäft“. Schließlich erwähnt § 613a Abs. 1 BGB im Gegensatz zur Richtlinie 2001/23/EG den Übertragungsgrund der Verschmelzung überhaupt nicht.

2. Besonderheiten bei der Umsetzung des Tatbestandes der Richtlinie 2001/23/EG in § 613a BGB

Beim Verhältnis zwischen § 613a BGB und der Richtlinie 2001/23/EG (seinerzeit 77/187/EWG) besteht die Besonderheit, daß § 613a BGB, der im Jahre 1972 in Kraft getreten ist, ursprünglich eine nationale Vorschrift war. Erst nachträglich hat die Vorschrift durch die Richtlinie 77/187/EWG eine europäische Dimension erhalten und wurde durch das EG-Anpassungsgesetz vom 13.8.1980 zur Ausführungsbestimmung europäischen Rechts[155]. Dabei ist der Tatbestand des § 613a Abs. 1 BGB allerdings nicht verändert worden, sondern in seiner bisher schon bestehen-

---

[154] So auch KassHbArbR/Hattesen, 6.7, Rn. 12; ErfK/Preis, § 613a BGB, Rn. 5 ff.; Henssler, NZA 1994, 913; wohl auch GroßkommKündR/Steffan, § 613a BGB, Rn. 13ff.; anders MüHbArbR/Wank, § 124, Rn. 26, der auch noch das Vorliegen eines Arbeitsverhältnisses und (als ungeschriebene Tatbestandsvoraussetzung) das Nichtvorliegen eines Widerspruchs i.R.d. Tatbestands prüft.

[155] S.o. 2. Teil B. I. 2. a).

den Form belassen[156], da diese, wie gezeigt, der Richtlinienfassung schon weitgehend ähnelte.

Diese Besonderheit bei der Richtlinienumsetzung der Richtlinie 77/187/EWG stellt einen Hauptgrund für die aufgetretenen Differenzen zwischen europäischer und nationaler Arbeitsrechtsrechtsprechung und -literatur dar für die synonym die Entscheidung „Christel Schmidt“ steht. Denn wegen des zeitlichen Vorlaufs der nationalen Regelung hat das BAG eine eigenständige Sichtweise des Betriebsübergangs entwickelt[157]. Nachdem dann der EuGH ein eigenes, teilweise abweichendes Modell zum Anwendungsbereich der Richtlinie entwickelt hatte[158], hielt das BAG zunächst weiterhin an seiner Sichtweise fest, womit Kontroversen quasi vorprogrammiert waren.

[156] Die ursprüngliche Fassung des § 613a BGB geht zurück auf die Einführung der Norm durch § 122 BetrVG vom 15.1.1972, s.o. 2. Teil B. I. 1. b).
[157] S.u. 3. Teil A. II. 1.
[158] S.u. 3. Teil A. I.

D. Die Grundlagen der Rechtsprechung zum Tatbestand der Richtlinie 2001/23/EG sowie zu § 613a BGB

I. Die Rechtsprechung auf europäischer Ebene

1. Rechtsprechung durch den EuGH

a) Vorabentscheidungen gemäß Art. 234 EGV durch den EuGH

Sämtliche Entscheidungen des EuGH zum Tatbestand der Richtlinie 2001/23/EG sind in Vorabentscheidungsverfahren gem. Art. 234 EGV[159] ergangen. Die nationalen Gerichte haben über das Vorliegen eines Betriebsübergangs jeweils anhand ihrer nationalen Umsetzungsnorm zu entscheiden. Dabei haben die Gerichte ihr nationales Recht aber, wie gezeigt, im Lichte der Richtlinie 2001/23/EG auszulegen. Bestehen Zweifel über die Auslegung oder Gültigkeit des Gemeinschaftsrechts[160] wird hierüber nicht von den nationalen Gerichten nach den in ihrer Rechtsordnung üblichen Auslegungsmethoden entschieden, sonst wäre in diesen Fällen wegen Verschiedenheiten in der Rechtsdogmatik und unterschiedlichen Regelungskonzepten in den einzelnen Mitgliedstaaten eine einheitliche Beurteilung des Gemeinschaftsrechts nicht gewährleistet[161]. Deshalb wurde dem EuGH das Monopol für eine verbindliche Auslegung des Gemeinschaftsrechts übertragen. Dies geschieht in erster Linie im Wege der Vorabentscheidung gemäß Art. 234 EGV. Der Sinn dieses Verfahrens liegt nach Aussage des EuGH darin[162],

> daß das vom Vertrag geschaffene Recht wirklich gemeinsames Recht bleibt; er (Art. 234 EGV) soll gewährleisten, daß dieses Recht in allen Mitgliedstaaten der Gemeinschaft immer die gleiche Wirkung hat. Auf diese Weise soll er unterschiedliche Auslegungen des Gemeinschaftsrechts verhindern, das die nationalen Gerichte anzuwenden haben.

Das Vorabentscheidungsverfahren ist seinem Wesen nach ein Zwischenverfahren, das jeweils nur einen Teilausschnitt eines Verfahrens darstellt, das vor den nationalen Gerichten beginnt und endet[163]. Der EuGH wird nicht als übergeordnete Instanz tätig. Vielmehr bleibt das vorlegende Gericht Herr des Verfahrens und wendet das Gemeinschaftsrecht auf den konkreten Fall an, indem es seiner Entscheidung die vom EuGH entwickelte Auslegung des Gemeinschaftsrechts zugrunde legt. Nach Art. 234 Abs.1 b) EGV entscheidet der EuGH „über die

---

[159] Art. 177 EGV a.F.

[160] Eine klärungsbedürftige Frage liegt aber dann nicht vor, wenn ein vernünftiger Zweifel an der Gültigkeit oder Auslegung des Gemeinschaftsrechts nicht möglich ist oder wenn der EuGH sich bereits in einem früheren Verfahren zu der gleichen Frage geäußert hat und neue Umstände, die Veranlassung zu einer neuen Auslegung geben könnten, nicht hervorgetreten sind - so EuGH, Slg. I 1982, 3415.

[161] Heither, RdA 1996, 96 (98); vgl. Hanau, ArbR d Ggwart 1997, 21 (23 ff.).

[162] EuGH vom 16.1.1974 - Rs. 166/73, Slg. 1974, 33, 38.

[163] Alvensleben, S.148; Grabitz/Wohlfahrt, Art. 177 EGV, Rn. 2.

Gültigkeit und die Auslegung der Handlungen der Organe der Gemeinschaft und der EZB." Hiermit sind insbesondere die in Art. 249 EGV genannten bindenden Rechtssätze und Rechtsakte der Gemeinschaftsorgane gemeint, also Verordnungen, Richtlinien und Entscheidungen[164].

b) Bindungswirkung der Vorabentscheidungen des EuGH

Ein Vorabentscheidungsurteil des EuGH ist sowohl für das vorlegende nationale Gericht als auch für alle anderen Gerichte, die in derselben Sache, wenn auch in anderen Instanzen, zu entscheiden haben, nach Maßgabe seines Tenors bindend[165]. Problematisch ist es allerdings, ob ein derartiges Urteil auch über den konkreten Fall hinaus bindend für die nationalen Gerichte ist. Dies wird für den Fall bejaht, daß der Gerichtshof eine Gemeinschaftregelung für unwirksam erklärt hat. Ein solches Urteil stellt, obwohl sein unmittelbarer Adressat nur das Gericht ist, das den Gerichtshof angerufen hat, auch für jedes andere Gericht einen ausreichenden Grund dar, diese Regelung bei seiner Entscheidungsfindung ebenfalls als ungültig anzusehen[166]. Zur Begründung für dieses Ergebnis werden zwingende Erfordernisse der einheitlichen Anwendung von Gemeinschaftsrecht sowie der Rechtssicherheit angeführt[167]. Bei den Entscheidungen des EuGH zur Richtlinie 2001/23/EG geht es allerdings nicht um die Gültigkeitsprüfung, sondern um die Auslegung einer Gemeinschaftsnorm. Eine bindende Wirkung erscheint hier problematisch. Teilweise wurde eine solche aber insbesondere unter Berufung auf die Funktion von Art. 234 EGV, die Gewährleistung der einheitlichen Anwendung und Auslegung des Gemeinschaftsrechts, bejaht[168]. Überwiegend wird eine allgemeine Bindungswirkung jedoch abgelehnt[169]. Vorabentscheidungsurteile seien auf die speziellen Umstände des Ausgangsverfahrens zugeschnitten. Würde man solche Auslegungsentscheidungen als allgemeinverbindlich ansehen, so könnte dies dem Erfordernis der Einzelfallgerechtigkeit in anderen Verfahren, in denen die Auslegungen des EuGH von den jeweils befaßten nationalen Gerichten angewendet werden müßten, entgegenstehen und zu sachlich unangemessenen Ergebnissen führen[170]. Zudem hätten auch Grundsatzurteile oberster nationaler Gerichte als Präjudizien - von Ausnahmen im Common Law[171] und bei bestimmten verfassungs-

---

[164] Everling, S. 25; Alvensleben, S. 148.

[165] Dauses, S. 153; Wenking, S. 155 mwN.; Groeben/Thiesing/Ehlermann/Krück, Art. 177 EGV a.F. , Rn. 88 mwN.

[166] EuGH Rs. 66/80, Slg. 1981, 1191 (1214 ff).

[167] Groeben/Thiesing/Ehlermann/Krück, Art. 177 EGV a.F., Rn. 89; Tomuschat, S. 63 ff; Dauses, S. 157; Alvensleben, S. 153 f.

[168] Beckmann, S. 72 mwN; vgl. auch Grabitz/Wohlfahrt, Art. 177 EGV, Rn. 73.

[169] Tomuschat, S. 184 ff; Everling, S. 65 f; Dauses, S. 153 ff; Alvensleben, S. 154.

[170] Tomuschat, S. 185.

[171] Die Doktrin „stare decisis" ist für die Bindung britischer Gerichte an Entscheidungen des EuGH in Section 3 (I) des European Communities Act 1972 festgeschrieben.

gerichtlichen Entscheidungen[172] einmal abgesehen - im kontinentalen Rechtskreis keine verbindliche Wirkung[173]. Demnach kommt Auslegungsurteilen des EuGH i.R.d. Art. 234 EGV richtigerweise keine allgemeine Bindungswirkung zu.
Diese Feststellung schließt indessen nicht aus, daß auf die in einer Vorabentscheidung vom EuGH aufgezeigten Lösung auch im Rahmen anderer Verfahren zurückgegriffen werden kann, in denen es um ähnliche gemeinschaftsrechtliche Vorfragen geht. Dementsprechend hat der EuGH bereits in den Rechtssachen „Da Costa u.a."[174] das vorlegende Gericht auf die Auslegung verwiesen, die er zwei Monate zuvor in dem Urteil „Van Gend & Loos"[175] gegeben hatte. Da hier die beiden zugrunde liegenden Sachverhalte weitgehend ähnlich waren[176], beschränkte sich der EuGH in dem Urteil „Da Costa" darauf, auf die frühere Entscheidung zu verweisen[177]. Des weiteren stellte der EuGH in der Rechtssache Da Costa fest, daß es den nationalen Gerichten dennoch gestattet sei, Auslegungsfragen dem EuGH erneut vorzulegen, die in einem gleichartigen Fall bereits entschieden worden sind, sofern sie von der früher gegebenen Auslegung des Gerichtshofs abweichen wollen[178]. Daß die Gerichte der Mitgliedstaaten - auch soweit sie nicht nach Art. 234 Abs. 3 EGV vorlageverpflichtet sind - nicht autonom von einer früheren Entscheidung des EuGH abweichen, sondern erneut vorlegen, wenn sie ihrer Entscheidung eine abweichende Rechtsauffassung zugrunde legen wollen, läßt sich darüber hinaus auch schon aus den Grundsätzen von Rechtssicherheit und Rechtseinheit ableiten[179]. Aus diesen Erwägungen läßt sich folgern, daß die Präjudizwirkung der Auslegungsurteile des EuGH derjenigen höchstrichterlicher Entscheidungen im nationalen Recht ähnelt[180]. Auch diesen kommt keine unmittelbar verbindliche Wirkung außerhalb des Ausgangsrechtsstreits zu. Dennoch entfalten sie eine „tatsächlich rechtsbildende Kraft" insofern, als ihre Tragweite in der Praxis notwendigerweise über den konkreten Einzelfall hinausgeht[181].

---

[172] Vgl. beispielsweise § 31 BVerfGG.
[173] Dauses, S. 155; Tomuschat, S. 187.
[174] Urteil vom 27.3.1963, 28-30/62, Slg. 1963, 63.
[175] Urteil vom 5.2.1963, 26/62, Slg. 1963, 1.
[176] Es ging um die unmittelbare Geltung von Art. 12 EWGV, der die Einführung neuer bzw. die Erhöhung bestehender Zölle und Abgaben zollgleicher Wirkung im innergemeinschaftlichen Handel verbietet.
[177] Diese Praxis wird heute ausdrücklich durch Art. 104 § 3 VerfO bestätigt. Danach kann der EuGH ggf. „durch Beschluß entscheiden, der mit Gründen zu versehen ist und auf das frühere Urteil verweist".
[178] Urteil vom 27.03.63, 28-30/62, Slg. 1963, S. 81.
[179] Constantinesco, S. 835.
[180] So Dauses, S. 155 f; Groeben/Thiesing/Ehlermann/Krück, Art. 177 EGV a.F., Rn. 92.
[181] Groeben/Thiesing/Ehlermann/Krück, Art. 177 EGV a.F., Rn. 92; Dauses, S. 155 f; Wenking, S. 157 („faktische Wirkung").

2. Rechtsprechung durch den EFTA-Gerichtshof

Die Auslegung der Richtlinie 2001/23//EG gehört weiterhin zu den Aufgaben des EFTA-Gerichtshofs. EFTA ist die Kurzbezeichnung für die am 04.01.1960 von Großbritannien, Dänemark, Norwegen, Schweden, der Schweiz, Österreich und Portugal gegründete European Free Trade Association; beigetreten ist Island, assoziiert sind Liechtenstein und Finnland (zu den EFTA-Staaten siehe aber auch Art. 2b EWR-Abkommen)[182]. Zwischen den EFTA- und den EG-Staaten ist am 1.1.1994 ein Abkommen über den Europäischen Wirtschaftsraum (EWR-Abkommen) in Kraft getreten[183]. In diesem Zusammenhang sollte ursprünglich ein eigener EWR-Gerichtshof errichtet werden. Jedoch kam der EuGH in einem Ende 1991 vorgelegtem Gutachten zu dem Schluß, daß die Errichtung eines solchen Gerichtshofes mit dem EWG-Vertrag unvereinbar sei[184]. Denn aus der jeweiligen Zielsetzung der beiden Rechtsordnungen ergebe sich, daß EG- und EWR-Recht trotz weitgehend übereinstimmenden Wortlauts Recht unterschiedlicher Qualität darstellen würden. Da der EWR-Gerichtshof über Streitigkeiten zwischen Vertragsparteien zu entscheiden hätte, könne er damit indirekt eine Interpretation der Kompetenznormen des EWG-Vertrages vornehmen[185]. Auch könnten durch die Auslegung von EWR-Vorschriften, welche mit solchen des Gemeinschaftsrechts identisch seien, Rückwirkungen auf die Auslegung des EWG-Vertrages bzw. des EG-Sekundärrechts entstehen. Jedenfalls würde die gemäß Art. 292[186] EGV bestehende ausschließliche Zuständigkeit des EuGH durch die Rechtsprechung des geplanten EWR-Gerichtshofes beeinträchtigt[187]. Die deshalb erforderliche Neuverhandlung über das Rechtsschutzsystem des Europäischen Wirtschaftsraums hatte schließlich zum Ergebnis, daß die EFTA-Staaten untereinander ein Abkommen zur Errichtung einer Überwachungsbehörde und eines EFTA-Gerichtshofes schlossen. Der EuGH hat in einem zweiten Gutachten die Errichtung eines EFTA-Gerichtshofes an Stelle des zunächst vorgesehenen EWR-Gerichtshofes als gemeinschaftskonform bezeichnet[188].

Die Kompetenzen des EFTA-Gerichtshofes lassen sich in zwei Kategorien einteilen. Einerseits entscheidet er über Klagen gegen EFTA-Staaten oder gegen die EFTA-Überwachungsbehörde (vgl. Art. 108 Abs. 2 EWR-Abkommen). Andererseits wird es Gerichten der EFTA-Staaten gemäß Art. 34 des Abkommens zwischen den EFTA-Staaten ermöglicht, beim EFTA-Gerichtshof um ein Gutachten

[182] Creifelds, Rechtswörterbuch, „EFTA".

[183] Siehe zum EWR-Abkommen allgemein Streit, NJW 1994, 555.

[184] EuGHE 1991 I, 6079 = ABlEG 1992 Nr. C 110, S.1.

[185] EuGHE 1991 I 6079 (6107).

[186] Art. 164 EGV a.F.

[187] EuGHE 1991 I, 6079 (6105).

[188] EuGHE 1992 I, 2821 = EuZW 1992, 388 = ABlEG 1992 Nr. C 136 S.1.

über die Auslegung des EWR-Abkommens anzufragen. Die Rechtsprechung des EFTA-Gerichtshofes zur Richtlinie 2001/23/EG beruht ausschließlich auf dieser Variante. Die Richtlinie ist nämlich in Punkt 23 von Anhang XVIII zum EWR-Abkommen genannt und stellt damit auch EWR-Recht dar.

Hinsichtlich des Verhältnisses der Rechtsprechung des EFTA-Gerichtshofes zu der des EuGH ist zunächst auf Art. 6 EWR-Abkommen hinzuweisen, wonach die Bestimmungen des Abkommens im Einklang mit der bis zur Unterzeichnung des Abkommens ergangenen EWR-relevanten Rechtsprechung des EuGH auszulegen sind. Also muß sich der EFTA-Gerichtshof an der Judikatur zur Richtlinie 2001/23/EG orientieren, die der EuGH schon vor Unterzeichnung des EWR-Abkommens entwickelt hat. Ansonsten ist der EFTA-Gerichtshof an Entscheidungen des EuGH nicht gebunden. Er ist ein unabhängiges Gericht (vgl. auch Art. 106 S. 1 EWR-Abkommen). Es soll aber eine homogene Rechtsprechung und einheitliche Auslegung des Abkommens zwischen Europäischer Union und EFTA erreicht und aufrechterhalten werden. Daher sieht Art. 106 EWR-Abkommen die Einrichtung eines Systems wechselseitiger Information über die für das Abkommen relevante Rechtsprechung auf Ebene der EU und der EFTA vor. Insbesondere dem Gemeinsamen EWR-Ausschuß kommt dabei nach Art.105 Abs. 2 EWR-Abkommen die Aufgabe zu, dafür zu sorgen, daß die Homogenität der Rechtsprechung gewahrt bleibt. Kommt es bei Streitfragen im Gemeinsamen EWR-Ausschuß nicht innerhalb von zwei Monaten zu einer Beschlußfassung, wie eine homogene Rechtsprechung zu gewährleisten ist, kann das Streitbeilegungsverfahren gemäß Art. 111 EWR-Abkommen zur Anwendung gelangen[189]. Als Ergebnis läßt sich also festhalten: Der EFTA-Gerichtshof ist zwar vom EuGH unabhängig. Wegen der Zielvorgabe, eine einheitliche Rechtsprechung auf EU- und EFTA-Ebene zu schaffen und wegen der Instrumentarien, die im EWR-Abkommen vorgesehen sind, um dieses Ziel zu erreichen, muß die Rechtsprechung des EFTA-Gerichtshofes jedoch im wesentlichen der des EuGH entsprechen.

II. Die Rechtsprechung auf nationaler Ebene

Hinsichtlich der arbeitsrechtlichen Rechtsprechung auf nationaler Ebene bestehen keine Besonderheiten. Während EuGH und EFTA-Gerichtshof lediglich die Aufgabe zukommt, die Richtlinie 2001/23/EG auszulegen, müssen die nationalen Arbeitsgerichte entscheiden, ob im betreffenden Fall tatsächlich der Tatbestand des § 613a BGB erfüllt ist, mithin ein Betriebsübergang vorliegt. Dabei haben sie das deutsche Recht grundsätzlich EU-rechtskonform auszulegen und sind an die Aussagen des EuGH gebunden, wenn im konkreten Fall eine Vorabentscheidung ergangen ist. Ob sich hieraus darüber hinaus eine Notwendigkeit zu einer völlig

---

[189] Vgl. Gugerbauer, NJW 1994, 2743 (2745), zur Frage, wie die Homogenität der Rechtsprechung in verschiedenen Problemfällen sichergestellt werden kann.

übereinstimmenden Sichtweise des Tatbestands der Richtlinien und des § 613a BGB von europäischer und nationaler Rechtsprechung ergibt, soll erst an anderer Stelle eingehend erörtert werden[190].

[190] Dazu s.u. 3. Teil A. III. 1.

3. Teil:
Der Tatbestand des Betriebsübergangs nach der neuen Rechtsprechung von EuGH und BAG

A. „Übergang von Unternehmen, Betrieben oder Unternehmens- bzw. Betriebsteilen“ i.S.d. Richtlinie bzw. eines „Betriebes oder Betriebsteiles“ i.S.d. § 613a BGB – das Grundmodell

I. Nach der Rechtsprechung des EuGH seit „Spijkers“

Das Merkmal „Übergang von Unternehmen, Betrieben oder Unternehmens- bzw. Betriebsteilen auf einen anderen Inhaber“ ist das zentrale Tatbestandsmerkmal der Richtlinie 2001/23/EG. Dies wird auch in den Entscheidungen des Europäischen Gerichtshofs zum Tatbestand der Richtlinie deutlich, in denen sich das Gericht vorwiegend mit diesem Tatbestandsmerkmal auseinandersetzt[191]. Seine Sichtweise hierzu hat der EuGH erstmals in der Rechtssache „Spijkers“[192] im Jahre 1986 ausgeführt. Der Obersatz, den der EuGH seither in ständiger Rechtsprechung verwendet[193], bestand also schon relativ lange Zeit bevor die Rechtsprechung des Gerichtshofes durch die vielbeachteten Entscheidungen „Christel Schmidt“ aus dem Jahre 1994 und „Ayse Süzen“ aus dem Jahre 1997 in das Zentrum des arbeitsrechtlichen Interesses in Deutschland und Europa rückte. Der EuGH führt in der „Spijkers“-Entscheidung aus, daß

> Art. 1 Abs. 1 der Richtlinie 77/187/EWG dahin auszulegen ist, daß sich der Begriff „Übergang von Unternehmen, Betrieben oder Betriebsteilen auf einen anderen Inhaber auf den Fall bezieht, daß die betreffende wirtschaftliche Einheit ihre Identität bewahrt. Um festzustellen, ob in einem Fall (...) ein Übergang in dem angegebenen Sinne vorliegt, ist

---

[191] Der EuGH hat seine Rechtsprechung unter der Geltung der Betriebsübergangsrichtlinie 77/187/EWG entwickelt. Diese Rechtsprechung behält unter der Geltung der Richtlinie 2001/23/EG in vollem Umfang ihre Gültigkeit, da mit der Neukodifizierung keine inhaltliche Änderung verbunden ist – s.o. 2. Teil A. II. und III.

[192] Spijkers - Rn. 12-15 und Leitsatz.

[193] EuGH v. 17.12.1987, EAS Nr. 3 zu Art. 1 RL 77/187/EWG (Ny Mølle Kro), Rn. 19; EuGH v. 15.6.198, EAS Nr. 5 zu Art. 1 RL 77/187/EWG (Bork International), Rn. 15; Redmond Stichting - Rn. 24; EuGH v. 12.11.1992, EAS Nr. 8 zu Art. 1 RL 77/187/EWG (Watson Rask), Rn. 20; EuGH v. 19.9.1995, DB 1995, 2117, 2118 (Rygaard), Rn. 17; EuGH v. 11.3.1997, EAS Nr. 13 zu Art. 1 RL 77/187/EWG = NZA 1997, 433 = DB 1997, 628 (Ayse Süzen), Rn. 14; EuGH v. 24.1.2002, BB 2002, 464 = NZA 2002, 265 (Temco Services Industries SA), Rn. 23; dieser Obersatz entspricht ebenfalls der Rechtsprechung des EFTA-Gerichtshofes, vgl. dazu Eidesund, Gutachten des EFTA-Gerichtshofes vom 25.9.1996, EAS Nr. 11a zu Art. 1 RL 77/187/EWG, Rn. 31 f; Ulstein und Roiseng, Gutachten des EFTA-Gerichtshofes vom 19.12.1996, EAS Nr. 12a zu Art. 1 RL 77/187/EWG, Rn. 27; Tor Angeir Ask, Gutachten des EFTA-Gerichtshofes vom 14.3.1997, EAS Nr. 14 zu Art. 1 RL 77/187/EWG, Rn. 19.

unter Berücksichtigung sämtlicher den betreffenden Vorgang kennzeichnenden Tatsachen zu prüfen, ob eine noch bestehende wirtschaftliche Einheit veräußert worden ist, was sich unter anderem daraus ergibt, daß ihr Betrieb von dem neuen Inhaber mit derselben oder einer gleichartigen Geschäftstätigkeit tatsächlich weitergeführt oder wiederaufgenommen wird[194].

Zu den angesprochenen „sämtlichen den betreffenden Vorgang kennzeichnenden Tatsachen" gehören

namentlich die Art des betreffenden Unternehmens oder Betriebs, der Übergang oder Nichtübergang der materiellen Aktiva wie Gebäude oder bewegliche Güter, der Wert der immateriellen Aktiva zum Zeitpunkt des Übergangs, die Übernahme oder Nichtübernahme der Hauptbelegschaft durch den neuen Inhaber, der Übergang oder Nichtübergang der Kundschaft sowie der Grad der Ähnlichkeit zwischen der vor und der nach dem Übergang verrichteten Tätigkeit und die Dauer einer eventuellen Unterbrechung dieser Tätigkeit. Alle diese Umstände sind jedoch nur Teilaspekte der vorzunehmenden globalen Bewertung und können deshalb nicht isoliert betrachtet werden[195].

Schließlich betont der EuGH, daß für die tatsächliche Beurteilung, die zur Feststellung erforderlich sei, ob ein Übergang in dem angegebenen Sinne vorliege, das jeweilige nationale Gericht zuständig sei, das dabei aber die aufgestellten Auslegungskriterien zu beachten habe[196].

II. Übernahme dieses Modells durch die nationale Arbeitsgerichtsbarkeit

1. Die bisherige Rechtsprechung zum Betriebsübergang

Die Rechtsprechung des EuGH zur Auslegung der Richtlinie 2001/23/EG (bzw. seinerzeit 77/187/EWG) blieb von der deutschen Arbeitsgerichtsgerichtsbarkeit insgesamt lange Zeit weitgehend unbeachtet. Das BAG ging auch bei der Beschreibung des Tatbestandes des § 613a BGB von dem auf Jacobi[197] zurückgehenden Betriebsbegriff aus, den Rechtsprechung und Literatur zum BetrVG entwickelt hatten. Dieser definiert den Betrieb als organisatorische Einheit, innerhalb derer ein Arbeitgeber allein oder zusammen mit seinen Arbeitnehmern unter Zuhilfenahme sächlicher und immaterieller Betriebsmittel bestimmte arbeitstechnische Zwecke fortgesetzt verfolgt. Diese Definition bedurfte nach ständiger - wenn auch nicht unumstrittener[198] - Rechtsprechung des BAG einer Modifikation. Da § 613a Abs. 1

---

194 Spijkers - Leitsatz.

195 Spijkers - Rn. 13.

196 Spijkers - Rn. 14; Ny Mølle Kro - Rn. 21; Bork International - Rn. 18; Redmond Stichting - Rn. 25; Watson, Rask - Rn. 18; Merckx, Neuhuys - Rn. 17; Ayse Süzen - Rn. 22.

197 Jacobi, S. 9.

198 Zur Kritik aus Teilen der Rechtsprechung sowie der Literatur siehe Hennsler, NZA 1994, 913 (Fn. 5,6).

S. 1 BGB den Übergang der Arbeitsverhältnisse als Rechtsfolge anordne, könne dieses Kriterium nicht gleichzeitig tatbestandliche Voraussetzung des § 613a BGB sein (sog. Konfusionsargument)[199]. Danach war ein Betrieb gekennzeichnet durch die wesentlichen sächlichen und immateriellen Betriebsmittel. Dabei standen bei Produktionsbetrieben die sächlichen, im Dienstleistungssektor die immateriellen Betriebsmittel im Vordergrund. Ein Betriebsübergang war dann gegeben, wenn diese auf einen neuen Inhaber übergingen[200]. Unwesentliche Bestandteile des Betriebsvermögens blieben außer Betracht[201]. Der neue Inhaber mußte mit den übernommenen Betriebsmitteln in der Lage sein, den Betrieb im wesentlichen unverändert fortzuführen. Die tatsächliche Fortführung durch den Erwerber war hingegen nicht erforderlich (sog. Theorie von der Fortführungsmöglichkeit)[202].

Von dieser einseitig betriebsmittelorientierten Sichtweise ist das BAG jedoch in jüngerer Zeit z.T. abgewichen, indem es annahm, auch die Übernahme von Arbeitnehmern könne ein Indiz für das Vorliegen eines Betriebsübergangs darstellen, wenn das Know-How (als immaterielles Betriebsmittel) eines Betriebs in der Person eines oder mehrerer Beschäftigten verkörpert sei[203]. Insofern kann durchaus gesagt werden, daß bereits in der herkömmlichen Senatsrechtsprechung eine gewisse „Entmaterialisierung" des Betriebsbegriffs eingesetzt hatte.

Dennoch ist durchaus auffällig, daß das BAG seine Rechtsprechung lange Zeit fortgeführt hat, ohne sich überhaupt mit der EuGH-Rechtsprechung zur Richtlinie 2001/23/EG zu beschäftigen[204]. So haben der 2. Senat und der 8. Senat noch am 22.9.1994[205] bzw. am 27.4.1995[206] nach den eben dargestellten Grundsätzen entschieden, ohne überhaupt auf die teilweise abweichende Rechtsprechung auf europäischer Ebene einzugehen. In späteren Entscheidungen hat das deutsche Gericht sich dann zumindest zugegeben, daß die EuGH-Rechtsprechung durchaus auch für die Rechtsprechung zu § 613a BGB Berücksichtigung finden müsse[207] bzw. es hat sich in seinen Entscheidungen auf die EuGH-Rechtsprechung berufen, allerdings ohne die eigene Rechtsprechung inhaltlich zu ändern[208].

---

199 BAG, NZA 1995, 27; vgl. die Nachweise bei Pietzko, Fn. 14.
200 Vgl auch Schiefer, NZA 1998, 1095.
201 BAG v. 22.5.1985, EzA Nr. 45 zu § 613a BGB, 284 (289).
202 BAGE, 27, 291 (295); BAG v. 22.5.1985, EzA Nr. 45 zu § 613a BGB.
203 BAG, NZA 1994, 612 = NJW 1995, 73; anders noch BAG, NZA 1985, 775.
204 Die „Spijkers"-Rechtsprechung bestand immerhin schon seit 1986.
205 AP Nr. 117 zu § 613a BGB.
206 BAG, SAE 1996, 292 m. Anm. Krause = NZA 1995, 1155.
207 BAG, Beschl. v. 27.6.1995, SAE 1996, 302 (304) m. Anm. v. Hoyningen-Huene.
208 BAG v. 19.11.1996, NZA 1997, 722 (723); BAG v. 18.3.1997, NZA 1998, 97 (99): In dieser Entscheidung hat der Senat die Meinung vertreten, daß seine neuere Rechtsprechung schon „im wesentlichen derjenigen des EuGH bei der Festlegung des Geltungsbereichs der Richtlinie 77/187/EWG" entspricht.

2. Die Übernahme der EuGH-Rechtsprechung durch das BAG nach der „Ayse Süzen"-Entscheidung

Die Entscheidung in der Sache „Christel Schmidt" sorgte dann sowohl in der deutschen arbeitsrechtlichen Literatur[209] als auch in der Rechtsprechung für Furore. Hierin hat der EuGH entschieden, daß der Tatbestand der Richtlinie schon dann erfüllt ist, wenn eine Sparkasse den Reinigungsauftrag für eine Filiale an ein Reinigungsunternehmen vergibt[210]. Das BAG reagierte mit einem Vorlagebeschluß in einem Rechtsstreit, in dem - wie im Fall „Christel Schmidt" - eine Putzfrau klagte[211]. Zu einer Antwort hierauf durch den EuGH kam es aber nicht, da der Gerichtshof schon in der Rechtssache „Ayse Süzen" auf eine Vorlage des ArbGer Bonn umfassend darauf einging, wann der Wechsel eines Dienstleistungsauftrages einen Betriebsübergang darstellen könne. Das BAG nahm daraufhin auf Anregung aus Luxemburg seine Vorlage zurück[212]. Mehr noch, es nutzte die nächste sich bietende Gelegenheit, um sich mit ausdrücklichem Bezug auf die Entscheidung „Ayse Süzen" der Rechtsprechung des EuGH anzuschließen[213]:

> Darüber hinaus erfordert ein Betriebsübergang nach der Rechtsprechung des EuGH (vgl. zusammenfassend Urteil vom 11.3.1997, ...) die von den nationalen Gerichten bei der Anwendung des § 613a BGB zu berücksichtigen ist, den Übergang einer auf Dauer angelegten wirtschaftlichen Einheit.

Im Hinblick auf die - bis dahin vom BAG geleugnete - umfassende Berücksichtigung der Übernahme von Arbeitnehmern als Kriterium für einen Betriebsübergang, gab es seinen bisherigen Standpunkt auf und formulierte dementsprechend:

> Damit hat der EuGH zum wiederholten Male die Bedeutung der Belegschaft für die Annahme einer Einheit im Sinne der Richtlinie betont. Dem hat die Rechtsprechung des BAG Rechnung zu tragen. Das BAG hat in seiner früheren Rechtsprechung angenommen, der Übergang der Arbeitsverhältnisse sei Rechtsfolge und nicht Tatbestandsvoraussetzung des § 613a BGB. (...) Der nunmehr für Rechtsfragen des Übergangs eines Arbeitsverhältnisses nach § 613a BGB (...) allein zuständige Achte Senat des BAG hält an dieser restriktiven Berücksichtigung des Übergangs von Arbeitsverhältnissen nicht fest und schließt sich der vom EuGH vertretenen Interpretation an.

---

209 Eine Aufzählung der zahlreichen Stimmen zur „Christel Schmidt"-Entscheidung in der arbeitsrechtlichen Literatur findet sich bei Wenking, S. 158 ff, 165 ff, insbesondere Fn. 864 und 916.

210 Ausführlich zur „Christel Schmidt"-Entscheidung s.u. 3. Teil A. II. 1. d) aa) (1).

211 NZA 1996, 869 = AP Nr. 10 zu EWG-Richtlinie 77/187.

212 NZA 1997, 1050 = AP Nr. 15 zu EWG-Richtlinie 77/187.

213 BAG v. 22.5.97, AP Nr. 154 zu § 613a BGB.

Seither legt das BAG allen seinen Entscheidungen das vom EuGH entwickelte Modell zugrunde, wonach es für einen Betriebsübergang auf die Wahrung der Identität der betreffenden Einheit ankommt[214].

III. Stellungnahme

1. Einheitlichkeit der Rechtsprechung von EuGH und BAG als Erfordernis einer EU-rechtskonformen Auslegung des § 613a BGB

Hinsichtlich der neuen Rechtsprechung des BAG fällt zunächst auf, daß der Senat trotz der sehr weit gehenden Änderung seiner Rechtsprechung hin zum EuGH-Modell auf eine eigene inhaltliche Begründung dieses Modells verzichtet hat. Stattdessen verweist er darauf, daß die EuGH-Rechtsprechung „von den nationalen bei der Anwendung des § 613a BGB zu berücksichtigen"[215] sei, spricht von der „für die Auslegung des § 613a BGB maßgeblichen Rechtsprechung des EuGH"[216] oder von einer „gebotenen richtlinienkonformen Auslegung des § 613a BGB"[217]. Das BAG geht also - ohne dies näher zu begründen - ebenso wie weite Teile des Schrifttums[218] davon aus, daß eine einheitliche Rechtsprechung von EuGH und BAG schon aufgrund des europäischen Hintergrundes des § 613a BGB erforderlich ist. Diese Ausgangsüberlegung verdient Zustimmung, wie sich aus den folgenden Erwägungen ergibt:

a) Der Tatbestand des § 613a BGB bedarf der richtlinienkonformen Auslegung

Bei § 613a BGB handelt es sich um Umsetzungsrecht der EG-Richtlinie 77/187/EWG. Daher muß die nationale Norm - entsprechend den obigen Aus-

---

[214] So u.a. BAG v. 22.5.1997, AP Nr. 154 zu § 613a BGB = BB 1997, 2110; BAG v. 26.6.1997, ZIP 1997, 1975; BAG v. 11.9.1997, EzA Nr. 153 zu § 613a BGB; BAG v. 13.11.1997, 8 AZR 375/96, ZIP 1998, 344; BAG v. 13.11.1997, 8 AZR 295/95, BB 1998, 319; BAG v. 11.12.1997, 8 AZR 426/94, BB 1998, 696; BAG v. 11.12.1997, 8 AZR 729/96, DB 1998, 84; BAG v. 22.1.1998, NZA 1998, 638; BAG v. 18.3.1999, BB 1999, 1222; BAG v. 26.8.1999, NZA 2000, 144; Aus der Landesarbeitsgerichtsbarkeit: LAG Nürnberg v. 25.2.1999, BB 1999, 1435; LAG Berlin v. 23.10.1998, NZA-RR 1999, 461.

[215] BAG v. 22.5.1997, AP Nr. 154 zu § 613a BGB, 1715 (1717).

[216] BAG v. 11.9.1997, EzA Nr. 153 zu § 613a BGB, S. 4; BAG v. 11.12.1997, BB 1998, 696 (697).

[217] BAG v. 11.12.1997, BB 1998, 698 (699) - in dieser Entscheidung begründet das BAG aber auch selbst, warum von einem rechtsgeschäftlichen Betriebsübergang auszugehen sei, wenn ein Neuauftragnehmer eine im wesentlichen unveränderte Arbeitsaufgabe auf vertraglicher Grundlage übernimmt und die Arbeitnehmer zu diesem Zwecke einvernehmlich weiterbeschäftigt.

[218] So auch Wenking, S. 156; Everling, FS für Lukes, 1989, 359 (367); KassHbArbR/Hattesen, 6.7, Rn. 10.

führungen[219] - richtlinienkonform ausgelegt werden[220]. Hieran ändert auch die Besonderheit bei § 613a Abs. 1 BGB nichts, daß dieser auch schon vor Erlaß der Richtlinie am 14.02.1977 galt. Denn zum einen besteht die Pflicht zur richtlinienkonformen Auslegung des nationalen Rechts nicht nur für Umsetzungsrecht, sondern für jede Privatnorm, die in den Anwendungsbereich einer Richtlinie fällt[221]. Zum anderen erscheint die Argumentation einiger kritischer Stimmen in der Literatur nicht überzeugend. Danach könne in einem solchen Fall schwerlich auf einen Willen des Gesetzgebers geschlossen werden, mit der nationalen Regelung den von der Richtlinie vorgegebenen Auftrag erfüllen zu wollen, so daß eine EG-rechtskonforme Auslegung trotz genereller Völker- und Europarechtsfreundlichkeit des deutschen Rechts nach den derzeit anerkannten Auslegungsregeln nicht möglich sei[222]. Zwar galt der Tatbestand des § 613a BGB schon vor Erlaß der Richtlinie. Im nachhinein wurde § 613a BGB aber vom deutschen Gesetzgeber an die Richtlinienanforderungen angepaßt. Dabei mußte dieser sich im Normsetzungsverfahren, das mit dem EG-Anpassungsgesetz vom 13.08.1980 seinen Abschluß fand, erneut mit der gesamten Norm des § 613a BGB auseinandersetzen mit dem Ziel, durch eine Änderung des § 613a BGB den Vorgaben der Richtlinie 77/187/EWG zu entsprechen[223]. Nur weil schon die alte Tatbestandsfassung des § 613a Abs.1 BGB der Richtlinie ähnelte[224], bedurfte es keiner Anpassung der Formulierungen. Dennoch kann davon ausgegangen werden, daß der nationale Gesetzgeber die Vorgaben der Richtlinie 77/187/EWG bei der Neufassung des § 613a BGB vollständig umsetzen wollte. Die vorgebrachten Bedenken gegen eine richtlinienkonforme Auslegung des Tatbestands des § 613a BGB überzeugen daher nicht.

b) Richtlinienkonforme Auslegung bedeutet Auslegung i.S.d. EuGH-Rechtsprechung

Wie schon gezeigt, bedeutet richtlinienkonforme Auslegung durch die nationalen Gerichte, daß der Tatbestand des § 613a BGB „im Lichte" des Art. 1 Abs. 1a) Richtlinie 2001/23/EG auszulegen ist. Damit kann keine eigenständige Auslegung

---

[219] S.o. 2. Teil C. I. 3.

[220] Vgl. auch Götz, NJW 1992, 1849 (1854), wonach die richtlinienkonforme Auslegung kongruenter Normen bzw. Begriffe des nationalen Umsetzungsrechts heute schon zum Alltag des „Dialogs" zwischen den staatlichen Gerichten und dem EuGH gehört; a.A. wohl Preis, ZIP 1995, 891 (908): „Wenn eine EG-Richtlinie in nationales Recht umgesetzt ist, dann kann nur die unzureichende Umsetzung einer Richtlinie ggf. eine richtlinienkonforme Auslegung fordern. Hiervon ist aber für die deutsche Umsetzung keine Rede. Der EuGH hat keine Befugnis, den nationale Gerichten Vorschläge für Rechtsfortbildungen zu unterbreiten".

[221] S.o. 2. Teil C. I. 3.

[222] Jarass, Grundfragen der innerstaatlichen Bedeutung des EG-Rechts, 1994, S. 90; Scherzberg, Jura 1993, 225 (231).

[223] Vgl. Gesetzentwurf der BReg zum EG-Anpassungsgesetz, BT-Drucks. 8/3317 vom 6.11.1979 unter „A. Zielsetzung".

[224] S.o. 2. Teil C. II. 2.

der Norm durch die nationalen Gerichte gemeint sein. Denn ein nationales Gericht darf nicht selbständig europäisches Recht auslegen. Dies obliegt dem EuGH, der die Richtlinie nach Art. 234 EWG auszulegen hat[225]. An dieser Auslegung der Richtlinie müssen sich die deutschen Gerichte bei der Auslegung der nationalen Norm orientieren[226]. Neben dem Erfordernis das nationale Recht richtlinienkonform anzuwenden, ergibt sich dies auch aus der oben festgestellten faktischen Präjudizwirkung der Auslegung der Richtlinie durch den EuGH im Vorabentscheidungsverfahren[227], der damit mittelbar auch über die Auslegung nationalen Umsetzungsrechts bestimmt[228].

Des weiteren hat der EuGH in seinen Entscheidungen zu erkennen gegeben, daß er die Festlegung des Tatbestands des Betriebsübergangs auch nicht als eine dem Recht der Mitgliedstaaten vorbehaltene Aufgabe ansieht[229]. Grundsätzlich hat der EuGH nämlich bei der Auslegung von Begriffen des Gemeinschaftsrechts die Wahl, ob er einen Begriff gemeinschaftsrechtlich interpretiert[230] oder durch bloßen Verweis auf das Recht der Mitgliedstaaten bestimmt. So hat der EuGH beispielsweise entschieden, daß sich der Begriff des Arbeitnehmers i.S.d. Richtlinie 77/187/EWG aufgrund des Rechts des jeweiligen Mitgliedstaats bestimme[231]. Diese Rechtsprechung hat dann in Art. 2 Abs. 1d) zunächst der Richtlinie 98/50/EG und schließlich der Richtlinie 2001/23/EG ihren Niederschlag gefunden. Danach ist

> Arbeitnehmer (...) jede Person, die in dem betreffenden Mitgliedstaat aufgrund des einzelstaatlichen Arbeitsrechts geschützt ist.

---

[225] V. Roetteken, NZA 2001,414 (416), mißt der Auslegung durch den EuGH gem. Art. 234 EGV die Qualität einer im EG-Recht selbst wurzelnden Rechtsquelle in Gestalt eines amtlichen Kommentars bei, dessen Aussagen für die Organe der Gemeinschaft wie der Mitgliedstaaten ebenso verbindlich sind wie die zugrundeliegenden Rechtsakte selbst.

[226] So auch Everling, FS für Lukes, 1989, 359 (367): „Durch die Antworten des Gerichtshofs ist ergänzend zum Text der Richtlinie ein umfassendes Auslegungswerk entstanden, das von allen Mitgliedstaaten bei der Anwendung des dem Vollzug der Richtlinie dienenden nationalen Rechts und auch beim Erlaß künftigen nationalen Rechts zu beachten ist."; Reichel, S. 195: „Richtlinienkonform kann nationales Recht nur dann ausgelegt werden, wenn der Inhalt der Richtlinie feststeht."; Canaris, EuZW 1994, 417.

[227] S.o. 2. Teil D. I. 1. b).

[228] Götz, NJW 1992, 1849 (1854).

[229] So auch Hennsler, NZA 1994, 913 (916); Heither, RdA 1996, 96 (97 f.).

[230] Diese europarechtsspezifische Interpretation ist letztendlich auf den Gedanken der Einheit der europäischen Rechtsordnung zurückzuführen. Der Anspruch nach einheitlicher Geltung des Gemeinschaftsrechts wäre in Frage gestellt, wenn jeder Mitgliedstaat über die Festlegung der Begriffsinhalte den Anwendungsbereich einer Norm selbst bestimmen könnte. Dabei kann die gemeinschaftsrechtliche Bedeutung eines Begriffs durchaus von den Begriffsinhalten der nationalen Rechtsordnungen abweichen - Lenz, Art. 164, Rn. 16; Dauses, B. I., Rn. 53 ff.

[231] EAS Nr. 1 zu Art. 3 RL 77/187/EWG = Slg. 1985, 457, 467 (Knud Wendelboe), Rn. 16; Slg. 1985, S. 2639 (Mikkelsen).

Daß der EuGH im Gegensatz hierzu für den Tatbestand der Richtlinie 2001/23/EG die Alternative der gemeinschaftsrechtlichen Interpretation gewählt hat, ergibt sich aus den folgenden Ausführungen der „Spijkers"-Entscheidung[232]:

Für die tatsächliche Beurteilung, die zur Feststellung erforderlich ist, ob ein Übergang in dem angegebenen Sinn vorliegt, ist das nationale Gericht zuständig, das dabei die vorgenannten Kriterien zu beachten hat.

Das BAG ist also gehalten, die Auslegung der Richtlinie, wie der EuGH sie vornimmt, seiner Rechtsprechung zugrunde zu legen.

c) Keine Überschreitung der Auslegungsspielräume, die die nationale Rechtsordnung vorgibt

Schließlich müßte die Auslegung des EuGH auf § 613a Abs.1 BGB übertragbar sein, ohne die Grenzen der richtlinienkonformen Auslegung zu überschreiten[233]. Eine Auslegung der nationalen Norm i.S.d. Rechtsprechung des Gerichtshofs zur Richtlinie müßte also nach den deutschen Auslegungsmethoden möglich sein. Bei der Prüfung, ob die Grenzen richtlinienkonformer Auslegung überschritten werden, wird zwischen einer Auslegung von Rechtsbegriffen und Rechtsnormen, die im nationalen Umsetzungs- und im Gemeinschaftsrecht weitgehend übereinstimmen, gegenüber solchen zu unterscheiden sein, deren staatliche Umsetzung Unzulänglichkeiten aufweist bzw. die zwar kein Umsetzungsrecht darstellen, deren Regelungen aber in den Anwendungsbereich der Richtlinie fallen und mit dieser nicht zu vereinbaren sind. Während bei der ersten Gruppe, die nationalen Normen regelmäßig aus dem Gemeinschaftsrecht übernommen wurden, so daß eine richtlinienkonforme Auslegung normalerweise unproblematisch möglich ist, ist es im allgemeinen bei der zweiten Gruppe durchaus problematisch, ob die Widersprüche der nationalen Regelung zur Richtlinie durch richtlinienkonforme Auslegung behoben werden können oder ob eine dahingehende Auslegung nach den nationalen Spielräumen nicht mehr möglich ist[234]. Der Tatbestand des § 613a BGB gehört der ersten Gruppe von Normen an. Er weist die gleichen Tatbestandsmerkmale auf und ist ähnlich formuliert, wie die ihm zugrundeliegende Richtlinie[235]. Demnach er-

[232] Spijkers - Rn. 14; so auch Ny Mølle Kro - Rn. 21; Bork International - Rn. 19; Redmond Stichting - Rn. 25; Watson, Rask - Rn. 18; Merckx, Neuhuys - Rn. 17; Ayse Süzen - Rn. 22.

[233] S.o. 2. Teil C. I. 3.

[234] Götz, NJW 1992, 1849 (1853 ff.).

[235] Allgemein hat sich in jüngerer Zeit die Tendenz entwickelt, Richtlinien immer detaillierter zu gestalten, so daß ihre Regelungsdichte beinahe verordnungsähnlichen Charakter hat (Arndt, EuropaR, 4. Teil B. II.) In diesen Fällen beschränkt sich die Umsetzung durch die Mitgliedstaaten hinsichtlich des materiellen Gehalts der Regelung oftmals auf ein „Abschreiben" der Richtlinie, ein eigener Gestaltungsspielraum besteht kaum. Dennoch wird diese

scheint es eigentlich unzweifelhaft, daß die Norm ebenso ausgelegt werden kann, wie die Gemeinschaftsregelung.

Dennoch geht Wenking in seiner Untersuchung zum Betriebsübergang im deutschen und europäischen Arbeitsrecht der Frage nach, ob die deutsche Rechtsprechung möglicherweise nicht an die „Christel Schmidt“-Entscheidung des EuGH gebunden ist[236]. Eine fehlende Bindungswirkung wird teilweise in der Literatur entsprechend den Grundsätzen des Maastricht-Urteils des BVerfG vom 12.10.1993[237] bzw. aufgrund einer Kompetenzüberschreitung des EuGH in der „Christel Schmidt“-Entscheidung konstruiert. Unabhängig von der Richtigkeit des Ergebnisses Wenkings, der im Ergebnis eine Bindungswirkung der nationalen Gerichte annimmt, obwohl er das EuGH-Judikat für fehlerhaft hält und dem EuGH eine Kompetenzüberschreitung vorwirft, muß auf die von Wenking aufgeworfene Frage an dieser Stelle aber nicht weiter eingegangen werden. Dies folgt schon daraus, daß die „Christel Schmidt“-Entscheidung nach der heutigen Sichtweise des EuGH als überholt angesehen werden muß, wie an anderer Stelle noch zu zeigen sein wird[238]. Die Ergebnisse der EuGH-Rechtsprechung nach der Entscheidung „Ayse Süzen“ weichen nur in einigen Teilbereichen von den Ergebnissen der herkömmlichen Rechtsprechung des BAG zum Tatbestand des § 613a BGB ab, so daß schon aus diesem Grund eine Überschreitung der bestehenden Auslegungsspielräume von vornherein nicht in Betracht kommt.

d) Weiterentwicklung des EuGH-Modells durch das BAG erforderlich

Schließlich beschreibt der EuGH in zutreffender Weise die Aufgabe, die den nationalen Arbeitsgerichten zukommt, wenn er darauf hinweist, daß diese die konkrete Feststellung zu treffen haben, ob ein Betriebsübergang im jeweiligen Fall gegeben ist, dabei aber die aufgestellten Auslegungskriterien zu beachten haben[239]. Die hier zu erkennende Aufgabenteilung entspricht dem Sinn des Vorabentscheidungsverfahrens gem. Art. 234 EGV. Der EuGH hat das europäische Recht auszulegen. Hierzu muß er abstrakte Grundsätze zu einer bestimmten Norm aufstellen. Er ist hingegen nicht dafür zuständig, die zugrundeliegenden nationalen Rechtsstreitigkeiten zu entscheiden.

Die Entscheidungskompetenz hierzu liegt in vollem Umfang bei den nationalen Gerichten. Dies impliziert für die oberen Instanzgerichte die Möglichkeit, die vom EuGH vorgegebenen Auslegungskriterien weiterzuentwickeln (, z.B. indem diese

---

Praxis von der h.M. als mit der reinen „Ziel-Verbindlichkeit“ von Richtlinien vereinbar angesehen - vgl. v. Alvensleben, S. 31 ff; Preis, ZIP 1995, 894 f.

236 Wenking, S. 183 ff.

237 BVerfG, NJW 1995, 3047 ff.

238 S.u. 3. Teil A. II. 2. b) ee) (3) (a).

239 S.o. 3. Teil, A., I., 1., u.a. Spijkers - Rn. 14; Ny Mølle Kro - Rn. 21; Ayse Süzen - Rn. 22.

konkrete Vorgaben machen, welche Anforderungen i.R.d. erforderlichen Abwägung erfüllt sein müssen, um tatsächlich eine „Identitätswahrung der wirtschaftlichen Einheit" annehmen zu können). Durch ein derartiges Zusammenspiel von europäischer und nationaler Rechtsprechung wird zudem dem Zweck einer Rechtsangleichung durch Richtlinien entsprochen. Einerseits wird die bezweckte Rechtsangleichung erreicht, andererseits bleibt zumindest noch ein gewisser Spielraum - wenn auch nur auf Rechtssprechungsebene - um möglicherweise nationale Besonderheiten zu berücksichtigen.

2. Stellungnahme zum abstrakten Modell

a) Grundvoraussetzung: Identitätswahrung einer wirtschaftlichen Einheit

Wie gezeigt, stellt nach der nunmehr einheitlichen Rechtsprechung von EuGH und BAG die „Wahrung der Identität der betreffenden wirtschaftlichen Einheit" die Grundvoraussetzung für einen Betriebsübergang dar. Dieser Obersatz bestand zwar schon nach der „Spijkers"-Entscheidung, dennoch läßt sich den folgenden Entscheidungen nicht entnehmen, daß das Gericht bemüht gewesen wäre, mögliche Betriebsübergangssachverhalte ausgehend von diesem Obersatz sachgerecht einzugrenzen[240]. Beispielhaft für diese Feststellung stehen Entscheidungen wie „Christel Schmidt"[241] oder „Merckx, Neuhuys"[242]. Dies läßt sich erst ab der Entscheidung „Ayse Süzen" feststellen, so daß die deutsche Rechtsprechung auch erst diese Entscheidung zum Anlaß genommen hat, die eigene Rechtsprechung der des EuGH anzugleichen[243].

Der Grundaussage, wonach es auf die Wahrung der Identität einer wirtschaftlichen Einheit ankommt, soll an dieser Stelle zugestimmt werden, da sie in bestmöglicher Weise dem Normzweck der Richtlinie 2001/23/EG und des § 613a BGB entspricht[244]. Wie gezeigt[245], besteht dieser darin, die einzelnen Arbeitsplätze als rechtliches Band auf den Betriebserwerber überzuleiten, wenn die bisherigen Arbeitsplätze infolge des Betriebsübergangs weiterhin wie bisher vorhanden sind nur eben nicht mehr beim Veräußerer, sondern nunmehr beim Erwerber des Be-

[240] So auch Blomeyer/Huep, Anm. zu Ayse Süzen, EzA Nr. 145 zu § 613a BGB, S. 12.
[241] S.u. 3. Teil B. I. 4. a) aa) und II. 2. d) aa).
[242] S.u. 3. Teil B. II. 2. c) cc) und d) cc) (3).
[243] So auch Blomeyer/Huep, Anm. zu Ayse Süzen, EzA Nr. 145 zu § 613a BGB, S. 14; Buchner, NZA 1997, 408 (409) – „konsensfähige Entscheidung".
[244] Weitere ältere Literaturnachweise zur „Lehre von der Betriebsidentität" finden sich bei Pietzko (S. 20 ff, Fn. 88). Pietzko selbst lehnt diese Ansicht ab (S. 22): Eine voraussehbare Entscheidungspraxis sei mit dem Kriterium der Betriebsidentität nicht zu erreichen. Des weiteren bestehe die Gefahr einer einfachen Umgehung des § 613a BGB, da der Erwerber lediglich die Produktion umzustellen oder Teile der Belegschaft nicht weiterzubeschäftigen brauche. Zu dieser Kritik vgl. unten 3. Teil B. II. 2. d) cc) (1).
[245] S.o. 2. Teil A. I. 3. und 2. Teil B. II. 1.

triebs. Wie bisher sind die einzelnen Arbeitsplätze nach dem Übergang nur dann vorhanden, wenn die betreffende Einheit beim Vorgang des Übergangs im wesentlichen ihre Identität bewahrt hat.

b) Umfassende Abwägung im Einzelfall zur Feststellung der Identitätswahrung

Zur Feststellung, ob eine wirtschaftliche Einheit ihre Identität gewahrt hat, fordern EuGH und BAG eine umfassende Abwägung im Einzelfall. Auch dieses Erfordernis verdient Zustimmung. Das Vorliegen eines Betriebsübergangs ist in all jenen Fällen unproblematisch, in denen ein Betrieb oder Unternehmen als Ganzes übergeht. Darüber hinaus sind aber vielschichtige Fallgestaltungen denkbar, in denen teilweise oder vollständig Arbeitnehmer, Betriebsmittel, bestimmte Aufgaben etc. übernommen werden. Auch in diesen Fällen kommt das Vorliegen eines Übergangs in Betracht. Ansonsten wäre einer Umgehung des § 613a BGB bzw. der Richtlinie 2001/23/EG durch die Nichtübernahme unwesentlicher, für den Erwerber ohne weiteres verzichtbarer Faktoren Tür und Tor geöffnet. In diesen Fällen kommt es also darauf an, ob insgesamt die Identität der betreffenden Einheit gewahrt erscheint. Dies läßt sich nur im Wege einer umfassenden Abwägung unter Berücksichtigung aller denkbaren Gesichtspunkte sachgerecht klären.

c) Grundsätze für die Abwägung

Der EuGH und im Anschluß daran das BAG stellen eine Reihe von Kriterien zur Verfügung, anhand derer die Abwägung vorzunehmen ist. Namentlich sind dies „die Art des betreffenden Unternehmens oder Betriebs, der Übergang oder Nichtübergang der materiellen Aktiva wie Gebäude oder bewegliche Güter, der Wert der immateriellen Aktiva zum Zeitpunkt des Übergangs, die Übernahme oder Nichtübernahme der Hauptbelegschaft durch den neuen Inhaber, der Übergang oder Nichtübergang der Kundschaft sowie der Grad der Ähnlichkeit zwischen der vor und der nach dem Übergang verrichteten Tätigkeit und die Dauer einer eventuellen Unterbrechung dieser Tätigkeit. Alle diese Umstände sind jedoch nur Teilaspekte der vorzunehmenden globalen Bewertung und können deshalb nicht isoliert betrachtet werden. Hiernach läßt sich zunächst einmal feststellen, daß EuGH und BAG nunmehr von einem umfassenden Ansatz ausgehen, im Gegensatz zur alten BAG-Rechtsprechung also keine Kriterien von vornherein unberücksichtigt lassen wollen. Die Bedeutung der einzelnen Kriterien soll erst an anderer Stelle[246] eingehend untersucht werden. Von Entscheideneer Bedeutung für die Berechenbarkeit und Voraussehbarkeit zukünftiger Entscheidungen wird aber sein, ob es möglich ist vom Einzelfall losgelöste Leitlinien zu finden, worauf es bei der Abwägung der Kriterien ankommt. Im folgenden sollen verschiedene Ansätze aufgezeigt und auf ihre Tauglichkeit für eine Systematisierung hin untersucht werden.

---

[246] S.u. 3. Teil B. II. 2.

aa) Keine Anknüpfung an die betriebliche Ebene im Sinne des deutschen arbeitsrechtlichen Verständnisses

Sowohl in der Rechtsprechung[247] als auch in der deutschen arbeitsrechtlichen Literatur[248] überwiegen Versuche, § 613a BGB betriebsbezogen entsprechend den Begrifflichkeiten des deutschen Betriebsverfassungsgesetzes (BetrVG) und Kündigungsschutzgesetzes (KSchG) auszulegen[249]. Diese Systematisierungsversuche – insbesondere die Anknüpfung an den Betriebsbegriff des BetrVG[250] - sind im Zusammenhang mit der arbeitsrechtlichen Dogmatik in Deutschland zu sehen. Angesichts der Einführung des § 613a BGB als § 122 BetrVG 1972 liegt es nahe, den Betriebsbegriff des BetrVG zur Begriffsumschreibung heranzuziehen. Danach kommt es i.R.d. § 613a BGB auf die Verfolgung arbeitstechnischer Zwecke an. Hingegen kommt es nicht auf den zugrundeliegende wirtschaftlichen Hintergrund an, da dieser nicht der Betriebs-, sondern der Unternehmensebene zuzuordnen ist. Am Konsequentesten durchgeführt hat diese Anknüpfung an arbeitstechnische Zwecke Schwanda[251]. Dieser geht in seiner Auseinandersetzung mit dem Betriebsübergang in § 613a BGB von jenem Betriebsbegriff des deutschen BetrVG aus und untersucht eingehend, ob Faktoren wie Firma und Warenzeichen, Know-How etc. überhaupt als (immaterielle Betriebsmittel) der betrieblichen Ebene zugeordnet werden können oder ob sie der Unternehmensebene zugeordnet werden müssen. In jüngerer Zeit ist insbesondere Annuß[252] nach einer Untersuchung der vom EuGH verwendeten Kriterien zu dem Ergebnis, „daß der EuGH die für den im Rahmen des Betriebsübergangs maßgeblichen Betriebsbegriff konstitutiven Merkmale ausschließlich auf betrieblicher Ebene unter gänzlicher Ausblendung des (von Joost für maßgeblich gehaltenen[253]) unternehmerischen Tätigkeitsbereiches bestimmt.“

Es muß jedoch bezweifelt werden, ob der Ansatz, die Betriebsübergangsproblematik ausschließlich mit den Mitteln der deutschen Arbeitsrechtsdogmatik lösen zu wollen, zutreffend sein kann. Bedenken hieran ergeben sich zunächst daraus, daß es sich bei § 613a BGB um eine Umsetzungsnorm einer EG-Richtlinie handelt. Die Frage nach einem Betriebsübergang erscheint insofern eher als ein europäisches denn als deutsches Rechtsproblem. Die Richtlinie 2001/23/EG stellt aber gerade nicht nur auf die Betriebsebene ab, vielmehr sind in ihr neben den Begriffen „Betrieb“ und „Betriebsteil“ auch die Begriffe „Unternehmen“ und

---

[247] BAG, DB 1985, 2409 (2410); ZIP 1986, 388 (392); NZA 1987, 383 (384).

[248] Seiter, S. 49 ff.; Annuß, NZA 1998, 70 (72).

[249] Der allgemeine Betriebsbegriff wurde durch das BAG und die h.M. jedoch dahingehend modifiziert, daß der Übergang der Arbeitsverhältnisse auf Tatbestandsseite nicht zu berücksichtigen sei.

[250] Siehe hierzu Fitting/Kaiser/Heither/Engels/Schmidt, § 1, Rn. 58 ff.

[251] Schwanda, S. 47 ff. und 94 ff.

[252] Annuß, NZA 1998, 70 (72).

[253] Siehe hierzu erst unten 3. Teil A. III. 2. c) bb).

„Unternehmensteil“ aufgeführt. Der durch das Europarecht vorgegebene Rahmen stellt mithin gerade nicht allein auf die betriebliche Ebene ab. Zudem läßt sich eine durchgängige Unterscheidung zwischen Unternehmens- und Betriebsebene weder in der arbeitsrechtlichen Dogmatik der anderen Mitgliedstaaten noch speziell auf europäischer Ebene feststellen. Der EuGH hat die Begriffe „Unternehmen, Betrieb oder Unternehmens- bzw. Betriebsteil“ sogar unter dem gemeinsamen Oberbegriff der „wirtschaftlichen Einheit“ zusammengefaßt[254]. Dies ist mittlerweile auch in Art. 1 Abs. 1b) der Richtlinie 2001/23/EG Gesetz geworden. Nach alledem steht einer Anknüpfung an die Betriebsebene nach deutschem Arbeitsrecht zunächst entgegen, daß eine solche nicht durch den europarechtlichen Rahmen des § 613a BGB, der Richtlinie 2001/23/EG, vorgegeben ist.

Des weiteren stehen einer derartigen Sichtweise auch inhaltliche Bedenken entgegen. Zunächst darf nicht außer acht gelassen werden, daß die Unterscheidung zwischen betrieblicher und Unternehmensebene schon im deutschen Arbeitsrecht nicht immer problemlos durchzuführen und zu weiten Teilen auch nur theoretischer Natur ist. Schließlich läßt sich ein gewichtiger Unterschied zwischen dem BetrVG und § 613a BGB feststellen. Die Definition des Betriebsbegriffs nach dem BetrVG soll nämlich im wesentlichen nur die Zuordnung von Arbeitnehmern zu einem bestimmten Betrieb leisten. Die Arbeitnehmer können dann ihre durch das BetrVG gewährleisteten Rechte in diesem Betrieb wahrnehmen. Hierfür ist es gerechtfertigt nur auf die Verwirklichung der arbeitstechnischen Zwecke abzustellen. Im Gegensatz hierzu geht es bei den EU-Richtlinien und bei § 613a BGB um die etwaige Weiterleitung von Arbeitsverhältnissen auf einen neuen Arbeitgeber und damit um den Ausgleich von vielfältigen, sich u.U. gegenüberstehenden Interessen, nämlich der der Arbeitnehmer, des bisherigen und des neuen Arbeitgebers.

bb) Keine Anknüpfung an den unternehmerischen Tätigkeitsbereich im Sinne der Auffassung von Joost

Einen völlig anderen Ansatzpunkt zum Tatbestandsmerkmal „Betriebsübergang“ vertritt Joost[255]. Er meint, § 613a BGB habe richtigerweise den unternehmerischen Tätigkeitsbereich im Blick. Hingegen habe die bisherige Begriffsbildung des BAG

---

[254] Schon daran zeigt sich, daß die von Annuß, NZA 1998, 70 (72), geäußerte Ansicht nicht zutreffen kann, der EuGH bestimme die für den im Rahmen des Betriebsübergangs maßgeblichen Betriebsbegriff konstitutiven Merkmale ausschließlich auf betrieblicher Ebene. Siehe hierzu auch i.R.d. Untersuchung der einzelnen Kriterien: 3. Teil B.

[255] Joost, S. 367 ff; S. 382 ff; ders., FS für Wlotzke zum 70. Geburtstag, 1996, 683 (690). Durch dieses Verständnis wird nach Joost aber keineswegs „die Büchse der Pandora geöffnet“. Vielmehr will er den Anwendungsbereich der Richtlinie 77/187/EWG und des § 613a BGB durch ein restriktiveres Verständnis des Tatbestandsmerkmals „durch vertragliche Übertragung“ bzw. „durch Rechtsgeschäft“ wieder einengen (FS für Wlotzke zum 70. Geburtstag, 1996, 683 (692 ff.).

keinen ausreichenden Bezug zum Normzweck. Der Regelungszweck der Richtlinie 77/187/EWG und gleichermaßen des § 613a BGB bestehe darin, die Arbeitsplätze den bisherigen Arbeitsplatzinhabern zu erhalten, wenn dies infolge des Weiterbestehens des Betriebs möglich sei. Die Arbeitsplätze hingen aber nicht von bestimmten Betriebsmitteln und/oder deren organisatorischer Verbindung ab, sondern von dem unternehmerischen Beschäftigungswillen[256]. Dieser hänge zusammen mit der Aufrechterhaltung bzw. dem Weiterbetreiben der unternehmerischen Tätigkeit, also dem Weiterbestehen des unternehmerischen Tätigkeitsbereichs. Man müsse sich also bei dem Verständnis der Normen von einem gegenständlichen Denken lösen und zu einem funktionsbezogenen Denken übergehen[257]. Bei diesem Grundverständnis des Tatbestandsmerkmals hält Joost die Aussage des EuGH in der „Christel Schmidt"-Entscheidung für richtig, daß bei der (bloßen) Übernahme eines Reinigungsauftrags, also eines „unternehmerischen Tätigkeitsbereichs", der Anwendungsbereich der Richtlinie eröffnet sein kann[258].
Als Leitlinie für eine Interpretation und Fortentwicklung der europäischen und nationalen Rechtsprechung kann die Auffassung Joosts von vornherein nicht dienen. So hat das BAG die These, wonach es auf den unternehmerischen Tätigkeitsbereich ankomme schon im Rahmen seines alten Verständnisses zum Tatbestand des § 613a BGB ausdrücklich zurückgewiesen[259]. Die Sichtweise Joosts entspricht ebenfalls nicht dem heutigen Verständnis in der Rechtsprechung des EuGH und BAG. Konnte man dies bis zur Rechtsprechung in der Rechtssache „Christel Schmidt" unter Umständen noch annehmen, hat der Europäische Gerichtshof zumindest seit der Entscheidung in der Rechtssache „Ayse Süzen" deutlich gemacht, daß die bloße Übernahme einer Aufgabe (z.B. eines bestimmten Dienstleistungsauftrags), also eines „unternehmerischen Tätigkeitsbereichs", allein für den Übergang einer wirtschaftlichen Einheit nicht genügt. So führte der Gerichtshof erstmals in der Entscheidung „Ayse Süzen" und seitdem in ständiger Rechtsprechung aus, daß der Begriff der „Einheit"[260]

> nicht als bloße Tätigkeit verstanden werden (darf). Ihre Identität ergibt sich auch aus anderen Merkmalen, wie ihrem Personal, ihren Führungskräften, ihrer Arbeitsorganisation, ihren Betriebsmethoden und gegebenenfalls den ihr zur Verfügung stehenden Betriebsmitteln.

---

[256] Joost, S. 382 ff.; ders., FS für Wlotzke zum 70. Geburtstag, 1996, 683 (689).
[257] Joost, JZ 1995, 13; ders., FS für Wlotzke zum 70. Geburtstag, 1996, 683 (690).
[258] Joost., FS für Wlotzke zum 70. Geburtstag, 1996, 683 (695). Nach Joosts Ansicht wäre in der „Schmidt"-Entscheidung jedoch das Tatbestandsmerkmal der Richtlinie „durch vertragliche Übertragung" nicht erfüllt.
[259] BAG v. 29.9.1988 - 2 AZR 107/88 - AP Nr. 76 zu § 613a BGB.
[260] Ayse Süzen - Rn. 15; Hidalgo - Rn. 25; Hernandez Vidal - Rn. 26.

Des weiteren kann der Ansatz Joosts auch inhaltlich nicht überzeugen. Dieser geht zwar zutreffend vom Schutzzweck der Richtlinie und des § 613a BGB aus, die Arbeitsplätze zu erhalten, wenn der Betrieb als solcher weiterbesteht. Der Betrieb besteht entgegen Joost aber nicht schon dann weiter, wenn die bloße Tätigkeit fortgeführt wird. Wenn z.B. ein Bewachungsunternehmen im Rahmen einer Neuausschreibung einen bestimmten Bewachungsauftrag verliert und ein anderes Unternehmen diesen übernimmt, führt der neue Auftragnehmer zwar den bisherigen unternehmerischen Tätigkeitsbereich, nicht aber den bisherigen Betrieb (bzw. das Unternehmen) mit den daran hängenden Arbeitsplätzen weiter. Nur dieser ist aber nach dem ausdrücklichen Wortlaut der Richtlinie und des § 613a BGB Anknüpfungspunkt für den Arbeitnehmerschutz. Erst recht besteht in diesem Fall für die Arbeitnehmer im Betrieb des bisherigen Auftragnehmers keine Lücke im Kündigungsschutz, die durch ein Eingreifen von § 613a BGB geschlossen werden müßte.[261]

cc) Wertung der Einzelkriterien nach deren wirtschaftlicher Bedeutung für die Einheit

(1) Das „Wirtschaftlichkeitskriterium" entspricht der Rechtsprechung von EuGH und BAG

Ferner könnte man die einzelnen Kriterien i.R.d. Feststellung, ob ein Betriebsübergang gegeben ist, nach ihrer Bedeutung für den (betriebs-)wirtschaftlichen Erfolg der betreffenden wirtschaftlichen Einheit bewerten. Auf diesen Aspekt wird z.T. auch in der arbeitsrechtlichen Literatur abgestellt[262]. Für diese Sichtweise spricht zunächst einmal die Entstehungsgeschichte der Richtlinie 2001/23/EG (bzw. 77/187/EWG), die u.a. auf Art. 100 EGV beruht und der wirtschaftliche und wettbewerbspolitische Erwägungen zugrunde liegen[263]. Die Heranziehung wirtschaftlicher Kriterien ergibt sich zudem aus der Rechtsprechung von EuGH und BAG[264]. Dies zeigt sich schon daran, daß diese statt „(Unternehmen, Unternehmensteil,) Betrieb oder Betriebsteil" den Oberbegriff der „wirtschaftlichen

---

[261] S.o. beim Schutzzweck des § 613a BGB: 2. Teil B. II. 1.

[262] Steffan, NZA 2000, 687 (689); Willemsem, Anm. zu Merckx, Neuhuys, EAS Nr. 11 zur RL 77/187, S. 23; Wendeling-Schröder, ArbR d Ggwart 1995, 55 (65) sowie dieselbe, AuR 1995, 126 (130); Loritz, RdA 1987, 65 (67 f.); unklar GroßkommKSchR/Steffan, § 613a BGB, Rn. 17 f. - Steffan meint einerseits, der EuGH sei von der streng betriebsmittelbezogenen Betrachtung des BAG abgewichen und stelle stattdessen die wirtschaftliche Einheit in den Vordergrund der Überlegung. Andererseits ist er der Ansicht, der Begriff der wirtschaftlichen Einheit stimme im wesentlichen mit dem allgemeinen arbeitsrechtlichen Betriebsbegriff des BetrVG überein.

[263] S.o. 2. Teil A. I. 1. und 2.

[264] So auch Moll, RdA 1999, 233 (234), für die herkömmliche BAG, Rechtsprechung, die auf die Ergebnisse statt auf die Grundlagen der Betriebstätigkeit sowie auf Gesichtspunkte aus dem unternehmerischen Bereich abstelle; Ahrens, Anm. zu BAG v. 18.3.1999, EzA Nr. 177 zu § 613a BGB, S. 9 ff.

Einheit“ geprägt haben. Zu der Frage, ob im Eigentum des Auftraggebers stehende Arbeitsmittel Betriebsmittel des sie nutzenden Auftragnehmers sind, äußert sich das BAG folgendermaßen[265]:

Wesentlich ist, daß dem Berechtigten Betriebsmittel zur eigenwirtschaftlichen Nutzung überlassen sind. Erbringt der Auftragnehmer dagegen nur eine (Dienst-)Leistung an fremden Geräten und Maschinen innerhalb fremder Räume, ohne daß ihm die Befugnis eingeräumt ist, über Art und Weise der Nutzung der Betriebsmittel in eigenwirtschaftlichem Interesse zu entscheiden, können ihm diese Betriebsmittel nicht als eigene zugerechnet werden. (...)
Handelt es sich um eine Tätigkeit, für die regelmäßig Maschinen, Werkzeuge, sonstige Geräte oder Räume innerhalb eigener Verfügungsmacht und aufgrund eigener Kalkulation eingesetzt werden müssen, sind auch nur zur Nutzung überlassene Arbeitsmittel dem Betrieb oder Betriebsteil des Auftragnehmers zuzurechnen. (...)
Wird dagegen vom Auftragnehmer eine Leistung angeboten, die er an den jeweiligen Einrichtungen des Auftraggebers zu erbringen bereit ist, ohne daß er daraus einen zusätzlichen wirtschaftlichen Vorteil zu erzielen und ohne daß er typischerweise über Art und Umfang ihres Einsatzes bestimmen könnte, gehören diese Einrichtungen nicht zu den Betriebsmitteln des Auftragnehmers.

Auch aus diesen Aussagen ergibt sich, daß das BAG auf die wirtschaftliche Bedeutung potentieller Kriterien abstellt. Zwar versteht Annuß[266] diese Ausführungen in anderer Weise, nämlich dahingehend, daß das BAG damit auf den Betriebszweck abstellt. Sei der vom Auftragnehmer verfolgte Betriebszweck auf die Erbringung von Dienstleistungen beschränkt und erscheine der Umgang mit fremden Betriebsmitteln als das Ergebnis eigenwirtschaftlicher Betätigung, könnten die vom Dritten bereitgestellten Gegenstände nicht dem Dienstleister zugerechnet werden. Stelle sich hingegen die Nutzung fremder Gerätschaften und sonstiger Sachen als Mittel der eigenwirtschaftlichen Betätigung zur Verfolgung eines anders gearteten weiteren Betriebszweckes dar, so werde der Dienstleister zum Inhaber dieser Gegenstände i.S.d. § 613a BGB. Diese Interpretation entspricht aber nicht den obigen Ausführungen des BAG. Denn dieses stellt gerade nicht auf die Bedeutung der Betriebsmittel für die Erreichung des Betriebszweckes ab. Vielmehr stellt es auf Aspekte wie einem „eigenwirtschaftlichen Interesse“ oder einem „zusätzlichen wirtschaftlichen Vorteil“ ab.
Die wirtschaftliche Bedeutung spielt für das BAG auch in Fällen eine Rolle, in denen es um die Frage geht, ob eine vorübergehende Betriebsruhe der Annahme eines Betriebsübergangs entgegensteht (Betriebsstillegung). Für den Fall eines

---

[265] BAG v. 11.12.1997, BB 1998, 696 (697) = DB 1998, 84 = NZA 1998, 638. Der EuGH hat die Frage der Zurechenbarkeit materieller Betriebsmittel in einer in inhaltlicher Hinsicht vergleichbaren Entscheidung vom 20.11.2003 (Rs. C-340/01 – Abler, NZA 2003, 1385) hingegen nicht problematisiert.
[266] Annuß, BB 1998, 1582 (1584).

Modegeschäftes, daß erst nach neun Monate nach tatsächlicher Einstellung jeder Verkaufstätigkeit wiedereröffnet wurde, hat das BAG ausgeführt[267]:

In Übereinstimmung damit[268] hat das BAG in ständiger Rechtsprechung angenommen (...), daß eine wirtschaftlich erhebliche Zeitspanne der Betriebsruhe der Annahme eines Betriebsübergangs entgegensteht. (...) Die Streithelferin des Beklagten hatte somit modebewußte Kunden des O. Raumes durch eigene Leistung neu oder wiederzugewinnen.

In diesem Beispiel stellt das Gericht eindeutig auf die wirtschaftliche Bedeutung, die die Betriebsruhe für den Betriebserwerber mit sich bringt, ab. Insbesondere erscheint im Gegensatz zum obigen Betriebsmittel-Beispiel auch nicht möglich, das Kriterium „Dauer der Unterbrechung" unter dem Gesichtspunkt „Bedeutung für den arbeitstechnischen Betriebszweck" zu werten. Denn auch nach Ablauf einer gewissen Zeit ist es noch möglich, eine frühere Einheit zu rekonstruieren. Diese wird dann in gleicher Weise wie zuvor, ihren arbeitstechnischen Zweck erfüllen können. Die wirtschaftliche Erheblichkeit rührt in diesem Fall vielmehr daher, daß sich die bisherigen Kunden in der vergangenen Zeit möglicherweise anders orientiert haben.

(2) Das Kriterium ist sachgerecht

Es erscheint zudem sachgerecht, die jeweilige wirtschaftliche Bedeutung der einzelnen Kriterien in die Abwägung miteinfließen zu lassen. Hierfür spricht schon der wirtschaftliche Hintergrund der Richtlinie 2001/23/EG und des § 613a BGB als Umsetzungsnorm europäischen Rechts[269]. Des weiteren verdient der Umstand Beachtung, daß der Erwerber bei Eingreifen der Richtlinie bzw. des § 613a BGB u.U. erhebliche Nachteile in Kauf zu nehmen hat. Er muß bei Vorliegen eines Betriebsübergangs alle vorhandenen Arbeitnehmer zu ihren bisherigen Arbeitskonditionen weiterbeschäftigen und haftet zudem für Verbindlichkeiten des alten Arbeitgebers. Da diese Rechtsfolgen nicht disponibel sind kann durchaus von einem Eingriff in die unternehmerische Freiheit[270] gesprochen werden. Ein derartiger Eingriff darf nicht einseitig erfolgen, sondern erfordert einen Ausgleich der Interessen der Beteiligten. Insofern könnte man es als „Rechtfertigung" dieses Eingriffs ansehen, wenn der Betriebserwerber hierfür zumindest Faktoren erhält, die den geschilderten Eingriff wettmachen. Dies meint auch Willemsen[271], der fordert, daß die dem Erwerber zugemutete Beschränkung seiner unternehmerischen Freiheit

---

[267] BAG v. 22.05.97, AP Nr. 154 zu § 613a, 1715 (1717).
[268] Anmerkung des Verfassers: Gemeint ist die EuGH-Rechtsprechung zum Betriebsübergang.
[269] So auch Loritz, RdA 1987, 65 (67); s.o. 2. Teil, A., I. 1., 2. und 2. Teil, B. I.
[270] Willemsen, Anm. zu Merckx, Neuhuys, EAS Nr. 11 zur RL 77/187, S. 23, spricht von einem der schwerwiegensten Eingriffe in die Vertragsfreiheit und die Unternehmerautonomie, die man sich überhaupt vorstellen könne.
[271] Willemsen, Anm. zu Merckx, Neuhuys, EAS Nr. 11 zur RL 77/187, S. 23 ff.

durch einen ausgleichenden, „reziproken“ Vorteil aufgewogen werden muß[272]. Dieser könne nur darin bestehen, daß er sich den Aufbau eines neuen Betriebs oder Betriebsteiles zur Verfolgung seiner eigenen wirtschaftlichen Ziele erspare, weil er an die von seinem „Vorgänger“ geschaffene Organisation im Sinne einer betriebswirtschaftlichen Einheit anknüpfen könne[273].
Allerdings geht dieser Erklärungsansatz einer „Rechtfertigung des Eingriffs in die unternehmerische Freiheit“ nicht so weit, daß diese Sichtweise erst die verfassungsmäßige Rechtmäßigkeit für § 613a BGB herstellt. Insoweit hat die Rechtsprechung bereits anerkannt, daß die Einschränkung des Arbeitgebers in seine Vertragsfreiheit (Art. 2 Abs. 1, Art. 14 Abs. 1 GG) durch die Rechtsfolgen des Betriebsübergangs durch das in Art. 20 Abs. 1 und Art. 28 Abs. 1 GG festgeschriebene Sozialstaatsprinzip gerechtfertigt wird[274]. Aus gleichen Erwägungen erscheint die Ansicht von Willemsen[275] zweifelhaft, die beschriebene Sichtweise sei aus Verhältnismäßigkeitsgründen geboten.

---

[272] So ähnlich auch Wendeling-Schröder, AuR 1995, 126 (130): „Der Arbeitnehmer muß also, um die Folgen einer Betriebsübergangsregelung (...) tragen zu müssen, etwas bekommen haben. Hat er etwas bekommen (mindestens einen Betriebsteil), dann läßt sich der Eingriff in die freie Wahl des Arbeitsvertragspartners für den Betriebsübernehmer dadurch legitimieren, daß er mit der übernommenen Organisation eine betriebswirtschaftlich sinnvolle Einheit erlangt hat.“; Schlachter, S. 28: „Die Rechtfertigung für die Beschneidung der Einstellungs- und Auswahlfreiheit des Übernehmers besteht darin, daß er etwas freiwillig übernommen hat, das mit den zugehörigen Arbeitsplätzen eine wirtschaftliche und organisatorische Einheit bildet. Unter Einsatz dieses wirtschaftlichen Substrates sind bislang die Gewinne erarbeitet worden (...)“. Schlachter, S. 26 ff., will allerdings in erster Linie auf den Umfang einer vom Erwerber erbrachten Gegenleistung abstellen, da man anhand der Höhe einer gezahlten Gegenleistung auf eine tatsächlich vorhandene Fortführungsabsicht des Erwerbers schließen könne. Dem kann nicht zugestimmt werden: Denn es sind Fälle denkbar, in denen ein neuer Inhaber das wirtschaftliche Substrat einer Einheit erhält, ohne daß eine direkte Beziehung zwischen ihm und dem bisherigen Inhaber besteht, geschweige denn eine Gegenleistung gezahlt wird. So liegt es beispielsweise in Pächter- oder Auftragsnachfolgefällen. Falls in derartigen Fällen tatsächlich aber das Substrat übernommen wird, ist es aber nicht gerechtfertigt, einen Betriebsübergang von vornherein auszuschließen.

[273] Ähnlich Loritz, RdA 1987, 65 (68), der den Übergang der Arbeitsverhältnisse nur dort für ökonomisch sinnvoll hält, wo der neue Arbeitgeber ohnehin in Gestalt des erworbenen Betriebsvermögens die sächlichen und immateriellen Grundlagen des Arbeitsplatzes besitzt, der bislang beim alten Arbeitgeber bestanden hat; vgl. auch Willemsen/Annuß, Anm. zum BAG-Beschluß v. 17.7.1997, DB 1997 1875 (1877), wonach es entscheidend darauf ankommt, ob der Erwerber eine eigenständige Koordinierungsleistung erbracht hat; Franzen, Anm. zu BAG v. 22.5.1997, AP Nr. 154 zu § 613a BGB, S. 628, der es für entscheidend hält, daß sich der neue Auftragnehmer die bisher bestehende organisatorische Einheit als solche zunutze macht.

[274] LAG Hamm v. 8.11.1996, NZA-RR 1997, 245; ausführlich Staudinger/Richardi/Annuß, § 613a BGB, Rn. 17 ff.

[275] Willemsem, Anm. zu Merckx, Neuhuys, EAS Nr. 11 zur RL 77/187, S. 23.

Die Heranziehung wirtschaftlicher Aspekte widerspricht auch nicht dem Arbeitnehmerschutzgedanken der Richtlinie 2001/23/EG und des § 613a BGB. Dieser wird, wie gezeigt[276], nicht umfassend gewährleistet, sondern soll die einzelnen Arbeitsverhältnisse als rechtliches Band auf den Betriebserwerber überleiten, wenn das betreffende Unternehmen, der betreffende Betrieb oder Betriebsteil als Grundlage der Arbeitsplätze auf den Erwerber übergegangen ist. Ob dieser Übergang stattgefunden hat, also ob ein Eingreifen des Arbeitnehmerschutzgedankens überhaupt angezeigt ist, hängt von der - auch anhand wirtschaftlicher Aspekte – vorzunehmenden Abwägung ab. Dem Normzweck entspricht es eben nicht, daß bloß irgendeine Weiterbeschäftigungsmöglichkeit gegeben ist, sondern es muß die identische Einheit vorliegen. Nur in diesem Fall entspricht der gesetzliche Übergang der Arbeitsverhältnisse einem sachgerechten Interessenausgleich zwischen den Vertragsparteien[277]. Die Grenze der Berücksichtigung der wirtschaftlichen Folgen für die Parteien wird dort zu ziehen sein, wo ein für den wirtschaftlichen Erfolg einer Einheit existentiell wichtiger Faktor isoliert übergeht. Dies ist z.B. der Fall, wenn ein einzelner Know-How-Träger von der Konkurrenz abgeworben und dort in eine andere, beim Konkurrenten schon bestehende Arbeitsorganisation integriert wird. Unter diesen Umständen könnte man zwar eine Rechtfertigung der Betriebsübergangsrechtsfolgen unter wirtschaftlichen Gesichtspunkten annehmen, dieser wäre jedoch nicht vom Normzweck gedeckt, wonach die bisherige Einheit beim Erwerber fortbestehen muß. Der entscheidende wirtschaftliche Vorteil liegt vielmehr in der Übernahme einer funktionierenden Einheit, mit der der konkrete Betriebszweck ohne nennenswerte eigene organisatorische Anstrengungen des Erwerbers erfüllt werden kann und die Grundlage für die unternehmerische Tätigkeit ist.

dd) Strukturorientierte Betrachtung hinsichtlich der Erreichung des Betriebszwecks

(1) Diese Betrachtung entspricht der Rechtsprechung von EuGH und BAG

Für den EuGH und das BAG kommt es weiterhin darauf an, welche Bedeutung den jeweiligen Kriterien zur Erreichung des Betriebszwecks nach der individuellen Betriebsstruktur[278] der jeweiligen Einheit zukommt. Die Strukturbezogenheit der Sichtweise, die schon ein Teil der alten Rechtsprechung des BAG war[279], ergibt sich schon aus der „Spijkers"-Formel, wonach es u.a. auf die „Art des betreffenden Unternehmens oder Betriebs" ankommt. Sie zeigt sich auch bei einer näheren Untersuchung der Rechtsprechung. So kann nach Ansicht des EuGH und des BAG „in bestimmten Branchen, in denen es im wesentlichen auf die menschliche Arbeits-

[276] S.o. 2. Teil A. I. 3. und 2. Teil B. II. 1.
[277] Vgl. Loritz, RdA 1987, 65 (67 f.).
[278] Vgl. Annuß, NZA 1998, 70 (73); ders., Annuß, BB 1998, 1582 (1583).
[279] BAG, NZA 1989, 799 (780).

kraft ankommt", eine Gesamtheit von Arbeitnehmern, die durch eine gemeinsame Tätigkeit dauerhaft verbunden ist, eine wirtschaftliche Einheit darstellen[280]. Verallgemeinert drücken EuGH und BAG dies folgendermaßen aus[281]:

Den für das Vorliegen eines Übergangs im Sinne der Richtlinie maßgeblichen Kriterien kommt notwendigerweise je nach der ausgeübten Tätigkeit und selbst nach den Produktions- oder Betriebsmethoden, die in dem betreffenden Unternehmen, Betrieb oder Betriebsteil angewendet werden, unterschiedliches Gewicht zu.

Unter strukturorientierter Betrachtung ist also zu verstehen, daß das Gericht zunächst einmal die betreffende Einheit anschaut und festlegt, welche Kriterien für die Identität dieser Einheit von besonderer Bedeutung sind. „Von besonderer Bedeutung" ist in diesem Zusammenhang als von besonderer Bedeutung für die Erreichung des Betriebszwecks zu verstehen. So begründet das BAG die o.g. Bedeutung einer Gesamtheit von Arbeitnehmern in bestimmten Branchen damit, daß die Arbeitnehmer in diesen Fällen in der Lage sind, den Neuauftrag wie bisher auszuführen[282], mithin den Betriebszweck wie bisher zu erreichen. Damit kommt es nach der Rechtsprechung des Gerichts gleichzeitig auf die Feststellung des wesentlichen Betriebssubstrats an, da gerade hiermit der Betriebszweck einer Einheit wie bisher erreicht werden kann[283].

(2) Die strukturbezogene Betrachtung ist sachgerecht

Die strukturorientierte Betrachtung im Hinblick auf die Erreichung des Betriebszwecks verdient ebenfalls Zustimmung. Sie entspricht dem Normzweck. Dieser ist darauf gerichtet, die Arbeitsverhältnisse auf den Erwerber überzuleiten, wenn die bisherige Einheit als deren Grundlage erhalten bleibt. Dies ist insbesondere dann gegeben, wenn der bisherige Betriebszweck mit den übergegangenen Faktoren weiterhin verfolgt werden kann. In diesem Fall liegt, wie gerade gezeigt, auch die wirtschaftliche Rechtfertigung für die dem Erwerber aufgebürdeten Arbeitsverhältnisse vor. Es zeigt sich also gleichfalls, daß wirtschaftliche und arbeitstechnische Aspekte miteinander verknüpft sind und eine Trennung nur schwer durchzuführen ist. Dies kann man auch in der Untersuchung Schwandas erkennen, der von einer reinen Betriebsbezogenheit des § 613a BGB i.S.d. deutschen Arbeitsrechts ausgeht. Vor diesem Hintergrund untersucht er von der (bisherigen) Rechtsprechung als Betriebsmittel eingestufte Positionen daraufhin, ob es sich

---

280 Ayse Süzen - Rn. 21; BAG v. 22.5.1997, AP Nr. 154 zu § 613a BGB, 1715 (1718).

281 Ayse Süzen - Rn. 18; BAG v. 13.11.1997, ZIP 1998, 344 (346).

282 BAG v. 10.12.1998, NZA 1999, 420 (421).

283 So auch Blomeyer/Huep, Anm. zu Ayse Süzen, EzA Nr. 145 zu § 613a BGB, S. 21; Baeck/Lingemann, NJW 1997, 2492 (2495); Annuß, BB 1998, 1582; a.A. Kirschbaum, Anm. zu Ayse Süzen, DRdA 1997, 305 (309); unentschieden Schiefer, NJW 1998, 1817.

nicht in Wirklichkeit vielmehr um wirtschaftliche Werte handelt[284]. Dabei kommt er zu dem (zutreffenden) Ergebnis, daß Faktoren wie Know-How, Goodwill, Liefer- oder Kundenbeziehungen alle auch einen wirtschaftlichen Hintergrund haben. Teilweise lehnt er daher deren Zugehörigkeit zur Betriebsebene ab, teilweise ordnet er sie aber auch als Betriebsmittel ein[285].

Weiterhin ist die Feststellung sachgerecht, die Bedeutung der einzelnen Kriterien hänge auch immer von der jeweiligen Struktur der betreffenden Einheit ab. So haben materielle Betriebsmittel beispielsweise in einem Produktionsbetrieb mit teuren, technisch hochwertigen Maschinen einen größeren Anteil für die Erreichung des Betriebszwecks als in einer Reinigungskolonne, in der hauptsächlich Schrubber und Besen als Betriebsmittel vorhanden sind. Diesen muß im Rahmen der Abwägung im ersten Fall eine größere Bedeutung zukommen als im zweiten, so daß sie die betreffende Einheit jeweils repräsentieren. Aus dieser Feststellung ergibt sich auch im Hinblick auf eine möglichst große Rechtsanwendungssicherheit und -gleichheit die Notwendigkeit, allgemein gültige Aussagen für verschiedene Betriebsarten, wie Produktions-, Dienstleistungs- oder Handelsbetriebe zu finden. Dies soll an anderer Stelle unternommen werden[286]. Eine derartige Typenbildung betreiben auch der EuGH und das BAG, wenn sie ausführen, in bestimmten Branchen könne eine wirtschaftliche Einheit auch ohne relevante Betriebsmitteln tätig sein und allgemein auf die Art des betreffenden Unternehmens abstellen wollen.

---

[284] Schwanda, S. 97 ff.

[285] Annuß, NZA 1998, 70 (72), sieht die genannten Begriffe hingegen allesamt als zur Betriebsebene zugehörig an und wirft Schwanda ein falsches Verständnis des Betriebsbegriffes vor.

[286] S.u. 3. Teil B. II. 2. a).

B. „Übergang von Unternehmen, Betrieben oder Unternehmens- bzw. Betriebsteilen“ i.S.d. Richtlinie bzw. eines „Betriebes oder Betriebsteiles“ i.S.d. § 613a BGB – im einzelnen

Nach der Rechtsprechung von EuGH und BAG kommt es also darauf an, ob die fragliche „wirtschaftliche Einheit ihre Identität bewahrt“ hat. Nach der Systematik des Tatbestandsmerkmals „Betriebsübergang“ in der Richtlinie 2001/23/EG sowie in § 613a BGB ergibt sich hieraus folgende Vorgehensweise, die der folgenden näheren Betrachtung zugrundeliegt: Zunächst muß festgestellt werden, ob überhaupt eine abgrenzbare „wirtschaftliche Einheit“ als Objekt eines Übergangs gegeben ist. Diese Einheit entspricht dem Merkmal „Unternehmen, Betrieb oder Unternehmens- bzw. Betriebsteil“ i.S.d. Richtlinie 2001/23/EG bzw. dem Merkmal „Betrieb oder Betriebsteil“ i.S.d. § 613a BGB.
In einem zweiten Prüfungsschritt muß dann untersucht werden, ob diese Einheit auch auf den Erwerber übergegangen ist. Einen Übergang nimmt die Rechtsprechung an, wenn die Identität der jeweiligen Einheit auch noch nach dem Ereignis, das als Übergang in Betracht kommt, beim Erwerber gewahrt ist und dieser den Betrieb der Einheit darüber hinaus tatsächlich weiterführt bzw. wiederaufnimmt.

I. Die „wirtschaftliche Einheit“

1. Bedeutung des Kriteriums der „wirtschaftlichen Einheit“ für die Fallösung

a) In den Entscheidungen des EuGH

Wie gezeigt, müßte der EuGH in den Entscheidungen, in denen das Vorliegen eines „Übergangs eines Unternehmens, Betriebs oder Betriebsteiles“ problematisch erscheint, zunächst untersuchen, ob das vorliegende Gebilde die Anforderungen erfüllt, die an eine wirtschaftliche Einheit zu stellen sind. Auf einer zweiten, regelmäßig wichtigeren Prüfungsebene müßte das Gericht dann feststellen, ob die betreffende Einheit zudem übergegangen ist. Bei einer dahingehenden Untersuchung der früheren EuGH-Entscheidungen läßt sich eine derartige Vorgehensweise jedoch nicht erkennen, vielmehr scheint es so, als ob der Gerichtshof das Vorliegen einer wirtschaftlichen Einheit stattdessen einfach vorausgesetzt hat. Dies zeigt sich insbesondere darin, daß der EuGH es lange Zeit nicht einmal für nötig angesehen hat, zu definieren, was überhaupt unter einer wirtschaftlichen Einheit zu verstehen ist[287].
Erstmals in der „Rygaard“-Entscheidung lehnte der Gerichtshof einen Betriebsübergang ausdrücklich mangels Dauerhaftigkeit der in Rede stehenden Tätigkeit,

---

[287] Näher dazu s.u. 3. Teil B. I. 3. a).

also mangels Vorliegens einer wirtschaftlichen Einheit ab[288]. Seit der Entscheidung in der Rechtssache „Ayse Süzen“ vom 11.3.1997 läßt sich an der Rechtsprechung erkennen, daß der Gerichtshof dem Kriterium der wirtschaftlichen Einheit eine eigenständige Bedeutung zumißt[289]. Daß der EuGH mittlerweile tatsächlich – systematisch zutreffend - zunächst feststellt, ob im betreffenden Fall eine „wirtschaftliche Einheit“, und danach, ob ein „Übergang“ gegeben ist, ergibt sich ausdrücklich in den folgenden Ausführungen des Urteils „Hernandez Vidal“[290]:

Es ist Sache der vorliegenden Gerichte, anhand der vorstehenden Auslegungskriterien festzustellen, ob der Unterhalt der Räumlichkeiten des auftraggebenden Unternehmens bis zur Übernahme dieser Tätigkeit durch das auftraggebende Unternehmen selbst in Form einer wirtschaftlichen Einheit in den außenstehenden Reinigungsunternehmen organisiert war. Bei der anschließenden Prüfung, ob die Voraussetzungen für den Übergang einer Einheit erfüllt sind, müssen sämtliche den betreffenden Vorgang kennzeichnende Tatsachen berücksichtigt werden.

b) In den Entscheidungen des BAG

Das BAG untersucht ebenfalls zunächst, ob ursprünglich schon ein Betrieb oder Betriebsteil vorlag, und erst in einem zweiten Schritt, ob dieser auf einen neuen Inhaber übergegangen ist. Dies ergibt sich beispielsweise aus einer Entscheidung vom 26.8.1999. Hierin hat das BAG ausgeführt[291]:

§ 613a BGB setzt für einen Teilbetriebsübergang voraus, daß die übernommenen Betriebsmittel bereits beim früheren Betriebsinhaber die Qualität eines Betriebsteils hatten. Es reicht nicht aus, wenn der Erwerber mit einzelnen bislang nicht teilbetrieblich organisierten Betriebsmitteln erst einen Betrieb oder Betriebsteil gründet.

2. Die „wirtschaftliche Einheit“ als gemeinsamer Oberbegriff

a) Der EuGH

Nach Art. 1 Abs. 1a) der Richtlinie 2001/23/EG ist die Richtlinie auf den Übergang von Unternehmen, Betrieben, Unternehmens- bzw. Betriebsteilen anwendbar. In der Rechtsprechung des EuGH sucht man jedoch vergebens eine Auseinandersetzung mit den einzelnen Begrifflichkeiten. Diese faßt der Gerichtshof vielmehr unter den gemeinsamen Oberbegriff der „wirtschaftlichen Einheit“ zusammen[292]. Zwar hält der Gerichtshof diese Zusammenfassung sprachlich nicht immer konse-

---

[288] Rygaard - Rn. 20-22.
[289] Ayse Süzen - Rn. 13.
[290] EuGH v. 10.12.1998, NZA 1999, 252, 254 (Hernandez Vidal), Rn. 28 f.
[291] NZA 2000, 144 (145).
[292] So auch Franzen, Anm. zu BAG v. 22.5.1997, AP Nr. 154 zu § 613a BGB, S. 625; ders., DZWir 1996, 397 401.

quent durch[293], so bezeichnet er die fragliche Einheit in den Entscheidungen „Ny Mølle Kro“, „Daddy's Dance Hall“, „Bork International“ und „Merckx und Neuhuys“ beispielsweise als Unternehmen[294], führt hingegen in der „Stichting“-Entscheidung aus, daß „Tätigkeiten besonderer Art, die selbständige Aufgaben darstellen, gegebenenfalls Betrieben oder Betriebsteilen im Sinne der Richtlinie gleichgestellt werden können“[295]. Darüber hinaus werden in diesen Entscheidungen aber keine Kriterien genannt, die z.B gerade auf das Vorliegen eines Unternehmens schließen lassen. Vielmehr kommt es nach dem EuGH auch in den genannten Urteilen darauf an, ob die fragliche wirtschaftliche Einheit ihre Identität bewahrt hat.[296]
Die Zusammenfassung der Begriffe „Unternehmen, Betrieb, Unternehmens- bzw. Betriebsteil“ unter dem gemeinsamen Oberbegriff der „wirtschaftlichen Einheit“ hat ihren Niederschlag nun auch in Art. 1 Abs. 1a) neugefaßten Richtlinie 2001/23/EG gefunden. Hierin wird der Übergang i.S.d. Richtlinie als „Übergang einer ihre Identität bewahrenden wirtschaftlichen Einheit“[297] beschrieben.

b) Die nationale Arbeitsgerichtsbarkeit

Das BAG hat - wie gezeigt - die „Spijkers“-Formel des EuGH zum Betriebsübergang übernommen. Folglich stellt nunmehr auch auf nationaler Ebene der Begriff der „wirtschaftlichen Einheit“ den Oberbegriff zum Tatbestandsmerkmal „Betrieb oder Betriebsteil“ i.S.v. § 613a BGB dar.

Im Gegensatz zur Rechtsprechung des EuGH verlieren die Begriffe „Betrieb“ und „Betriebsteil“ aber nicht ihre eigenständige Bedeutung. So führte das Gericht zum Begriff „Betrieb“ auch noch in neueren Entscheidungen aus[298]:

Der mit dem „Betrieb“ iSv § 613a BGB gleichzusetzende Begriff „Einheit“ (...)

Zum Begriff „Betriebsteil“ trifft er folgende Feststellungen[299]:

Betriebsteile sind Teileinheiten (Teilorganisationen) des Betriebes. Bei übertragenen sächlichen und immateriellen Betriebsmitteln muß es sich um eine organisatorische Untergliederung des gesamten Betriebes handeln, mit der innerhalb des betrieblichen

---

[293] Vgl. Gaul, S. 2.
[294] Ny Mølle Kro, Daddy's Dance Hall, Bork International, Merckx, Neuhuys: jeweils Leitsatz zu Art. 1 Abs. 1 Richtlinie 77/187/EWG.
[295] Stichting - Leitsatz.
[296] Ny Mølle Kro - Rn. 18; Daddy's Dance Hall - Rn. 10; Bork International - Rn. 14; Merckx, Neuhuys - Rn. 16; Stichting - Rn. 23.
[297] Hervorhebung durch den Verfasser.
[298] BAG vom 22.05.1997, AP Nr. 154 zu § 613a BGB, 1715 (1717).
[299] BAG v. 11.9.97, EzA Nr. 153 zu § 613a BGB, S. 7 f.

Gesamtzweckes ein Teilzweck verfolgt wird, auch wenn es sich hierbei nur um eine untergeordnete Hilfsfunktion handelt[300]. Bei dem Betreiben eines Hotels handelt es sich um eine derart abgrenzbare organisatorische Einheit.

In einer Entscheidung vom 11.12.1997[301] definiert das BAG in gleicher Weise die Begriffe „Betrieb" und „Betriebsteil" und führt dann fallbezogen aus:

Die Auftragswahrnehmung durch ein Fremdunternehmen kann teilbetrieblich oder als Betrieb organisiert sein. Bestimmte Dienstleistungen wie die der Gebäudereinigungs- und Bewachungsunternehmen können nur objektbezogen erbracht werden. Wird dazu eine organisierte Gesamtheit von Personen und Sachen eingesetzt, die getrennt von weiteren organisierten Einheiten des Auftragnehmers gesehen werden kann und ist die Aufgabe (...) ihrer Natur nach auf eine dauerhafte Erfüllung angelegt, sind die Voraussetzungen des Betriebsbegriffs erfüllt.

In der gleichen Entscheidung stellt das Gericht aber zugleich klar, daß „auch ein Betriebsteil (...) die Voraussetzungen des vom EuGH geprägten Begriffs der auf Dauer geprägten wirtschaftlichen Einheit" erfüllt. Das BAG ist mithin bemüht, im Einzelfall jeweils festzustellen, ob ein „Betrieb" oder „Betriebsteil" vorliegt. Es legt beide Begriffe aber in einer Weise aus, daß diese den Anforderungen entsprechen, die EuGH und BAG an den Oberbegriff „wirtschaftliche Einheit" stellen.

c) Stellungnahme

Die Vorgehensweise des EuGH, die Begriffe „Unternehmen, Betrieb oder Unternehmens- bzw. Betriebsteil" unter einem gemeinsamen Oberbegriff der „wirtschaftlichen Einheit" zusammenzufassen, erscheint sachgerecht. Die Zusammenfassung unter einem Oberbegriff ist zwar in der deutschen arbeitsrechtlichen Literatur vielfach auf Kritik gestoßen. Diese ist vor dem Hintergrund der deutschen arbeitsrechtlichen Dogmatik mit der strikten Trennung von Betriebs- und Unternehmensebene auch nachvollziehbar, in der Sache aber unangebracht. Denn der EuGH mußte ein gemeinschaftsweit brauchbares Modell des Betriebsübergangs entwickeln. Wie v. Alvensleben[302] zutreffend anmerkt, stellte schon der ursprüngliche Kommissionsentwurf zur Richtlinie 77/187/EWG in der 2. Alternative des Art. 1 auf den Oberbegriff einer „arbeitsorganisatorischen Einheit" ab[303]. Der Anwendungsbereich der Richtlinie in der endgültigen Fassung sollte gegenüber dem Kommissionsentwurf mit der eher beispielhaften Aufzählung von „Unternehmen, Betrieben oder Betriebsteilen" in Art. 1 Abs. 1 inhaltlich weder verengt noch erweitert, sondern nur sprachlich geglättet werden. Zudem war es aufgrund der

---

[300] BAG v. 9.2.1994, AP Nr. 105 zu § 613a BGB.
[301] 8 AZR 729/96, BB 1998, 698 (698 f.).
[302] Alvensleben, S. 172.
[303] ABl. 1974, C. 104, S. 1 ff. = RdA 1975, 124.

verschiedenen nationalen Rechtsordnungen und sprachlichen Fassungen der Richtlinie von vornherein unmöglich, unter die Einzelbegriffe in für alle Mitgliedstaaten sachgerechter Form zu subsumieren. So heißt es in der englischen Fassung „undertaking, business or part of a business". Der Begriff „business" hat im Englischen aber eine andere Bedeutung als der „Betrieb" im deutschen Recht, es kann Geschäft, Betrieb, Unternehmen aber auch geschäftliche Tätigkeit bedeuten[304]. Insofern ist die geäußerte Systemkritik, die von vornherein aus der nationalen Sichtweise geäußert wurde, unangebracht.

Zudem finden sich auch keine durchgreifenden Bedenken gegen die Praxis des BAG, das den Oberbegriff der „wirtschaftlichen Einheit" anerkennt, darüber hinaus aber weiterhin zwischen den Begriffen Betrieb und Betriebsteil unterscheidet. Denn zum einen entspricht diese Vorgehensweise durchaus dem Erfordernis einer richtlinienkonformen Auslegung von EU-Richtlinien im Zusammenspiel mit der Auslegungskompetenz des EuGH im Rahmen von Vorabentscheidungsverfahren. Auf europäischer Ebene wird der rechtliche Rahmen durch den Oberbegriff der wirtschaftlichen Einheit festgelegt und durch die EuGH-Rechtsprechung verbindlich ausgelegt. Die nationale Rechtsprechung des BAG erkennt diesen an, kann aber ebenfalls, wie bei einer europäischen Gesetzgebung durch Richtlinien beabsichtigt, noch nationale Besonderheiten berücksichtigen.

Inhaltlich läßt sich durch die definitorische Anknüpfung an einen Betrieb oder Betriebsteil besser verdeutlichen, daß auch abgrenzbare Untereinheiten (Betriebsteile) innerhalb einer Einheit (Betrieb) Anknüpfungspunkt für einen Übergang i.S.d. § 613a BGB sein können. In terminologischer Hinsicht ist es hingegen sicher unglücklich, daß das BAG Begriffe, die im deutschen Arbeitsrecht mit einer bestimmten Bedeutung besetzt sind, nunmehr i.S.d. europäischen Rechtsprechung verwendet. Diese Bedenken sind jedoch nur terminologischer Art. Schon der bisherige Betriebsbegriff des § 613a BGB nach der alten BAG-Rechtsprechung, bei dem die Arbeitnehmer keine Berücksichtigung fanden, unterschied sich vom Betriebsbegriff des deutschen BetrVG und KSchG. Schließlich bestehen, wie noch zu zeigen sein wird, auch inhaltlich keine allzu großen Unterschiede zur nationalen Sichtweise, so daß die Praxis des BAG, seine Subsumtion der wirtschaftlichen Einheit an die Begriffe Betrieb und Betriebsteil gem. § 613a BGB anzuknüpfen, gebilligt werden kann.

---

[304] Aus Dietl/Lorenz, „business"; vgl. auch Wenking, S. 176 f.

3. Die Definition der „wirtschaftlichen Einheit"

a) Der EuGH

Bei einer Untersuchung der Rechtsprechung des EuGH fällt zunächst auf, daß sich, obwohl der Gerichtshof schon 1986 mit der „Spijkers"-Entscheidung das Fundament seiner Rechtsprechung zum Betriebsübergang gelegt hat, seinen Entscheidungen lange Zeit nicht entnehmen ließ, was genau er unter einer „wirtschaftlichen Einheit" versteht.

Nach der Grundaussage des EuGH[305] ergibt sich die Identität der wirtschaftlichen Einheit „unter anderem daraus (...), daß ihr Betrieb von dem neuen Inhaber mit derselben oder einer gleichartigen Geschäftstätigkeit tatsächlich weitergeführt oder wiederaufgenommen wird". Darüber hinaus nennt der EuGH den „betreffenden Vorgang kennzeichnende Tatsachen", wie die Art des betreffenden Unternehmens oder Betriebs, den Übergang oder Nichtübergang der materiellen Aktiva wie Gebäude oder bewegliche Güter, den Wert der immateriellen Aktiva, die Übernahme oder Nichtübernahme der Hauptbelegschaft etc. Diese Aussagen beziehen sich aber jeweils nur auf die Frage, ob die fragliche Einheit tatsächlich übergegangen ist, nicht hingegen darauf, was die wirtschaftliche Einheit selbst überhaupt ausmacht. Das Vorliegen einer wirtschaftlichen Einheit wurde vom EuGH weitgehend vorausgesetzt[306].

In diesem Sinne sah sich der EuGH nicht einmal anläßlich der Rechtssache „Christel Schmidt"[307] berufen, den Begriff der „wirtschaftlichen Einheit" näher zu umschreiben. Dies überrascht um so mehr, als das zur Entscheidung berufene deutsche Arbeitsgericht dem EuGH ausdrücklich gerade auf diese Problematik abzielende Fragen vorgelegt hat. Das LAG Schleswig-Holstein legte dem EuGH mit Beschluß vom 27.10.1992 die zwei folgenden Fragen vor[308]:

1. Können Reinigungsaufgaben eines Betriebes, wenn sie vertraglich auf eine Fremdfirma übertragen werden, einem Betriebsteil im Sinne der Richtlinie 77/187/EWG gleichgestellt werden?
2. Falls die Frage 1 grundsätzlich bejaht wird:
Gilt dies auch, wenn die Reinigungsaufgaben bis zu der Übertragung von einer einzigen Arbeitnehmerin erledigt worden sind?

In seiner Entscheidung weist der EuGH dann zwar ausdrücklich darauf hin, daß die Richtlinie auch dann Schutz gewährt, wenn die Übertragung nur einen Betrieb oder

---

[305] S.o. 3. Teil A. I.
[306] Hierauf weist auch Gaul (S. 4) hin.
[307] Zum Sachverhalt in der Rechtssache „Christel Schmidt" s.u. 3. Teil A. II. 1. c) aa) (1).
[308] Christel Schmidt - Rn. 6.

Betriebsteil, d.h. einen Teil des Unternehmens, betrifft[309]. Dann stellt er klar, daß es durchaus in den Anwendungsbereich der Richtlinie fallen kann, wenn ein Unternehmer die Verantwortung für den Betrieb einer Diestleistungseinrichtung seines Unternehmens, wie z.B. die Erledigung von Reinigungsaufgaben, überträgt. Dem stehe es auch nicht entgegen, wenn der übertragene Tätigkeitsbereich für das Unternehmen nur von untergeordneter Bedeutung und die betreffende Tätigkeit vor der Übertragung nur von einer einzigen Arbeitnehmerin ausgeführt worden sei.[310] Bei wörtlichen Verständnis gibt der EuGH in diesen Ausführungen nur Hinweise, welche Umstände der Annahme einer wirtschaftlichen Einheit bzw. eines Betriebsteils nicht entgegenstehen, hingegen fehlen positive Ausführungen dazu, welche Merkmale das Gericht für begriffskonstitutiv hält. Weitgehend wurde aus den Ausführungen hierüber hinaus gefolgert, der EuGH stelle eben keine weiteren Anforderungen an das Vorliegen einer wirtschaftlichen Einheit, die bloße Nachfolge in einer Funktion oder einer bestimmten Aufgabe reiche aus, damit der Anwendungsbereich der Richtlinie eröffnet sei[311].

Eine Änderung seiner Rechtsprechung läutete der EuGH dann aber in zwei nachfolgenden Entscheidungen - „Rygaard"[312] und „Ayse Süzen"[313] - ein. Zumindest bei der „Süzen"-Entscheidung läßt sich dies als Antwort auf die teils harsche Kritik an der „Christel Schmidt"-Entscheidung verstehen. Während der EuGH in der „Rygaard"-Entscheidung lediglich auf einen Aspekt eingegangen ist, indem er feststellte, daß die fragliche „wirtschaftliche Einheit" auf Dauer angelegt sein müsse, stellte er in der „Ayse Süzen"-Entscheidung eine abstrakte Definition des Merkmals „wirtschaftliche Einheit" auf, die er seither in ständiger Rechtsprechung gebraucht[314]. Danach setzt, die Anwendung der Richtlinie voraus, daß es um den Übergang einer

auf Dauer angelegten wirtschaftlichen Einheit geht, deren Tätigkeit nicht auf die Ausführung eines bestimmten Vorhabens beschränkt ist. Der Begriff Einheit bezieht sich dabei auf eine organisierte Gesamtheit von Personen und Sachen zur Ausübung einer wirtschaftlichen Tätigkeit mit eigener Zielsetzung.

---

[309] Christel Schmidt - Rn. 13.

[310] Christel Schmidt - Rn. 14, 15.

[311] Wenking, S. 146; Henssler, NZA 1994, 913 (916); Blomeyer, Anm. zu Christel Schmidt, EzA Nr. 264 zu § 613a BGB, S. 16; Bastgen, BB 1994, 1859 (1860); Junker, NJW 1994, 2528 (2529); Schlachter, S. 13; Heilmann, AuR 1996, 168 (168 f.); Baudenbacher, DB 1996, 2177 (2181), der dies allerdings auf Outsourcing-Fälle begrenzt; differenzierend Gaul, AuR 1995, 119 (121 ff.); Hanau, Anm. zu Christel Schmidt, ZIP 1994, 1036 (1038 f.) hält die beschriebene Folge immerhin für möglich.

[312] EuGH v. 19.9.1995, DB 1995, 2117.

[313] EuGH v. 11.3.1997, NZA 1997, 433.

[314] Ayse Süzen - Rn. 13; Hidalgo - Rn. 25; Hernandez Vidal SA - Rn. 26; Allen - Rn. 24; Didier Mayeur - Rn. 32; Oy Liikenne - Rn. 31.

Diese Definition der „wirtschaftlichen Einheit“ hat Eingang in die neue Richtlinie 2001/23/EG gefunden. Diese versteht den Begriff der wirtschaftlichen Einheit in Art. 1 Abs. 1b) im Sinne

> einer organisierten Zusammenfassung von Ressourcen zur Verfolgung einer wirtschaftlichen Haupt- oder Nebentätigkeit.

b) Die nationale Arbeitsgerichtsbarkeit

Das BAG hat diese Definition der „wirtschaftlichen Einheit“ umgehend in der Entscheidung vom 22.05.1997 übernommen[315]. Seither verwendet es diese durchgängig, ergänzt um eine Passage des EuGH ebenfalls aus der „Ayse Süzen“-Entscheidung[316], wonach der Begriff „Einheit“

> nicht als bloße Tätigkeit verstanden werden (darf). Ihre Identität ergibt sich auch aus anderen Merkmalen, wie ihrem Personal, ihren Führungskräften, ihrer Arbeitsorganisation, ihren Betriebsmethoden und gegebenenfalls den ihr zur Verfügung stehenden Betriebsmitteln[317].

Darüber hinaus hat das BAG unabhängig vom EuGH die oben genannte[318] Definition des Betriebsteils entwickelt.

4. Die einzelnen Merkmale einer „wirtschaftlichen Einheit“

a) Organisierte Gesamtheit von Personen und Sachen

aa) Der EuGH

(1) Organisation

Die Annahme einer „wirtschaftlichen Einheit“ setzt also zunächst einmal das Vorhandensein eines gewissen Organisationsgrades hinsichtlich des Bezugsobjektes „Personen und Sachen“ bzw. allgemein formuliert „Ressourcen“ (Art.1 Abs. 1b) Richtlinie 2001/23/EG) voraus. Diese Feststellung erscheint auf den ersten Blick auch nicht weiter verwunderlich, denn schon die Begriffe „Einheit“ bzw. „Unternehmen, Betrieb, Unternehmens- oder Betriebsteil“ lassen nach allgemeinen Wortverständnis jeweils auf das Erfordernis eines bestimmten inneren Zusammenhalts, mithin einer Organisation, schließen.[319]

---

[315] BAG vom 22.05.1997, AP Nr. 154 zu § 613a BGB, 1715 (1718).

[316] Ayse Süzen - Rn. 15.

[317] BAG v. 26.6.97, ZIP 97, 1975 - Leitsatz.

[318] Siehe 3. Teil B. I. 1. b).

[319] Generalanwalt Gerven, in: Christel Schmidt - Rn. 14 unter Verweis auf EuGH, Slg. 1985, S. 519.

Ihre besondere Bedeutung gewinnt diese Feststellung des europäischen Gerichts unter Berücksichtigung der „Christel Schmidt“-Entscheidung. Dieser Entscheidung lag folgender Sachverhalt zugrunde: Anläßlich des Umbaus einer ihrer Filialen kündigte die Spar- und Leihkasse der früheren Ämter Bordesholm, Kiel und Kronshagen einer von ihr als Reinigungskraft für diese Filiale eingesetzten Arbeitnehmerin, Frau Christel Schmidt. Die Spar- und Leihkasse übertrug die Reinigung der Filiale einer externen Firma, der Firma Spiegelblank. Die Firma Spiegelblank schlug Frau Schmidt vor, sie zu einem höheren als dem bisher von ihr bezogenen monatlichen Arbeitsentgelt zu übernehmen. Hierzu war Frau Schmidt jedoch nicht bereit, da die erhebliche Vergrößerung der zu reinigenden Fläche aufgrund des Umbaus nach ihrer Meinung in Wirklichkeit zu einer Verschlechterung des Stundenlohnes geführt hätte.

In seiner Urteilsbegründung hat der EuGH ausgeführt, daß es auf die Identitätswahrung der wirtschaftlichen Einheit ankomme und daß die Gleichartigkeit der vor und nach der Übertragung ausgeführten Reinigungsaufgaben ein typisches Merkmal eines Vorgangs darstelle, der in den Anwendungsbereich der Richtlinie falle. Dieses allein entspricht auch dem „Spijkers“-Modell des Gerichtshofes und wäre sicherlich kein Anlaß für nahezu einhellige Kritik an der Entscheidung seitens der arbeitsrechtlichen Literatur in Deutschland[320]. Die Besonderheit in der „Christel Schmidt“-Entscheidung liegt vielmehr darin, daß - wie der zuvor geschilderte Sachverhalt zeigt - neben der Ähnlichkeit der Aufgaben vor und nach dem vermeintlichen Betriebsübergang keine weiteren Kriterien vorhanden waren, die für eine Wahrung der Identität der wirtschaftlichen Einheit positiv hätten herangezogen werden können. Nicht einmal Frau Christel Schmidt als einzige Arbeitnehmerin ist durch die Firma Spiegelblank weiterbeschäftigt worden. Deswegen war die Entscheidung im Schrifttum vielfach so verstanden worden, daß der EuGH eine bloße Tätigkeit besonderer Art, die eine selbständige Aufgabe darstellt, für eine wirtschaftliche Einheit ausreichen lassen wolle[321]. Die Übertragung einer organisatorischen Einheit wäre hingegen nicht erforderlich.

Die Klarstellung, daß eben doch eine wirtschaftliche Einheit i.S.e. organisatorischen Zusammenfassung erforderlich ist, erfolgte dann, wie schon gezeigt[322], mit der Entscheidung in der Rechtssache „Ayse Süzen“. Zwar hat sich der Gerichtshof auch in dieser Entscheidung nicht ausdrücklich gegen die Entscheidung in der Rechtssache „Christel Schmidt“ gewandt und sich hierin sogar auf

---

[320] Buchner, NZA 1997, 408.

[321] Blomeyer, Anm. zu Christel Schmidt, EzA Nr. 114 zu § 613a BGB, S. 10 f; Blomeyer/Huep, Anm. zu Ayse Süzen, AP Nr. 145 zu § 613a BGB, S. 10 f. mwN; Gaul, ZTR 1998, 344 (348 f); Wollenschläger, FS für Gitter, 1995, 1067 (1077); Gaul, ArbuR 1995, 119 (120 f.).

[322] S.o. 3. Teil A. II. 1. b) aa) (1).

die umstrittene „Schmidt“-Entscheidung bezogen[323]. Trotzdem muß die „Ayse Süzen“-Entscheidung wohl so verstanden werden, daß damit klargestellt worden ist, daß eine bloße Funktionsnachfolge nicht ausreichen kann, um den Tatbestand der Richtlinie 2001/23/EG zu erfüllen[324]. Denn hierin hat der EuGH erstmals die genannte Definition einer wirtschaftlichen Einheit als „organisierte Gesamtheit von Personen und Sachen“ verwendet und zudem ausdrücklich ausgeführt, daß „eine Einheit (...) nämlich nicht als bloße Tätigkeit verstanden werden“ darf[325]. Damit hat das Gericht den geäußerten Befürchtungen in der Literatur eine Absage erteilt[326]. Noch eindeutiger zeigt sich dies in der Entscheidung „Hidalgo“, in der der EuGH klarstellt[327]:

Der bloße Umstand, daß die nacheinander von dem alten und dem neuen Auftragnehmer erbrachten Leistungen einander ähnlich sind, läßt nicht auf den Übergang einer solchen Einheit schließen.

Für die europäische Ebene steht nunmehr also fest, daß die Annahme einer wirtschaftlichen Einheit eine Organisation voraussetzt. Welche Anforderungen das Gericht hieran stellt, hat es bisher nicht näher ausgeführt. In neueren Entscheidungen verlangt der EuGH allerdings, daß die Einheit hinreichend strukturiert und selbständig sein muß[328].

(2) Bezugspunkt „Personen und Sachen“

Nach der EuGH-Formel muß sich die Organisation auf „Personen und Sachen“ und nach der neuen Richtlinie 2001/23/EG auf „Ressourcen“ beziehen. Diese müssen - trotz der Formulierung des EuGH - jedoch nicht unbedingt kumulativ gegeben sein. So kann die Zusammenfassung von Arbeitnehmern nach Ansicht des Gerichts unter bestimmten Umständen auch allein eine wirtschaftliche Einheit darstellen, wie sich aus den folgenden Ausführungen ergibt:

Soweit in bestimmten Branchen, in denen es im wesentlichen auf die menschliche Arbeitskraft ankommt, eine Gesamtheit von Arbeitnehmern, die durch eine gemeinsame Tätigkeit dauerhaft verbunden sind, eine wirtschaftliche Einheit darstellt, kann eine solche Einheit ihre Identität über ihren Übergang hinaus bewahren. (...)[329]

---

323 Ayse Süzen - Rn.17: Verweis auf Schmidt, Rn.16.
324 Ausführlich zur Problematik der Funktionsnachfolge s.u. 3. Teil B. II. 2. d).
325 Ayse Süzen - Rn. 15.
326 So auch Brößke, BB 1997, 1412: „Dem Betriebsübergang im Dienstleistungsbereich aufgrund einer bloßen Funktionsnachfolge hat er (der EuGH) damit eine klare Absage erteilt.“.
327 Hidalgo - Leitsatz.
328 Hidalgo - Rn. 26; Francisco Hernandez Vidal - Rn. 27.
329 Ayse Süzen - Rn. 21; Hidalgo - Rn. 32; Hernandez Vidal - Rn. 32; Oy Liikenne - Rn. 38.

Da eine wirtschaftliche Einheit insoweit in bestimmten Branchen ohne relevante materielle oder immaterielle Betriebsmittel tätig sein kann. (...)[330]

Daß sich eine wirtschaftliche Einheit nur aus Betriebsmitteln zusammensetzt nimmt das Gericht hingegen in keiner Entscheidung an, allerdings kommt es nach der Rechtsprechung des Gerichtshofes in bestimmten Fallkonstellationen für die Frage des Übergangs der betreffenden Einheit vornehmlich auf den Übergang der vorhandenen Betriebsmittel an, wie sich aus folgenden Ausführungen aus der Entscheidung „Oy Liikenne" ergibt[331]:

Der Busverkehr kann jedoch nicht als eine Tätigkeit angesehen werden, für die es im wesentlichen auf die menschliche Arbeitskraft ankommt, da er in erheblichem Umfang Material und Einrichtungen erfordert. Daher ist der Umstand, daß keine materiellen Güter (...) vom alten auf den neuen Auftragnehmer übergegangen worden sind, bei der Würdigung zu berücksichtigen.

Bei der Festlegung der jeweiligen „wirtschaftlichen Einheit" nimmt der EuGH also - ebenso wie bei der Frage, ob ein Übergang gegeben ist - eine strukturorientierte Betrachtung vor. Die jeweilige Identität einer Einheit muß anhand von Merkmalen, wie „ihrem Personal, ihren Führungskräften, ihrer Arbeitsorganisation, ihren Betriebsmethoden und ggf. den ihr zur Verfügung stehenden Betriebsmitteln"[332] festgelegt werden.

(3) Bisher nur geringe Bedeutung des Erfordernisses „organisierte Gesamtheit von Personen und Sachen" in den EuGH-Entscheidungen

Es ist schließlich festzustellen, daß dem Merkmal „organisierte Gesamtheit von Personen und Sachen" in den Entscheidungen des EuGH bisher nur eine geringe Bedeutung zukommt. So hat das Gericht die Möglichkeit eines Betriebsübergangs bisher noch in keinem Fall am Fehlen einer ausreichenden Organisation scheitern lassen. Bislang fehlt sogar jegliche Subsumtion unter dieses Merkmal. Dies mag einerseits daran liegen, daß der EuGH in seinen Entscheidungen ohnehin kaum selbständig subsumiert. Stattdessen beschränkt er sich weitgehend darauf, abstrakte Rechtssätze zur Richtlinie 2001/23/EG aufzustellen, und die konkrete Fallentscheidung oftmals dem jeweils vorlegenen nationalen Gericht zu überlassen. Darüber hinaus ist auffällig, daß das Gericht erkennbar in erster Linie am Tatbestandsmerkmal des „Übergangs" anknüpft. Selbst in der Entscheidung „Ayse Süzen", in der der EuGH die Definition der wirtschaftlichen Einheit aufgestellt hat, steht diese isoliert neben weiteren Ausführungen zum möglichen Übergang der Einheit, ohne daß ihr eine weitere Bedeutung zukommt.

---

[330] Ayse Süzen - Rn. 18; Hidalgo - Rn. 31; Hernandez Vidal - Rn. 18; Oy Liikenne - Rn. 37.
[331] Oy Liikenne - Rn. 39.
[332] Ayse Süzen - Rn. 15.

bb) Die nationale Arbeitsgerichtsbarkeit: Erfordernis einer abgrenzbaren Organisation

Anders als der EuGH hat sich das BAG mittlerweile näher mit dem Erfordernis einer „organisierten Gesamtheit von Personen und Sachen" im Rahmen des Prüfungspunktes „Vorliegen einer wirtschaftlichen Einheit" auseinandergesetzt.

Dabei hatte das Gericht zum einen Fälle zu entscheiden, in denen der potentielle Erwerber die ursprünglich in der „wirtschaftlichen Einheit" vorhandene (Arbeits-) Organisation weitreichend umgestaltet hat[333]. In Fällen dieser Art war jedoch unzweifelhaft eine „wirtschaftliche Einheit" gegeben. Problematisch war hingegen, ob diese anläßlich des Übergangs auf den Erwerber ihre Identität gewahrt hat. Dementsprechend soll die Fallgruppe „Änderung der Organisation" dementsprechend auch erst beim Tatbestandsmerkmal „Übergang" ausführlich erörtert werden[334].

Zum anderen kommt dem Merkmal einer „organisierten Gesamtheit von Personen und Sachen" nach der Senatsrechtsprechung bei der Abgrenzung eines Betriebsteiles vom Restbetrieb zu. So lag einer Entscheidung vom 26.8.1999[335] im wesentlichen folgender Sachverhalt zugrunde: Das beklagte Transportunternehmen übernahm von der Firma H, einem mittlerweile in Konkurs geratenen Transportunternehmen, drei von insgesamt 14 Lkw. Zudem wurden die Frachtaufträge der Firma G, für deren Erledigung die drei fraglichen Lkw bisher durch die Firma H eingesetzt worden sind, dem beklagten Transportunternehmen erteilt. Von den bisherigen Fahrern stellte der Übernehmer der Lkw indes nur einen einzigen ein. Der Kläger, ein anderer Fahrer, macht das Vorliegen eines Betriebsteilübergangs mit der Begründung geltend, er habe ausschließlich einen der übernommenen Lkw gefahren und dieser Lkw werde nach wie vor zur Erledigung der an den Übernehmer erteilten Frachtaufträge der Firma G eingesetzt.

Im Ergebnis hat das BAG dem LAG Hamm als vorinstanzlichem Gericht darin zugestimmt, daß bei einem derartigen Sachverhalt kein Betriebsteilübergang gegeben ist. Dazu hat es ausgeführt, daß ein Betriebsteilübergang voraussetzt, daß die übernommenen Betriebsmittel bereits beim früheren Betriebsinhaber die Qualität eines Betriebsteils gehabt hätten. Nicht ausreichend sei es, wenn der Erwerber mit einzelnen, bislang nicht teilbetrieblich organisierten Betriebsmitteln erst einen Betrieb oder Betriebsteil gründe. Im vorliegenden Fall fehle es schon bei der Firma H an einem übergangsfähigen Betriebsteil. Zwar könne ein Transportbetrieb mit der Durchführung von Transporten für einen bestimmten Kunden einen Teilzweck

333 BAG v. 26.6.97, ZIP 1997, 1975.
334 S.u. 3. Teil A. II. 2. b) ee) (3) (b) (aa).
335 BAG, NZA 2000, 144; vgl. auch BAG v. 24.4.1997, NZA 1998, 253.

verfolgen, wie es nach der Rechtsprechung des BAG erforderlich sei. Trotz Wahrnehmung eines Teilzwecks liege aber nur dann eine selbständig übergangsfähige wirtschaftliche Einheit vor, wenn gleichzeitig eine organisierte Gesamtheit von Personen und Sachen bestehe. Im zu entscheidenen Fall fehle es aber im Hinblick auf die drei von der Firma H übernommenen Lkw an einer abgrenzbaren Organisation. Des weiteren handele es sich bei den einzelnen Lkw für sich genommen jeweils lediglich um ein Betriebsmittel, nicht aber um einen Betriebsteil. Auch die Zuordnung der Lkw zu bestimmten Aufgaben und bestimmten Fahrern führe zu keinem anderen Ergebnis. Sie charakterisiere nicht eine betriebliche Teilorganisation, sondern allenfalls die betriebliche Organisation insgesamt. Denn die Aufteilung der Arbeitnehmer nach Fahrzeugen und Fahrtrouten erfolge aus Zweckmäßigkeitsgesichtspunkten und nicht als Ausdruck einer irgendwie eigenständigen betrieblichen Teilorganisation. Zwar könnten Lkw eines Betriebs teilbetrieblich organisiert sein. Es bedürfe dann jedoch einer über die dargestellten Strukturen hinausgehenden eigenen Arbeitsorganisation. Hieran sei beispielsweise zu denken, wenn es sich bei den Fahrern um „Spezialisten“ handele, die nur auf „ihren“ Lkw eingesetzt werden könnten.

cc) Stellungnahme

Hinsichtlich der Berücksichtigung des Merkmals bestehen also Unterschiede zwischen EuGH und BAG. Während der Europäische Gerichtshof das Vorliegen einer „organisierten Gesamtheit von Personen und Sachen“ zwar fordert, diesem Merkmal bisher aber keinerlei praktische Bedeutung zumißt, sieht das BAG dieses Merkmal durchaus als eigenständigen Prüfungspunkt an. Diese Vorgehensweise verdient Zustimmung, wie im folgenden gezeigt werden soll.

(1) Der Betriebteil und seine Abgrenzung vom Restbetrieb

Das Kriterium einer abgrenzbaren „organisierten Gesamtheit von Personen und Sachen“ ist von zentraler Bedeutung für die Feststellung, ob Bezugsobjekt eines Übergangs u.U. nicht der ganze Betrieb, sondern u.U. lediglich ein Betriebsteil ist[336]. Das BAG definiert den Betriebsteil folgendermaßen[337]:

> Betriebsteile sind Teileinheiten (Teilorganisationen) des Betriebes. Bei übertragenen sächlichen und immateriellen Betriebsmitteln muß es sich um eine organisatorische Untergliederung des gesamten Betriebes handeln, mit der innerhalb des betrieblichen Gesamtzweckes ein Teilzweck verfolgt wird, auch wenn es sich hierbei nur um eine untergeordnete Hilfsfunktion handelt.

---

[336] Hierzu auch Steffan, NZA 2000, 687; Kirschbaum, Anm. zu Ayse Süzen, DRdA 1997, 305 (308), die meint die Entscheidung „Ayse Süzen“ sei falsch, da der Putzauftrag nicht im Rahmen eines abgrenzbaren Betriebsteils wahrgenommen worden sei.

[337] BAG v. 27.4.1997, NZA 1998, 253 (254); BAG v. 11.9.1997, EzA Nr. 153 zu § 613a BGB, S. 7 f; BAG v. 26.8.1999, NZA 2000, 144 (145).

Eine abgrenzbare Organisation hat das BAG dabei für das Betreiben eines Hotels innerhalb eines Hotel- und Gaststättenbetriebs angenommen[338], hinsichtlich der Übertragung von 14 Lkw aus einem Fuhrpark von 27 Lkw mangels feststellbarer eigenständiger Arbeitsorganisation dagegen abgelehnt[339]. Darüber hinaus ist nach der Definition des Arbeitsgerichts für die Annahme eines Betriebsteils noch erforderlich, daß mit der abgrenzbaren Organisation ein betrieblicher Teilzweck erfüllt wird[340]. Dabei dient auch dieses Kriterium letztendlich nur der Abgrenzung des Betriebsteils vom Betrieb.

(2) Mindestanforderungen an organisatorischer Zusammenfassung: Kleinstbetrieb bzw. Kleinstbetriebsteil

Die Frage nach dem Vorliegen einer wirtschaftlichen Einheit stellt sich zudem in Fällen, in denen die etwaige Einheit von vornherein so wenig Faktoren oder Ressourcen aufweist, daß es bereits zweifelhaft erscheint, ob für die Annahme einer „organisierten Gesamtheit von Personen und Sachen" i.S.d. Rechtsprechung überhaupt ausreichend sein kann[341]. Zu der Frage, welche Minimalanforderungen an eine derartige Zusammenfassung zu stellen sind, haben sich bisher weder der EuGH noch das BAG ausdrücklich geäußert. Dies wurde dem EuGH von Teilen des deutschen arbeitsrechtlichen Schrifttums[342] insbesondere anläßlich der „Christel Schmidt"-Entscheidung vorgeworfen. Diese Entscheidung, in der an potentiell in Frage kommenden Faktoren nur die konkrete Putzaufgabe, die einzelne Reinigungsfrau Frau Schmidt sowie ihre Reinemachutensilien vorhanden waren, wäre tatsächlich eine ideale Gelegenheit für den EuGH gewesen, sich mit den Minimalanforderungen für eine wirtschaftliche Einheit auseinanderzusetzen. Dies gilt insbesondere, da schon die Vorlagefragen des LAG Schleswig-Holstein hierauf abzielten[343]. Das BAG hat in der erwähnten Lkw-Entscheidung ausgeführt, ein einzelner Lkw eines Transportbetriebs stelle für sich genommen keinen Betriebsteil, sondern lediglich ein Betriebsmittel dar. Darüber hinaus könnten Lkw eines solchen Betriebs aber teilbetrieblich organisiert sein, wenn diesbezüglich eine eigene Arbeitsorganisation bestehe. Hierfür könne es sprechen, wenn Aufträge fest an bestimmte Betriebsmittel gebunden seien und die Arbeitnehmer bestimmte Arbeiten als Spezialisten arbeitsteilig ausführten. Im konkreten Fall wurde dies durch das BAG verneint, da die Lkw-Fahrer ohne weiteres hätten ausgetauscht werden können[344].

---

[338] BAG v. 11.9.1997, EzA Nr. 153 zu § 613a BGB, S. 8.
[339] BAG v. 26.8.1999, NZA 2000, 144 (145).
[340] S.u. 3. Teil A. II. 1. c) bb).
[341] Vgl. auch Müller-Glöge, NZA 1999, 449 (453),
[342] Hoyningen-Huene, Anm. zu BAG v. 27.6.1995, SAE 1996, 302 (306).
[343] Christel Schmidt - Rn. 6; s.o. 3. Teil A. II 1. a) aa).
[344] BAG v. 26.8.1999, NZA 2000, 144 (145).

(3) Festlegung der Einheit als erster Schritt einer zweistufigen Betriebsübergangsprüfung

Bis auf die genannten Fallkonstellationen (a) und (b) ist das Vorliegen einer wirtschaftlichen Einheit im Regelfall unproblematisch. Dennoch muß auch in diesen Fällen zunächst festgelegt werden, welche Faktoren für die ursprünglich bestehende Einheit von besonderer Bedeutung sind und wie diese organisiert ist. Diese Vorgehensweise entspricht der schon dargestellten Dogmatik des § 613a BGB sowie der Richtlinie 2001/23/EG[345], die eine zweistufige Tatbestandsprüfung erfordern, und ergibt sich auch deutlich aus den Entscheidungen des BAG[346]. In einem zweiten Schritt muß dann i.R.d. Merkmals „Übergangs" untersucht werden, ob die betreffende Einheit ihre Identität gewahrt hat.

b) Zur Ausübung einer wirtschaftlichen Tätigkeit mit eigener Zielsetzung

aa) Der EuGH

Neben der Organisation stellt der EuGH maßgeblich auf den verfolgten Zweck ab, um den Begriff der wirtschaftlichen Einheit zu charakterisieren. Intention der Einheit müsse demnach die „Ausübung einer wirtschaftlichen Tätigkeit mit eigener Zielsetzung" sein. In der gleichen Weise ist dies nunmehr durch Art. 1 Abs. 1b) der Richtlinie 2001/23/EG geregelt, wonach die Zusammenfassung von Ressourcen „zur Verfolgung einer wirtschaftlichen Haupt- oder Nebentätigkeit" dienen muß.

Allerdings hat dieses Merkmal in der bisherigen Rechtsprechung des EuGH bisher kaum eine Rolle gespielt. Seine Sichtweise hat das Gericht insbesondere in der Rechtssache „Didier Mayeur" offengelegt[347]. Dieser Entscheidung lag der folgende Sachverhalt zugrunde: Die APIM, ein Verein ohne Erwerbszweck, verfolgte nach Art. 3 ihrer Satzung das Ziel, auf jede Weise und in allen Bereichen für die Stadt Metz und ihr Einzugsgebiet zu werben, um so die Ansiedlung verschiedener Gewerbe zu ermöglichen. Beim Kläger handelte es sich um einen Angestellten der APIM, der für verschiedene Werbeaufgaben zuständig war. Ihm wurde gekündigt, nachdem die Stadt Metz sich entschlossen hatte, die Werbetätigkeiten nunmehr selbständig durchzuführen, und die APIM daraufhin aufgelöst worden war.

Vor diesem Hintergrund hat der EuGH entschieden, die Richtlinie könne anwendbar sein, wenn eine Gemeinde die geschilderten Aufgaben von einem Verein ohne Erwerbszweck in der Rechtsform einer juristischen Person des Privatrechts übernehme, sofern die übertragene Einheit ihre Identität bewahre[348]. U.a. hat der

---

[345] S.o. 3. Teil B.

[346] So z.B. BAG v. 27.4.1997, NZA 1998, 253 (254).

[347] EuGH v. 26.9.2000, Rs. C-175/99, NZA 2000, 137; vgl. auch die Urteile „Stichting" und „Hidalgo".

[348] Didier Mayeur - Leitsatz.

Gerichtshof ausgeführt, eine solche Dienstleistungstätigkeit habe wirtschaftlichen Charakter und könne nicht der Ausübung hoheitlicher Befugnisse zugeordnet werden[349]. Die Übertragung einer wirtschaftlichen Tätigkeit, wie die von der APIM ausgeübten könne nicht allein deswegen vom Anwendungsbereich der Richtlinie 77/187/EWG (jetzt 2001/23/EG) ausgenommen werden, weil die Tätigkeit ohne Erwerbszweck oder im öffentlichen Interesse ausgeübt werde. Dies habe der Gerichtshof auch in anderen Entscheidungen schon bekräftigt[350] und dies werde auch durch Art. 1 Abs. 1 c) S. 1 der Richtlinie 98/50/EG bestätigt[351]. Hiernach ist die Richtlinie auf Unternehmen, die eine wirtschaftliche Tätigkeit ausüben, unabhängig davon anwendbar, ob sie Erwerbszwecke verfolgen oder nicht.

bb) Die nationale Arbeitsgerichtsbarkeit

Das Merkmal „zur Ausübung einer wirtschaftlichen Tätigkeit mit eigener Zielsetzung“ ist ebenfalls ein Teil der Definition der wirtschaftlichen Einheit, die das BAG verwendet. Wie schon i.R.d. Untersuchung der EuGH-Rechtsprechung, so läßt sich auch aus den BAG-Entscheidungen nicht ausdrücklich entnehmen, welchen Inhalt das Gericht diesem Merkmal beimißt.

Ebenso wie der EuGH hält es das deutsche Gericht zumindest nicht für erforderlich, daß die betreffende wirtschaftliche Einheit auf Gewinnerzielung ausgerichtet ist. Dazu führt es in einer Entscheidung vom 12.11.1998 aus[352]:

Die Inhaberschaft eines Betriebes i.S.v. § 613a BGB ist nicht von einer Gewinnerzielungsabsicht abhängig, wie sich bereits aus der Notwendigkeit ergibt, möglichst vollständig alle im Geltungsbereich des Gesetzes tätigen wirtschaftlichen Einheiten zu erfassen.

Zudem ist für das BAG die eigenständige Zielsetzung einer Einheit von Bedeutung. Dies zeigt sich am Deutlichsten in seinen Ausführungen zur oben schon dargestellten Lkw-Entscheidung. Hierin führt es aus[353]:

Entgegen der Auffassung des LAG kann ein Transportbetrieb mit der Durchführung von Transporten für einen bestimmten Kunden einen Teilzweck des Betriebes verfolgen. Dessen arbeitstechnischer Zweck ist es, Transporte für verschiedene Auftraggeber durchzuführen. Deshalb steht die Abwicklung einer auf Dauer eingerichteten Geschäftsbeziehung mit einem Großkunden einen Teilzweck innerhalb des betrieblichen Gesamtzwecks

---

[349] Didier Mayeur - Rn. 39.
[350] Didier Mayeur - Rn. 40.
[351] Didier Mayeur - Rn. 41.
[352] NZA 1999, 310 (311).
[353] BAG v. 26.8.1999, NZA 2000, 144 (145).

dar. Das Merkmal des Teilzwecks dient nur zur Abgrenzung der organisatorischen Einheit. Im Teilbetrieb müssen nicht andersartige Zwecke als im übrigen Betrieb verfolgt werden.

Neben der organisatorischen Abgrenzbarkeit ist für die Annahme eines Betriebsteils also erforderlich, daß der abgrenzbare Teil einen Teilzweck innerhalb des Gesamtzweckes erfüllt[354]. Dabei ist auch nicht erforderlich, daß sich der Teilzweck von dem im restlichen Betrieb verfolgten Zweck unterscheidet[355]. Dennoch kommt dem Aspekt des Teilzwecks gegenüber der abgrenzbaren Organisation eine eher untergeordnete Bedeutung zu[356]. Dies ergibt sich aus der BAG-Rechtsprechung, wenn das BAG ausführt, das Merkmal des Teilzwecks diene nur zur Abgrenzung der organisatorischen Einheit. Zudem weist Gaul[357] zutreffend darauf hin, daß bei einer Bewertung, die maßgeblich auf die arbeitstechnische Zweckbestimmung abstellt, die Gefahr besteht, daß auf dieser Grundlage in bezug auf die in einem Unternehmen tätigen Arbeitnehmer nahezu beliebig nach unterschiedlichen Zwecksetzungen differenziert werden kann.

cc) Stellungnahme

Die Rechtsprechung zum Merkmal „zur Ausübung einer wirtschaftlichen Tätigkeit mit eigener Zielsetzung“ zeigt , daß eine Unterscheidung wie im deutschen Arbeitsrecht zwischen der auf wirtschaftliche oder ideelle Zwecke ausgerichteten Unternehmens- und der auf arbeitstechnische Zwecke ausgerichteten Betriebsebene für den Tatbestand des Betriebsübergang nicht sachgerecht ist[358].

Sofern der Europäische Gerichtshof in der Rechtssache „Mayeur“ ausführt, eine Dienstleistungstätigkeit habe wirtschaftlichen Charakter und könne nicht der Ausübung hoheitlicher Befugnisse zugeordnet werden, geht das Gericht hiermit auf eine Besonderheit beim Anwendungsbereich der Richtlinie ein. Denn nach dem Verständnis des EuGH ist die Richtlinie 2001/23/EG nur auf wirtschaftliche Vorgänge und damit nicht auf rein hoheitliche Vorgänge anwendbar. Auf diesen Aspekt, der seinen Niederschlag in Art. 1 Abs. 1c) S. 2 der Richtlinie gefunden hat, wonach es sich bei einer Umstrukturierung von Verwaltungsbehörden oder einer rein behördlichen Übertragung von Verwaltungsaufgaben um keinen Übergang i.S.d. Richtlinie handelt, soll eingehend erst an anderer Stelle eingegangen werden[359].

---

[354] Steffan, NZA 2000, 687 (688).
[355] BAG v. 26.8.1999, NZA 2000, 144 (145).
[356] Gaul, ZTR 1998, 1 (7).
[357] Gaul, ZTR 1998, 1 (7).
[358] A.A. Annuß, NZA 1998, 70 (72).
[359] Siehe i.R.d. Tatbestandsmerkmals „durch vertragliche Übertragung oder durch Verschmelzung“ 3. Teil D. I.

Des weiteren betonen BAG und EuGH übereinstimmend, daß es für einen Betriebsübergang im Sinne der Richtlinie bzw. des § 613a BGB nicht von Bedeutung ist, ob die betreffende Einheit Erwerbszwecke verfolgt oder nicht. In der Sache betrifft dies die Unternehmensebene i.S.d. deutschen arbeitsrechtlichen Verständnisses, die auf wirtschaftliche (Gewinnerzielung) oder ideelle Zwecke ausgerichtet ist. Inhaltlich ist der genannten Rechtsprechung zuzustimmen, da es nicht zu rechtfertigen wäre, auf den durch § 613a BGB gewährleisteten Arbeitnehmerschutz nur deshalb zu verzichten, weil die betreffende Einheit ideelle Zielsetzungen verfolgt.

Schließlich stellt das BAG für die (Teil-)Zweckbestimmung der wirtschaftlichen Einheit ausdrücklich auf den arbeitstechnischen Zweck ab. Obwohl der EuGH bislang keine entsprechenden Aussagen getroffen hat, kann man davon ausgehen, daß auf europäischer Ebene für die Richtlinie 2001/23/EG das Gleiche gilt. Hierfür spricht zumindest Art. 1 Abs. 1 b) der Richtlinie 2001/23/EG, wonach Intention der Einheit die Verfolgung einer „Haupt- oder Nebentätigkeit" sein muß. Dies ist auch inhaltlich angebracht, denn eine Organisation läßt sich nur auf die Verfolgung einer bestimmten Tätigkeit, wie die Produktion bestimmter Waren, eine Art von Dienstleistung, das Betreiben einer Kantine o.ä. und nur mittelbar auf ein wirtschaftliches Ziel hin ausrichten.

c) Einheit auf Dauer angelegt

aa) Der EuGH

Die wirtschaftliche Einheit muß nach dem EuGH „auf Dauer angelegt sein", ihre „Tätigkeit (darf) nicht auf die Ausführung eines bestimmten Vorhabens beschränkt" sein[360]. Hinsichtlich dieses Merkmales der wirtschaftlichen Einheit beruft das Gericht sich in den Entscheidungsgründen ausdrücklich auf die Entscheidung „Ole Rygaard", der folgender Sachverhalt zugrunde lag[361]: Die Bautischlerei Pedersen hatte von der Firma SAS einen Auftrag über den Bau einer Kantine erhalten. Sodann teilte die Tischlerei der Firma SAS mit, daß sie die Decken- und Schreinerarbeiten nicht selbst ausführen, sondern von der Firma Stro Mølle, der Beklagten, als Subunternehmerin erledigen lassen wolle. Schließlich vereinbarte die Beklagte mit der Firma SAS - offensichtlich unter Beteiligung der Bautischlerei Pedersen -, daß sie die Decken- und Schreinerarbeiten ausführen werde und zu diesem Zweck die von der Tischlerei Pedersen bereits angeschafften Rohstoffe gegen Kostenersatz übernehmen, für eine beschränkte Zeit zwei Lehrlinge der Tischlerei einsetzen sowie einen durch die Tischlerei Pedersen bereits gekündigten Arbeitnehmer, den Kläger Herrn Rygaard, bis zum Ablauf der ihm gegenüber einzuhaltenden Kündigungsfrist beschäftigen werde. Herr Rygaard hat die Kündigung angegriffen, da sie wegen eines Betriebsübergangs erfolgt sei.

---

360 Ayse Süzen - Rn. 13.

361 Ole Rygaard, EuGH vom 19.5.1995, DB 1995, 2117.

Der EuGH hat in diesem Fall die Anwendbarkeit der Betriebsübergangsrichtlinie abgelehnt. Der Übergang müsse eine Einheit treffen, deren Tätigkeit nicht auf die Ausführung eines bestimmten Vorhabens beschränkt sei. Dies sei bei einem Unternehmen, das eine seiner Baustellen einem anderen Unternehmen zwecks Fertigstellung überträgt, nicht der Fall. Eine solche Übertragung könne nur dann unter die Richtlinie fallen, wenn sie mit der Übertragung einer organisierten Gesamtheit von Faktoren einherginge, die eine dauerhafte Fortsetzung der Tätigkeiten oder bestimmter Tätigkeiten des übertragenden Unternehmens erlauben würde. Dies sei nicht der Fall, wenn das Unternehmen sich darauf beschränke, dem neuen Unternehmen Arbeitnehmer und Material zur Verfügung zu stellen, die zur Durchführung der fraglichen Arbeiten eingesetzt werden sollen.

bb) Die nationale Arbeitsgerichtsbarkeit

Bei einer Untersuchung der Rechtsprechung der deutschen Arbeitsgerichtsbarkeit zum Merkmal der „Dauerhaftigkeit" fällt auf, daß das BAG zunächst die Passage der EuGH-Rechtsprechung zur Dauerhaftigkeit in seinen Entscheidungen zunächst nicht aufgeführt hat[362]. Mittlerweile hat sich das BAG, ohne daß es in den zu entscheidenden Fällen explizit auf das Merkmal ankam, aber ausdrücklich zum Kriterium der Dauerhaftigkeit bekannt[363]. So verwendet das BAG nunmehr teilweise folgende Definition der wirtschaftlichen Einheit[364]:

> Der Begriff Einheit bezieht sich auf die organisierte Gesamtheit von Personen und Sachen zur auf Dauer angelegten Ausübung einer wirtschaftlichen Tätigkeit mit eigener Zielsetzung.

cc) Stellungnahme

(1) Zum „Rygaard"-Urteil des EuGH

Bei dem Urteil des EuGH „Ole Rygaard" aus dem Jahre 1995 besteht die Besonderheit, daß es sich um das erste Urteil des Gerichtshofes zum Anwendungsbereich der Richtlinie 2001/23/EG nach der „Christel Schmidt"-Entscheidung vom 14.4.1994 handelte. Zwar nahm der EuGH hierin keinen Übergang i.S.d. Richtlinie an, da die - in der „Rygaard"-Entscheidung erst neu geschaffene - Voraussetzung einer auf Dauer angelegten wirtschaftlichen Einheit nicht erfüllt war; dennoch kann

---

[362] Siehe die Entscheidungen BAG vom 22.5.1997 - AP Nr. 154 zu § 613a BGB; BAG vom 11.09.1997 - AP Nr. 153 zu § 613a BGB; BAG v. 13.11.1997 - ZIP 1998, 344: In dieser Entscheidung verweist das Gericht sogar ausdrücklich auf die Rygaard-Entscheidung, wonach der Fertigstellung eines bereits begonnenen Auftrags keine Indizwirkung für den Betriebsübergang zukommt.

[363] Vgl. BAG, BB 1998, 319 (320); BB 1998, 696 (698); BB 1999, 1220 (1221); BB 1999, 1222 (1223); DB 1999, 337 (338); NZA 1999, 310; NZA 1999, 704 (705); NZA 1999, 705 (706), NZA 2000, 144.

[364] BAG, NZA 1999, 705 (706); NZA 2000, 144;

die Entscheidung keinesfalls schon als Abkehr von „Christel Schmidt" angesehen werden. Denn nach heutigem Verständnis des Tatbestands der Richtlinie 2001/23/EG wäre ein Übergang einer wirtschaftlichen Einheit von vornherein nicht in Betracht gekommen[365]. Daß die Firma Stro Mølle den Auftrag für die Decken- und Schreinerarbeiten von der Bautischlerei Pedersen übernommen hat, stellt allein nur eine Funktionsnachfolge dar und reicht daher für einen Betriebsübergang nicht aus. Daneben hat die Firma Stro Mølle aber lediglich Rohstoffe, zwei Lehrlinge und den Kläger, Herrn Rygaard, übernommen. Dies stellt sicherlich keine abgrenzbare organisatorische Einheit dar, mit der der Auftrag oder zumindest ein Teil des Auftrags hätte bewältigt werden können. Wenn der EuGH in einem solchen Fall die Anwendbarkeit der Richtlinie nur wegen der fehlenden Dauerhaftigkeit der Baustelle ablehnt, zeigt dies, daß er noch von der Grundüberlegung der „Christel Schmidt"-Entscheidung ausgeht, wonach allein die Übernahme einer Tätigkeit einen Übergang i.S.d. Richtlinie darstellen kann.

(2) Zum Dauerhaftigkeitskriterium

Ob das Merkmal der Dauerhaftigkeit überhaupt sachgerecht ist, ist durchaus nicht unumstritten. Annuß[366] hält das Kriterium der Dauerhaftigkeit für einen Fremdkörper in der Systematik des § 613a BGB. Es lasse sich nicht mit dessen Normzweck vereinbaren. § 613a BGB bezwecke, den Gleichlauf von Arbeitsplatz und Arbeitsverhältnis sicherzustellen. Dafür komme es darauf an, ob der jeweils betrachtete Arbeitsplatz in seiner bisherigen strukturellen Einbindung beim Erwerber fortgeführt werde. Hingegen spiele keine Rolle, wie lange dies erfolge. Demgegenüber betont Moll[367] - allerdings ohne nähere Begründung -, daß der Gesichtspunkt „Dauerhaftigkeit" durchaus dem Ausgangspunkt der Rechtsprechung der Bewahrung der Identität einer wirtschaftlichen Einheit entsprechen könne und fordert, daß die Entscheidung „Ole Rygaard" Anlaß für Überlegungen sein müsse, ob nicht bei Dienstleistungsverträgen und Werkverträgen mit Personalübernahme eine gewisse Mindestlaufzeit erforderlich sei.

Im Ergebnis ist hier Moll zuzustimmen. Das Kriterium der Dauerhaftigkeit paßt nämlich durchaus in die tatbestandliche Systematik der EG-Richtlinie und des § 613a BGB. Dies läßt sich anschaulich am Beispiel des Baugewerbes zeigen. Hier schaffen Bauunternehmen zur Bewältigung eines Auftrags regelmäßig eine bestimmte Organisation. Insofern liegt also eine organisatorische Zusammenfassung von Personen und Sachen vor, wie sie für die Feststellung einer wirtschaftlichen Einheit erforderlich ist. Dennoch sollte m.E. für den Fall, daß der Auftrag selbst in nur kurzer Zeit erledigt werden kann und danach die betreffende Einheit aufgelöst und für die Erledigung anderer Bauaufträge neue, andere Arbeits-

[365] Zu diesem Ergebnis gelangt auch Annuß, NZA 1998, 70 (76).
[366] NZA 1998, 70 (76); BB 1998, 1582 (1583).
[367] RdA 1999, 233 (239).

einheiten gebildet werden, keine wirtschaftliche Einheit im Sinne der Richtlinie 2001/23/EG bzw. des § 613a BGB angenommen werden. Denn in diesem Fall ist die entsprechende organisatorische Zusammenfassung auf lange Sicht nicht von den anderen Arbeitnehmern und Betriebsmitteln abgrenzbar, der organisatorische Zusammenhalt besteht eher zufällig und ist nicht von einer derartigen Festigkeit, daß der Vorteil, bei einem potentiellen Erwerber diese Einheit zu übernehmen, betriebswirtschaftlich das Eingreifen der Rechtsfolgen des § 613a BGB rechtfertigen kann. Vielmehr muß es darauf ankommen, daß die Einheit so beschaffen ist, daß sie auch unabhängig von einem einzelnen Auftrag dauerhaft besteht. Für ein derartiges Verständnis spricht zudem das Memorandum der Kommission[368], in dem diese „Leitkriterien zur Anwendung der Richtlinie des Rates 77/187/EWG vom 14.2.1977" aufstellt. Danach müsse der Übergang eine „auf stabile Art und Weise organisierte Wirtschaftseinheit (betreffen), deren Tätigkeit sich nicht auf die Durchführung einer bestimmten Arbeit beschränkt." Folglich ist das Kriterium der Dauerhaftigkeit durchaus aussagekräftig für die Feststellung einer wirtschaftlichen Einheit, einen „Fremdkörper" in der Betriebsübergangssystematik stellt es so sicher nicht dar.

In der Literatur sind Versuche unternommen worden, den Inhalt des Kriteriums genauer zu fassen, die im folgenden auf ihre Richtigkeit hin überprüft werden sollen. So meint Schiefer[369], das Dauerhaftigkeitskriterium bezwecke lediglich, die Übertragung von Einheiten aus dem Anwendungsbereich des § 613a BGB auszuklammern, die lediglich auf Zeit zur Abwicklung eines bestimmten Projektes angelegt seien. In eine ähnliche Richtung weisen die Ausführungen des Richters am BAG Müller-Glöge[370]. Er führt aus, daß Neuauftragnehmer in der jüngsten Gerichtspraxis gegen einen Betriebsübergang geltend gemacht hätten, daß sie ihren Dienstleistungsauftrag nur befristet oder gar nur auf Probe erhalten hätten. Diesem Vorbringen sei das BAG nicht gefolgt, weil die jeweilig übertragenen Aufgaben anders als der schuldrechtliche Auftrag auf Dauer bestanden hätten. Die „Rygaard"-Entscheidung hingegen habe einen Bauauftrag betroffen, der mit Erfüllung seine endgültige Erledigung habe finden sollen. Demgegenüber meint Lorenz[371], die besondere Fallkonstellation, die dem Urteil „Ole Rygaard" zugrunde gelegen habe, erlaube es nicht, daraus zu schließen, daß damit befristet – beispielsweise auf fünf Jahre - vergebene Aufträge generell ausgeschlossen werden sollten. Thüsing[372] schlägt vor, die Dauer eines Auftrags und die Kontinuität des Personalbestands in die Betrachtung zur Identitätswahrung einer wirtschaftlichen Einheit

[368] ZTR 1998, 8 (9).
[369] NZA 1998, 1095 (1096).
[370] NZA 1999, 449 (451f).
[371] Lorenz, ZIP 1997, 531 (535).
[372] Anm. zu Temco, BB 2002, 467 (468).

stärker mit einzubeziehen. Zur Begründung führt er folgende Ausführungen des Generalanwalts in der Rechtssache „Temco“ an:

In einem Markt, der sich durch kurzfristige Verträge zwischen Auftraggeber und Dienstleistungserbringer und einer bedeutenden Fluktuation im Personalbestand auszeichnet, paßt der Schutz des Arbeitnehmers besser in den Rahmen des klassischen Arbeitsrechts als in den Rahmen des Arbeitsplatzschutzes bei der Übertragung von Unternehmen.

Sowohl Schiefer als auch Müller-Glöge und Thüsing kann insofern nicht zugestimmt werden, als sie entscheidend darauf abstellen, ob die zugrundeliegende Aufgabe bzw. das Projekt auf Dauer oder nur für eine kurze Zeit angelegt ist. Denn bei der bloßen Erledigung einer Aufgabe geht es lediglich um die Nachfolge in einer Funktion, die für den Tatbestand des § 613a BGB irrelevant ist. Entscheidend muß vielmehr sein, ob die Einheit, also die organisatorische Zusammenfassung von Personen und Sachen, auf Dauer angelegt ist und so das Eingreifen der Rechtsfolgen eines Betriebsübergangs rechtfertigen kann. Tatsächlich wird eine Einheit regelmäßig auf Dauer angelegt sein, wenn mit ihr eine ebenfalls auf unbestimmte Dauer angelegte Aufgabe erfüllt werden soll. Andererseits ist es auch ohne weiteres denkbar, daß mittels einer Einheit ein vorübergehendes Projekt abgewickelt werden soll und der Inhaber nach Abwicklung einen anderen Auftrag mit derselben Einheit erfüllt. Des weiteren ist es auch denkbar - insofern ist Lorenz zuzustimmen - daß § 613a BGB eingreift, wenn ein Erwerber eine Einheit übernimmt, mit der er einen auf Jahre angelegten Großauftrag zu Ende führen kann. Dies setzt aber voraus, daß im Rahmen der erforderlichen Abwägung festgestellt wird, daß die organisatorische Festigkeit und Dauerhaftigkeit der Einheit einen Betriebsübergang nach der Richtlinie 2001/23/EG bzw. nach § 613a BGB rechtfertigt.

II. Der „Übergang“ der wirtschaftlichen Einheit

1. Wahrung der Identität als entscheidende Voraussetzung

Nach dem „Spijkers“-Modell der Rechtsprechung ist es für einen Übergang i.S.d. Richtlinien bzw. des § 613a BGB nicht erforderlich, daß alle materiellen und immateriellen Betriebsmittel und alle bisher beim alten Inhaber beschäftigten Arbeitnehmer vom Erwerber übernommen werden. Vielmehr ist die Übernahme derartiger Faktoren nach Art und Anzahl in einer Weise erforderlich, daß im Rahmen einer zu treffenden Abwägung festgestellt werden kann, daß die betreffende Einheit ihre bisherige Identität beibehalten hat. Das Hauptproblem bei der Feststellung eines Übergangs liegt also darin, festzulegen, welche Faktoren in welchem Umfang übergehen müssen, um von einer identischen Einheit beim Erwerber ausgehen zu können, und auf die Übernahme welcher Faktoren verzichtet werden kann. Zudem reicht die isolierte Übernahme bestimmter Faktoren nicht aus, wenn der Erwerber damit eine eigene Organisation schafft oder diese in eine eigene bereits bestehende Organisation integriert. Erforderlich ist vielmehr, daß der neue Inhaber an eine bestehende Organisation anknüpft. In welchen Fällen dies gegeben ist, ist im folgenden näher zu untersuchen.

Die Untersuchung soll sich dabei an den oben[373] herausgearbeiteten Leitlinien orientieren: Entscheidend wird sein, welche Bedeutung die Kriterien für die Erreichung des jeweiligen (arbeitstechnischen) Zweckes der Einheit haben. Zudem kommt es auch auf deren wirtschaftliche Bedeutung an. Somit kann der Kritik von Annuß[374] nicht gefolgt werden, der meint, das BAG beurteile die einzelnen Kriterien für jeden zur Entscheidung stehenden Sachverhalt im Wege einer schutzzweckorientierten Betrachtung unter Zuhilfenahme nicht näher ausleuchtbarer Billigkeitserwägungen.

2. Die Bedeutung der einzelnen Kriterien für die Identitätswahrung

Bei einer Darstellung der einzelnen Kriterien, denen vom EuGH und BAG eine Bedeutung für die Identitätswahrung einer bestehenden Einheit zugesprochen wird, muß zunächst darauf hingewiesen werden, daß Aussagen, die allgemein gültig sind und mithin auf sämtliche Fallkonstellationen angewandt werden können, nur eingeschränkt getroffen werden können. Aussagen der Gerichte, wie

Da eine wirtschaftliche Einheit insoweit in bestimmten Branchen ohne relevante materielle oder immaterielle Betriebsmittel tätig sein kann, kann die Wahrung der Identität einer solchen Einheit über ihren Übergang hinaus nicht von der Übertragung von Betriebsmitteln abhängen"[375]

oder

Soweit in bestimmten Branchen, in denen es im wesentlichen auf die menschliche Arbeitskraft ankommt, eine Gesamtheit von Arbeitnehmern, die durch eine gemeinsame Tätigkeit dauerhaft verbunden sind, eine wirtschaftliche Einheit darstellt, kann eine solche Einheit ihre Identität über ihren Übergang hinaus bewahren, wenn der neue Unternehmensinhaber nicht nur die betreffende Tätigkeit weiterführt, sondern auch einen nach Zahl und Sachkunde wesentlichen Teil des Personals übernimmt, das sein Vorgänger gezielt bei dieser Tätigkeit eingesetzt hatte[376]

zeigen dies deutlich. Einem bestimmten Kriterium kommt bei einem Abwägungsvorgang eben nicht immer die gleiche Bedeutung zu, sondern dies hängt jeweils von der besonderen Fallkonstellation und insbesondere von der „Art des betreffen-

---

[373] 3. Teil B III. 2. c) cc) und dd).
[374] Annuß, NZA, 1998, 70 (71).
[375] Süzen - Rn. 18.
[376] Süzen - Rn. 20.

den Unternehmens oder Betriebs" ab. Daher soll im folgenden zunächst versucht werden, allgemeine Grundsätze für die Abwägung anhand der „Art des betreffenden Unternehmens oder Betriebs" aufzuzeigen[377], danach sollen die einzelnen Kriterien im Hinblick auf ihre jeweilige Bedeutung in typischen Fallkonstellationen hin untersucht werden[378].

a) Die „Art des betreffenden Unternehmens oder Betriebs"

aa) Der EuGH

Das erste Kriterium des EuGH in der Aufzählung der Kriterien für die Gesamtabwägung zur Feststellung eines Übergangs ist das Kriterium „Art des betreffenden Unternehmens oder Betriebs". In der „Ayse Süzen"-Entscheidung hat der EuGH erstmals näher ausgeführt, welche Rolle die Art des betreffenden Unternehmens oder Betriebs für die Feststellung der Identitätswahrung spielt. Danach komme

> den für das Vorliegen eines Übergangs i.S.d. Richtlinie maßgeblichen Kriterien (...) notwendigerweise je nach der ausgeübten Tätigkeit und selbst nach den Produktions- oder Betriebsmethoden, die in dem betreffenden Unternehmen, Betrieb oder Betriebsteil angewendet werden, unterschiedliches Gewicht zu[379].

Der EuGH sieht die „Art des betreffenden Unternehmens oder Betriebs", die sich in der ausgeübten Tätigkeit und in den Produktions- und Betriebsmethoden widerspiegeln, also vornehmlich deshalb als von Bedeutung an, weil dies die Voraussetzung ist, um die Bedeutung der anderen Kriterien im jeweiligen Sachverhalt festlegen zu können. Das Merkmal „Art des betreffenden Unternehmens oder Betriebs" ist somit Ausdruck der strukturbezogenen Sichtweise des Gerichts.

Ausführungen dazu, welche Kriterien bei bestimmten Arten von Einheiten von besonderer Bedeutung sind, finden sich in der Rechtsprechung des Gerichts aber nur spärlich. Dies hängt sicherlich damit zusammen, daß der EuGH gerade in seinen jüngeren Entscheidungen hauptsächlich sich wiederholende, abstrakte Ausführungen zu seiner Sicht des Tatbestandsmerkmales „Betriebsübergang" trifft. Hinsichtlich konkreter Arten von Betrieben bzw. Unternehmen finden sich lediglich folgende Aussagen:

In der „Süzen"-Entscheidung, in der es um eine Auftragsneuvergabe bei einem Reinigungsbetrieb ging, stellte der EuGH fest[380]:

---

[377] S.u. 3. Teil B. II. 2. a).
[378] S.u. 3. Teil B. II. 2. b) - h).
[379] Ayse Süzen - Rn. 18.
[380] Ayse Süzen - Rn. 18.

Da eine wirtschaftliche Einheit insoweit in bestimmten Branchen ohne relevante materielle oder immaterielle Betriebsmittel tätig sein kann, kann die Wahrung der Identität einer solchen Einheit über ihren Übergang hinaus nicht von der Übertragung von Betriebsmitteln abhängen."

Welche „bestimmten Branchen" gemeint waren, konkretisierte der Gerichtshof in späteren Entscheidungen[381]:

In bestimmten Wirtschaftszweigen, wie dem Reinigungs- oder dem Bewachungsgewerbe treten diese Betriebsmittel nämlich oft nur in ihrer einfachsten Form in Erscheinung, und es kommt dort im wesentlichen nur auf die menschliche Arbeitskraft an.

In einer Entscheidung aus dem Jahre 2001 hat sich der EuGH zur Bedeutung von Betriebsmitteln in einem Verfahren geäußert, in dem es um die Neuvergabe des öffentlichen Auftrags zum Betrieb einiger regionaler Buslinien ging[382]:

Der Busverkehr kann jedoch nicht als eine Tätigkeit angesehen werden, für die es im wesentlichen auf die menschliche Arbeitskraft ankommt, da er in erheblichem Umfang Material und Einrichtungen erfordert (...). Daher ist der Umstand, daß keine materiellen Güter, die für den Betrieb der betreffenden Buslinien eingesetzt worden sind, vom alten auf den neuen Auftragnehmer übergegangen sind, bei der Würdigung zu berücksichtigen.

Auch die Verpflegung könne im Fall einer Auftragsnachfolge eines Cateringauftrags „nicht als eine Tätigkeit angesehen werden, bei der es im wesentlichen auf die menschliche Arbeitskraft ankommt, da dafür Inventar im beträchtlichem Umfang erforderlich ist"[383].

bb) Die nationale Arbeitsgerichtsbarkeit

Ebenso wie für den EuGH spielt die „Art des betreffenden Unternehmens oder Betriebs" für das BAG für die Festlegung der Bedeutung der weiteren Kriterien im Einzelfall eine zentrale Rolle. Dies ergibt sich schon daraus, daß das deutsche Gericht die Aussage des EuGH übernommen hat, wonach den maßgeblichen Kriterien je nach der ausgeübten Tätigkeit und den Produktions- oder Betriebsmethoden unterschiedliches Gewicht zukomme[384].

In einem zweiten Schritt soll wiederum untersucht werden, welche Aussagen das BAG bisher zu unterschiedlichen Betriebs- oder Unternehmensarten getan und welchen Kriterien es hierbei eine besondere Bedeutung beigemessen hat:

---

[381] Hidalgo - Rn. 26; Francisco Hernandez Vidal - Rn. 27.
[382] EuGH v. 25.01.2001 (Oy Liikenne), NZA 2001, 249 (252) - Rn. 39.
[383] EuGH v. 20.11.2003 (Abler), NZA 2003, 1385 – Rn. 36 f.
[384] BAG, ZIP 1997, 1975 (1976); ZIP 1998, 344 (346).

Die bisherige Sichtweise des Gerichts ergibt sich dabei aus den folgenden Ausführungen vom 22.9.1994[385]:

Für die Frage, welche Betriebsmittel für die Erfüllung der arbeitstechnischen Zwecke wesentlich sind, ist auf die Eigenart des Betriebs abzustellen. Bei Produktionsbetrieben wird regelmäßig die Übernahme der sächlichen Betriebsmittel entscheidend sein. Bei Handels- und Dienstleistungsbetrieben werden demgegenüber meist die immateriellen Betriebsmittel wie Kundenstamm, Kundenlisten, die Geschäftsbeziehungen zu Dritten, das „Know-How" und der „Good Will", ebenso die Einführung des Unternehmens auf dem Markt im Vordergrund stehen (m.w.N.).

Derartig allgemeine Feststellungen hat das BAG nach Änderung seiner Rechtsprechung hin zum EuGH-Modell noch nicht getroffen. Vielmehr läßt sich feststellen, daß das BAG in seinen neueren Entscheidungen bislang vornehmlich das Arbeitnehmerkriterium als strukturbildend für die untersuchten Branchen angesehen hat. So nimmt das Gericht im Falle eines Modegeschäfts an, daß hier die menschliche Arbeitskraft von besonderer Bedeutung sei[386]. Bei einem Restaurant komme der Übernahme von Personal ebenfalls eine besondere Bedeutung zu. Von noch größerer Bedeutung sei hier sogar die Übernahme des Kochs als Know-How-Träger, da dieser das Angebot entscheidend präge[387]. Hingegen genüge es bei der Neuvergabe eines Reinigungsauftrages, wenn eine hohe Anzahl der Arbeitnehmer weiterbeschäftigt werde, um auf den Fortbestand der Arbeitsorganisation schließen zu können. Nicht erforderlich sei es, daß durch den übernommenen Teil ein besonderes Fachwissen repräsentiert werde[388].

Zu Branchen, in denen andere Kriterien von größerer Bedeutung sein könnten, finden sich nur vereinzelt allgemeine Aussagen in der Rechtsprechung des BAG. Immerhin hat das Gericht entschieden, daß für die Übertragung einer öffentlichen Verwaltung die vorhandene Organisation entscheidend sei. Eine „Wahrung der Identität" der Verwaltung sei bei Fortführung der Aufgaben innerhalb einer gänzlich andersartigen Arbeitsorganisation der übernehmenden Verwaltung nicht denkbar[389]. Insgesamt besteht in den Entscheidungen des Gerichts aber eher die Tendenz dahin, sich zu den einzelnen in Betracht kommenden Kriterien zu äußern, auf allgemeine Ausführungen welche Kriterien von besonderer Bedeutung sind aber zu verzichten. So äußert das BAG sich in einem Fall, in dem es um einen möglichen Betriebsübergang bei einer Bildungsstätte der beruflichen Fortbildung geht, zu einer Vielzahl von Kriterien, und zwar im einzelnen zur Bedeutung einer

---

[385] BAG, AP Nr. 117 zu § 613a BGB, 720 (721).
[386] BAG, AP zu § 613a BGB, Nr. 154, 1715 (1718).
[387] BAG, EzA 1998, Nr. 153, S. 6.
[388] BAG, BB 1998, 698 (699).
[389] BAG, ZIP 1997, 1975 (1976).

Übernahme der Dozenten, den Eintritt in die Kundenbeziehungen, die Bedeutung einer etwaigen Unterbrechung der Unterrichtsphasen, der etwaigen Änderung der Organisation des Unterrichtsbetriebes sowie den Wert und der Bedeutung der neu angeschafften materiellen Betriebsmittel (Räume, Mobiliar, EDV, Lehrmittel pp.) [390]. In diesem Fall deutet das Gericht immerhin noch an, daß die Übernahme der Dozenten „wegen ihres herausgehobenen Qualifikationsgrades" von erheblicher Bedeutung wäre, hingegen eine etwaige Unterbrechung der Unterrichtsphasen keine rechtserhebliche Bedeutung zukommen würde. Allgemeine Aussagen zur Bedeutung einzelner Kriterien trifft das BAG jedoch nicht.

Insgesamt hat sich das BAG also bisher noch nicht weit von den Aussagen des EuGH entfernt, der zumeist die Bedeutung der Arbeitnehmer für bestimmte Branchen hervorgehoben hat. Die ihm zukommende Aufgabe das EuGH-Modell auszufüllen und für eine Vielzahl von Sachverhalten weiterzuentwickeln, hat es noch nicht in ausreichendem Maße wahrgenommen.

cc) Stellungnahme

(1) „Art des betreffenden Unternehmens oder Betriebs" ist Vorfrage

Bei wörtlichen Verständnis des EuGH-Modells zur Identitätswahrung handelt es sich bei dem Kriterium „Art des betreffenden Unternehmens oder Betriebs" um ein Kriterium, das neben anderen Kriterien herangezogen werden muß, um festzustellen, ob die betreffende wirtschaftliche Einheit ihre Identität gewahrt hat. Diese Einordnung ist jedoch nicht zutreffend, da sich aus der bloßen Feststellung der „Art des betreffenden Unternehmens oder Betriebs" keine Erkenntnisse hinsichtlich des „Ob" eines Betriebsübergangs ergeben. Wie gezeigt, dient die Feststellung vielmehr dazu, daß die Wertigkeit der weiteren Kriterien anhand der vorliegenden Struktur der Einheit festgelegt werden kann. Die „Art des betreffenden Unternehmens oder Betriebs" ist demzufolge überhaupt kein eigenständiges Kriterium, sondern vielmehr eine Vorfrage, die den Ausgangspunkt für die durchzuführende Abwägung schafft.

(2) Bedeutung der Kriterien in bestimmten Arten von Unternehmen oder Betrieben

Das Hauptaugenmerk im Rahmen der Stellungnahme muß der Frage gelten, ob die Grundunterscheidung hinsichtlich der Bedeutung der einzelnen Kriterien, die das BAG bislang zwischen Produktionsbetrieben auf der einen sowie Dienstleistungs- und Handelsbetrieben auf der anderen Seite getroffen hat, auch auf Grundlage der neuen einheitlichen Rechtsprechung von EuGH und BAG noch Geltung besitzt. Die hierzu im Schrifttum geäußerten Ansichten sind durchaus unterschiedlich. Während Annuß für Produktionsbetriebe eine grundlegende Änderung der bis-

[390] BAG, NZA 1999, 648 (650).

herigen Rechtsprechung erwartet[391], wird wohl überwiegend davon ausgegangen, daß die neue Rechtsprechung grundsätzlich durchaus auf der Linie der bisherigen Rechtsprechung des BAG liegt[392]. Der letztgenannten Ansicht ist m.E. zuzustimmen; im einzelnen sind dabei allerdings andere Schwerpunkte zu setzen. Dies ist bedingt durch Abweichungen in der neuen Rechtsprechung von der bisherigen Sichtweise zu einzelnen Kriterien, so beispielsweise dadurch, daß nun die beim bisherigen Betriebsinhaber beschäftigten Arbeitnehmer ohne Einschränkungen in die Abwägung miteinbezogen werden.

(a) Handels- und Dienstleistungsbetriebe

Für Handels- und insbesondere für Dienstleistungsbetriebe läßt sich die Gewichtung der einzelnen Kriterien in der Rechtsprechung von EuGH und BAG wohl noch am ehesten nachvollziehen. Denn derartige Fallgestaltungen bildeten den eigentlichen Hintergrund für die Entwicklung der neueren Rechtsprechung zum „Übergang von Unternehmen, Betrieben und Betriebsteilen" des EuGH[393]. Dies steht im Gegensatz zur alten Rechtsprechung des BAG. Diese hatte als Normalfall den Übergang von Produktionsbetrieben vor Augen und mußte dann für Fallkonstellationen, in denen es um den Übergang von Handels- und Dienstleistungseinheiten ging, weiterentwickelt werden, was aufgrund der vorherrschenden Betonung der sächlichen Komponente nicht unproblematisch möglich war.

Wie an den obigen Zitaten aus der EuGH-Rechtsprechung erkennbar, kommt dem Arbeitnehmerkriterium in diesen Branchen (- ausdrücklich im „Reinigungs- und Bewachungsgewerbe" -) oftmals eine ausschlaggebende Bedeutung zu. Dies gilt um so mehr, je weniger relevante materielle und auch immaterielle Betriebsmittel feststellbar sind. Dies gilt etwa für die Fälle einer Auftragsnachfolge, in denen die betreffende Einheit nur die Aufgabe hat, diesen einen Auftrag zu erledigen. Denn in diesen Fällen liegen oftmals keine relevanten immateriellen Betriebsmittel, wie Geschäftsbeziehungen zu Dritten, Kundenbeziehungen, Konzessionen etc. vor[394].

---

[391] BB 1998, 1582 (1583).

[392] So Schiefer, NZA 1998, 1095 (1097); Moll, RdA 1999, 233 (238); wohl auch GroßKommKündR/Steffan, § 613a BGB, Rn. 25 f.

[393] Vgl. die Entscheidungen des EuGH: Spijkers (Schlachthof), Ny Mølle Kro (Gaststätte), Daddy's Dance Hall (Betrieb von Restaurants), Redmond Stichting (Stiftung, die Hilfeleistungen für Süchtige leistet), Watson Rask (Betriebskantine), Christel Schmidt und Ayse Süzen (Reinigungsgewerbe); vgl. auch die Entscheidungen des BAG: BAG v. 22.5.1997, AP Nr. 154 zu § 613a BGB (Modefachgeschäft), 26.6.1997, ZIP 1997, 1975 (öffentliche Verwaltung), 11.9.1997, EzA Nr. 153 zu § 613a BGB (Gaststätte).

[394] In Fallkonstellationen, wie der geschilderten, bleibt die Kundenbeziehung zum Auftraggeber als immaterielles Betriebsmittel ebenfalls außer Betracht. Siehe dazu unten 3. Teil B. II. 2. c).

In anderen Fallkonstellationen können die immateriellen Betriebsmittel nach der Rechtsprechung aber durchaus wie bisher eine entscheidende Rolle spielen. Dies hat das BAG auch jüngst in einer Entscheidung vom 26.8.1999 klargestellt, wonach „gerade im Dienstleistungsbereich die immateriellen Betriebsmittel, also die Geschäftsbeziehungen zu Dritten, der Kundenstamm und die Kundenbeziehungen von wesentlicher Bedeutung sein" können[395].

(b) Produktionsbetriebe

Daß der EuGH bereit ist, materiellen Betriebsmitteln eine wichtige Bedeutung für einen Übergang zuzugestehen, hat sich in der Entscheidung „Oy Liikenne" für die Auftragsnachfolge hinsichtlich einiger Buslinien gezeigt. Insofern kann davon ausgegangen werden, daß den materiellen Betriebsmitteln für den Bereich der Produktionsbetriebe auch nach der neuen Rechtsprechung weiterhin eine herausragende Bedeutung zukommt.

b) Materielle Betriebsmittel

aa) Der EuGH

(1) Die Bedeutung materieller Betriebsmittel

Nach dem EuGH-Grundmodell stellt der „Übergang oder Nichtübergang der materiellen Aktiva wie Gebäude oder bewegliche Güter" ein Kriterium zur Feststellung der Wahrung der Identität der wirtschaftlichen Einheit dar. Derartige materielle Aktiva oder Betriebsmittel sind beispielsweise Betriebsgrundstücke, Gebäude, Maschinen, Werkzeuge, Büro- oder Ladeneinrichtungen, Rohstoffe, Waren u.ä.. Der EuGH hat schon frühzeitig im Rahmen seiner Rechtsprechung zum Pächterwechsel festgestellt, daß es für die Anwendbarkeit der Richtlinie 2001/23/EG nicht darauf ankommt, ob die vorhandenen Betriebsmittel ins Eigentum des Betriebserwerbers übergehen[396]. Zudem komme es beim Übergang von materiellen Betriebsmitteln darauf an, daß eine noch bestehende wirtschaftliche Einheit veräußert werde. Die könne nicht mit der bloßen Übertragung der Aktiva einer Einheit gleichgesetzt werden[397].

Obwohl der „Übergang oder Nichtübergang der materiellen Aktiva wie Gebäude oder bewegliche Güter" ausdrücklich als Kriterium zur Feststellung eines Übergangs aufgeführt ist, spielte dieses Kriterium in den Entscheidungen des Gerichts für die Frage der Wahrung der Identität der wirtschaftlichen Einheit zunächst eher eine geringe Rolle. Dies gipfelte in der Festsstellung, daß eine wirtschaftliche Einheit in bestimmten Branchen ganz ohne relevante materielle Betriebsmittel tätig

[395] 8 AZR 827/98, NZA 2000, 371 (373).
[396] Daddy's Dance Hall - Rn. 10; Ny Mølle Kro – Rn. 12; Watson Rask – Rn. 15.
[397] Spijkers - Rn. 12.

sein könne[398]. Allerdings muß diese Rechtsprechung vor dem Hintergrund der vom EuGH betonten Abhängigkeit der Bedeutung einzelner Kriterien von der Art der Einheit verstanden werden. Die zu entscheidenden Sachverhalte betrafen zumeist Dienstleistungsbetriebe[399], bei denen materiellen Betriebsmitteln von vornherein eine eher nebensächliche Bedeutung zukommt[400].
Daher war bisher unklar, ob der EuGH den materiellen Betriebsmitteln in anderen Fallkonstellationen eine höhere Bedeutung beimessen würde. Diese Frage ist mit der Entscheidung im Fall „Oy Liikenne"[401] nun beantwortet. Hierin ging es im wesentlichen um die Neuvergabe regionaler Buslinien in Finnland gemäß der EU-Richtlinie 92/50/EWG. Die ursprüngliche Auftragnehmerin (Hakulinan Liikenne) hatte die Buslinien mit 26 Bussen bedient, nach dem Verlust des Auftrags entließ sie 45 Busfahrer. Die neue Auftragnehmerin (Oy Liikenne) übernahm hiervon 33 Fahrer und damit alle Fahrer der alten Auftragnehmerin, die sich bei ihr für eine Weiterbeschäftigung beworben hatten. Daneben stellte sie 18 neue Busfahrer ein und bestellte zur Bewältigung des Auftrags 22 neue Busse. Fahrzeuge oder andere nennenswerte materielle Aktiva von der bisherigen Auftragsnehmerin übernahm sie nicht.

Betrachtet man andere Entscheidungen, in denen der EuGH oftmals nur allgemeine Auslegungsgrundsätze zur Richtlinie 2001/23/EG aufstellt bzw. wiederholt, muten die Ausführungen des Gerichts in der Rechtssache „Oy Liikenne" als ausgesprochen deutlich an. Der EuGH meint, die Richtlinie 2001/23/EG sei in einem Fall wie dem geschilderten nicht anwendbar, „wenn keine nennenswerten materiellen Betriebsmittel zwischen den beiden genannten Unternehmen übertragen worden sind"[402]. Der Busverkehr könne nämlich nicht als eine Tätigkeit angesehen werden, für die es im wesentlichen auf die menschliche Arbeitskraft ankomme, da er in erheblichem Umfange Material und Einrichtungen erfordere. Aus dieser Entscheidung ergibt sich, daß der EuGH - entsprechende Sachverhaltskonstellationen vorausgesetzt - dem Kriterium der materiellen Betriebsmittel durchaus eine erhebliche Bedeutung für die Wahrung der Identität einer wirtschaftlichen Einheit zumißt. Es ist daher damit zu rechnen, daß materielle Betriebsmittel in den Branchen, in denen ihnen nach herkömmlicher nationaler Rechtsprechung eine große Rolle zukommt, auch weiterhin eine große Bedeutung haben werden.

---

398 Süzen - Rn. 17, 18; vgl. auch Schmidt - Rn. 16; Merckx u. Neuhuys - Rn. 21.
399 So die Entscheidungen Ny Mølle Kro (Gaststätte); Daddy's Dance Hall (Catering, Lokalität); Redmond Stichting (Stiftung); Watson Rask (Kantinenservice); Schmidt und Süzen (Reinigungsgewerbe); Hidalgo (Haushilfedienst für Personen in Notlage); Ziemann (Bewachung); Hernandez Vidal (Reinigungsunternehmen).
400 S.o. 3. Teil B. II. 2. a).
401 EuGH vom 25.1.2001 - Rs. C-172/99, NZA 2001, 249.
402 Oy Liikenne - Rn. 44, zugleich Leitsatz.

(2) Die Zurechenbarkeit von fremden Betriebsmitteln zur wirtschaftlichen Einheit

Wie gezeigt, steht einer für die Anwendbarkeit der Richtlinie beachtlichen Übertragung von Betriebsmitteln nicht entgegen, wenn das Eigentum an den Betriebsmitteln nicht übertragen wird. Auch darüber hinaus nimmt der EuGH - anders als das BAG[403] - keine Einschränkung hinsichtlich der Übertragung von materiellen Betriebsmitteln unter dem Gesichtspunkt der Zurechenbarkeit vor. Dies ergibt sich aus der Rechtsprechung des EuGH in der Rechtssache „Abler"[404]. In der Entscheidung ging es um die Neuvergabe eines Cateringauftrags. Zwischen einem Krankenhausträger (Spitalserhalter) und der Firma Sanrest Großküchen Betriebsgesellschaft mbH bestand ein Vertrag, wonach Sanrest die Lieferung und Versorgung mit Speisen und Getränken sowie die Wirtschaftsdienste innerhalb des Spitals, bestehend aus einer kompletten Versorgung der Patienten und des Personals, übernahm. Sonderleistungen waren gesondert zu vergüten. Die Speiseproduktion hatte in den Betriebsräumen des Spitals zu erfolgen. Zu den Aufgaben von Sanrest gehörte die Erstellung der Speisepläne, der Einkauf, die Lagerhaltung, die Produktion, die Portionierung und der Transport der portionierten Mahlzeiten auf die verschiedenen Stationen des Spitals (nicht jedoch die Verteilung an die Patienten), die Ausgabe im Personalspeisesaal sowie die Reinigung des Schmutzgeschirrs und der benutzten Räume. Die Räumlichkeiten selbst sowie Wasser, Energie und das notwendige Groß- und Kleininventar wurden Sanrest vom Krankenhausträger zur Verfügung gestellt. Nachdem es zu Auseinandersetzungen mit Sanrest gekommen war, kündigte der Krankenhausträger den bestehenden Vertrag und schrieb diesen neu aus. Den Zuschlag erhielt die Firma Sodexho Catering Gesellschaft mbH. Diese übernahm von der Firma Sanrest kein bewegliches Inventar inkl. Warenlager. Ferner übernahm Sodexho auch keinerlei Kalkulationen, Menüpläne, Diätpläne, Rezepturen oder Erfahrungsberichte von Sanrest. Eine Übernahme von Arbeitnehmern fand ebenfalls nicht statt. Der EuGH ist dennoch von der Anwendbarkeit der Richtlinie 77/187/EWG ausgegangen und hat dies insbesondere wie folgt begründet[405]:

Die Verpflegung kann nicht als eine Tätigkeit angesehen werden, bei der es im wesentlichen auf die menschliche Arbeitskraft ankommt, da dafür Inventar in beträchtlichem Umfang erforderlich ist. Wie die Kommission geltend macht, wurden im Ausgangsverfahren die für die betreffende Tätigkeit unverzichtbaren Betriebsmittel – nämlich die Räumlichkeiten, Wasser, Energie und das Groß- und Kleininventar (insbesondere das zur Zubereitung der Speisen erforderliche unbewegliche Inventar und die Spülmaschinen) – von Sodexho übernommen. Außerdem ist die Situation im Ausgangsverfahren durch die ausdrückliche und unabdingbare Verpflichtung zur Zubereitung der

[403] Siehe dazu zugleich 3. Teil B. II. 2. b) bb) (2).
[404] EuGH vom 20.11.2003 – Rs. C-340/01, NZA 2003, 1385.
[405] Abler – Rn. 36.

Speisen in der Küche des Krankenhauses und folglich zur Übernahme dieser Betriebsmittel geprägt. Der Übergang der Räumlichkeiten und des vom Spital zur Verfügung gestellten Inventars, der für die Zubereitung und die Verteilung der Speisen an die Patienten unerlässlich erscheint, reicht unter diesen Umständen für die Erfüllung der Merkmale des Übergangs der wirtschaftlichen Einheit aus. Es ist außerdem klar ersichtlich, dass der neue Auftragnehmer zwangsläufig im wesentlichen die Kunden seines Vorgängers übernommen hat, da diese gebunden sind.

bb) Die nationale Arbeitsgerichtsbarkeit

(1) Die Bedeutung materieller Betriebsmittel

Das BAG verwendet den Faktor „materielle Betriebsmittel" ebenso wie der EuGH als Kriterium innerhalb der Abwägung zur Feststellung der Identitätswahrung. Dabei unterscheidet es ebenfalls zwischen einer bloßen Betriebsmittelveräußerung und dem Übergang eines Betriebs oder Betriebsteils[406]. Es entspricht und entsprach außerdem schon seit jeher der nationalen Rechtsprechung, daß es eines Eigentumsübergangs an den Betriebsmitteln nicht bedürfe, um § 613a BGB anwenden zu können, sondern daß der Übergang des Nutzungsrechtes genüge[407]. Dabei könne die Nutzungsvereinbarung beispielsweise als Pacht, Nießbrauch oder als untypischer Vertrag ausgestaltet sein.

Wie oben gezeigt[408], kam dem Kriterium der „materiellen Betriebsmittel" nach der herkömmlichen Rechtsprechung in Deutschland die dominierende Rolle bei der Prüfung des Tatbestandsmerkmals „Übergang" zu. Fraglich ist, ob dies auch weiterhin der Fall ist. Eine Untersuchung zeigt, daß das BAG dem Kriterium in seinen neueren Entscheidungen oftmals nur eine untergeordnete Rolle für die Identität der wirtschaftlichen Einheit beigemessen hat. So beispielsweise bei einem Modegeschäft[409], bei der Übertragung einer öffentlichen Verwaltung[410], bei einer Gaststätte[411], beim Übergang eines Catering-[412] und Bewachungsauftrags[413] (, weil das Gericht in diesen beiden Fällen vorhandene Betriebsmittel für der Einheit nicht zurechenbar hielt[414]). In weiteren Fällen, in denen den materiellen Betriebsmitteln aufgrund der Art der Einheit eine größere Bedeutung zukommen könnte, hat sich das BAG nicht zur Bedeutung des Kriteriums im betreffenden Fall geäußert, so beispielsweise im Fall einer Maschinen- und Apparatefabrik, in dem Grundstück,

---

[406] BAG, EzA Nr. 146 zu § 613a BGB, 284 (289); NZA 1987, 382 (384).

[407] BAG v. 11.12.1997, BB 1998, 696 (697) mwN.

[408] Siehe die Darstellung der alten Rechtsprechung des BAG zum Betriebsübergang: 3. Teil A. I. 2. a).

[409] BAG, AP zu § 613a BGB Nr. 154, 1997, 1715.

[410] BAG, ZIP 1997, 1975.

[411] BAG, EzA zu § 613a BGB, 1998, Nr. 153.

[412] BAG, BB 1998, 696.

[413] BAG, NZA 1998, 638.

[414] Siehe sogleich unter (2).

Produktionsräume, Fahrzeugpark und Produktionsmaschinen nicht durch den Erwerber übernommen worden sind[415] oder im Fall einer Bildungsstätte der beruflichen Fortbildung zu sächlichen Mitteln wie Räumen, Mobiliar, EDV, Lehrmittel pp[416]. Aus alledem läßt sich aber - ebenso wie schon bei der Betrachtung der EuGH-Rechtsprechung - nicht auf einen grundsätzlichen Kurswechsel in der Rechtsprechung des zuständigen 8. Senats schließen. Vielmehr liegen eindeutige Aussagen des Gerichts nur für Fälle aus betriebsmittelarmen Branchen (Handels- und Dienstleistungsunternehmen) vor. Für diese Fälle wurde in der nationalen Rechtsprechung schon bisher vornehmlich auf immaterielle Betriebsmittel[417] abgestellt, so daß diesbezüglich im Schrifttum von einer weitgehenden Entmaterialisierung des Betriebsbegriffes i.S.d. § 613a BGB die Rede war[418]. Da also keine Anzeichen für einen grundsätzlichen Rechtsprechungswandel bestehen, muß davon ausgegangen werden, daß das Gericht für Produktionsbetriebe den materiellen Betriebsmitteln weiterhin eine große Bedeutung zumessen wird[419].

(2) Die Zurechenbarkeit von fremden Betriebsmitteln zur wirtschaftlichen Einheit

Wie schon oben erwähnt, kommt es nicht darauf an, daß die betreffenden materiellen Betriebsmittel ins Eigentum des Erwerbers übergehen, sondern vielmehr darauf, daß dieser sie aufgrund einer mit einem Dritten getroffenen Nutzungsvereinbarung zur Erfüllung seines Betriebszweckes einsetzen kann. Darüber hinaus trifft das BAG jedoch noch eine weitere Einschränkung. In mehreren Entscheidungen hat es nämlich folgendes zur Zurechenbarkeit von fremden Betriebsmitteln ausgeführt[420]:

> Maßgebliches Unterscheidungskriterium für die Frage, ob im Eigentum des Auftraggebers stehende Arbeitsmittel Betriebsmittel des sie nutzenden Auftragnehmers sind, ist die Art der vom Auftragnehmer am Markt angebotenen Leistung. Da eine wertende Zuordnung vorzunehmen ist, ist eine typisierende Betrachtungsweise zulässig. Handelt es sich um eine Tätigkeit für die regelmäßig Maschinen, Werkzeuge, sonstige Geräte oder Räume innerhalb eigener Verfügungsmacht und aufgrund eigener Kalkulation eingesetzt werden müssen, sind auch zur Nutzung überlassene Arbeitsmittel dem Betrieb oder dem Betriebsteil des Auftragnehmers zuzurechnen. Ob diese Betriebsmittel für die Identität des Betriebes wesentlich sind, ist Gegenstand einer gesonderten Bewertung.

---

415 BAG, ZIP 1998, 344.

416 BAG, NZA 1999, 648.

417 BAG v. 22.9.1994, AP Nr. 117 zu § 613a BGB, 1995, 720 (721).

418 Willemsen, ZIP 1986, 482; Loritz, RdA 1987, 65 (70); Moll, AnwBl 1991, 282 (286); ders., RdA 1999, 233 (234).

419 So auch Müller-Glöge, NZA 1999, 449 (452); GroßkommKündR/Steffan, § 613a BGB, Rn. 25; Schiefer, NZA 1998, 1095 (1097).

420 BAG, BB 1998, 696 (697) - Catering; NZA 1998, 638 (639) – Bewachungsbetrieb; ebenso BAG v. 25.5.2000, 8 AZR 397/99 n.v.

Wird dagegen vom Auftragnehmer eine Leistung angeboten, die er an den jeweiligen Einrichtungen des Auftraggebers zu erbringen bereit ist, ohne daß er daraus einen zusätzlichen wirtschaftlichen Vorteil erzielen und ohne daß er typischerweise über Art und Umfang ihres Einsatzes bestimmen könnte, gehören diese Einrichtungen nicht zu den Betriebsmitteln des Auftragnehmers.

Folglich bleiben bestimmte materielle Betriebsmittel nach Auffassung des BAG für die Festlegung der wirtschaftlichen Einheit und insbesondere für die Abwägung, ob diese übergegangen ist, unter den genannten Umständen außer Betracht. Unter Zugrundelegung dieser Grundsätze hat das Gericht in den entschiedenen Fällen, in denen es um die Neuvergabe eines Catering- und eines Bewachungsauftrages ging, eine Zurechnung der fraglichen Betriebsmittel jeweils abgelehnt. Im Cateringfall schulde der neue Auftragnehmer die Arbeit an und mit den Mitteln der Auftraggeberin. Der Betriebszweck des Cateringunternehmens liege im Betreiben einer fremden Kantine. Im Bewachungsfall habe der neue Auftragnehmer durch die Benutzung der Sicherheitseinrichtungen der Auftraggeberin, einer Forschungsanstalt, ebenfalls keine sächlichen Betriebsmittel übernommen. Denn die komplizierten und teuren Sicherheitssysteme würden von der Auftraggeberin vorgegeben und unterhalten, der Auftragnehmer habe über Art und Ausgestaltung des Einsatzes der Sicherheitssysteme nicht bestimmen können.

cc) Stellungnahme

(1) Die Bedeutung materieller Betriebsmittel

(a) Die Bedeutung im allgemeinen

Zunächst kann festgestellt werden, daß die Sichtweisen von EuGH und BAG zum Kriterium der materiellen Betriebsmittel in Einklang miteinander stehen. Eine bloße (zusammenhanglose) Veräußerung einzelner Betriebsmittel reicht für einen Übergang nach § 613a BGB bzw. der Richtlinie 2001/23/EG nicht aus. Entsprechend dem Obersatz ist es für eine Berücksichtigung der materiellen Betriebsmittel als Kriterium des Betriebsübergangs vielmehr erforderlich, daß die Betriebsmittel als Bestandteil einer bestehenden Einheit, also in ihrem bisherigen funktionellen Zusammenhang übergehen[421].

Zudem kommt es sowohl nach Ansicht des EuGH als auch des BAG nicht darauf an, daß der (potentielle) Erwerber der wirtschaftlichen Einheit Eigentum an den materiellen Betriebsmitteln erwirbt. Vielmehr genügt es, daß dieser die faktische Nutzungsmöglichkeit hieran erlangt. Dieses entspricht ebenfalls dem aufgestellten Obersatz. Denn für eine „Identitätswahrung" kommt es nur darauf an, ob die maßgeblichen Faktoren einer Einheit in einer Hand zusammenbleiben, mithin auf die faktische Nutzungsmöglichkeit und nicht auf die Eigentumsverhältnisse.

---

[421] So auch der EuGH in Spijkers - Rn. 12, wonach ein Übergang nicht gegeben sei, solange nur die Aktiva einer Einheit veräußert würden.

Schließlich messen EuGH und BAG dem Kriterium der materiellen Betriebsmittel die gleiche Bedeutung bei. Diese hat sich durch den Einfluß der Rechtsprechung des EuGH insgesamt kaum verändert. Wie auch schon zuvor ist entscheidend, ob die materiellen Betriebsmittel von wesentlicher Bedeutung für die Erreichung des Betriebszweckes der wirtschaftlichen Einheit sind. Darin spiegelt sich der der Rechtsprechung zugrundeliegende Substratgedanke wider. Sofern dies dazu führt, daß dem Kriterium in bestimmten Branchen nur eine untergeordnete Bedeutung zukommt, ist dieses lediglich ein Ausdruck der Tatsache, daß materielle Betriebsmittel in bestimmten Branchen von nebensächlicher Bedeutung und austauschbar sind. Diese Entmaterialisierung ist kein neues Phänomen, sondern zeigte sich schon in der Entwicklung der BAG-Rechtsprechung, bevor sich diese der Linie des EuGH angeschlossen hat.

(b) Sonderfall: Ein einzelnes Betriebsmittel als übergangsfähige Einheit

Die genannten Grundsätze gelten auch für die Beantwortung der kontrovers diskutierten Frage, ob ein einzelnes Betriebsmittel einen Betrieb bzw. eine wirtschaftliche Einheit ausmachen könne. Das BAG hatte sich mit dieser Frage u.a. im Falle eines Seeschiffs[422] und eines Mietshauses[423] auseinanderzusetzen. In beiden Fällen hat es einen Betriebsübergang bejaht. So sei ein Seeschiff ein Betriebsteil gem. § 613a BGB. Hierbei handele es sich aber nicht um ein einzelnes Betriebsmittel wie eine zur Produktion eingesetzte Maschine oder ein Lastkraftwagen einer Spedition, sondern um eine Gesamtheit verschiedener Gegenstände, die mit Hilfe einer arbeitsteilig eingesetzten Gruppe von Arbeitnehmern zur Verwirklichung eines auf Dauer angelegten eigenständigen arbeitstechnischen Zweckes eingesetzt werde[424]. In dieser Entscheidung hat das BAG auch schon ausdrücklich auf die EuGH-Rechtsprechung Bezug genommen. Entscheidend ist also, ob eine abgrenzbare, organisatorische Einheit übergeht. Es kommt nicht darauf an, ob dieser nur ein oder eine Vielzahl von Betriebsmitteln zugrundeliegt.

(2) Die Zurechenbarkeit von fremden Betriebsmitteln zur wirtschaftlichen Einheit

Eine Diskrepanz zwischen der EuGH- und der BAG-Rechtsprechung zeigt sich hingegen bei der Frage der Zurechenbarkeit von fremden Betriebsmitteln zur wirtschaftlichen Einheit. Hier hat das BAG - wie gezeigt - eine Einschränkung vorgenommen. Danach sind fremde Betriebsmittel nur dann für die Feststellung eines Übergangs i.S.d. § 613a BGB heranzuziehen, wenn die Betriebsmittel aufgrund eigener Verfügungsmacht und Kalkulation des Auftragnehmers eingesetzt werden; nicht aber, wenn dieser seine Leistungen nur an fremden Arbeitsmitteln erbringt,

---

422 BAG, NZA 1998, 97.

423 BAG, AP Nr. 69 zu § 613a BGB.

424 BAG, NZA 1998, 97 (99); Schwanda, S. 38.

ohne hieraus einen darüber hinaus gehenden wirtschaftlichen Vorteil erzielen zu können. Eine derartige Einschränkung ergibt sich aus der Rechtsprechung des EuGH, insbesondere der sachlich gleich gelagerten Entscheidung vom 20.11.2003 in der Rechtssache „Abler" nicht. Der EuGH stellt hierin vielmehr gerade wesentlich auf die Übernahme der Räumlichkeiten und des Inventars ab, dass vom Auftraggeber gestellt wird, um die Anwendbarkeit der Betriebsübergangsrichtlinie zu begründen. Die Frage, ob diese Betriebsmittel für die Identität der wirtschaftlichen Einheit vielleicht gar nicht zurechenbar sein könnten, wird vom EuGH überhaupt nicht problematisiert. Das europäische Gericht verweist lediglich an anderer Stelle auf seine Rechtsprechung, daß es auf den Übergang des Eigentums an den betreffenden materiellen Betriebsmitteln nicht ankomme, um diese berücksichtigen zu können[425].

Ob das BAG an seiner Rechtsprechung zur Zurechenbarkeit materieller Betriebsmittel auch nach der zeitlich nachfolgenden) Entscheidung des EuGH aus dem Jahre 2003 festhalten wird, bleibt abzuwarten. In inhaltlicher Hinsicht ist der Einschränkung des BAG meiner Auffassung nach zuzustimmen. Sie ergibt sich allerdings nicht ohne weiteres. Denn auf den ersten Blick erscheinen Betriebsmittel wie eine Kantineneinrichtung oder eine hochtechnologisierte Sicherheitseinrichtung durchaus geeignet, zur Identität einer Catering- bzw. Bewachungseinheit beizutragen. Die Richtigkeit der vorgenommenen Einschränkung ergibt sich jedoch aus den oben herausgearbeiteten Leitlinien, nämlich dem Erfordernis einer strukturorientierten Betrachtung im Hinblick auf die Erreichung des Betriebszweckes sowie einer Betrachtung unter wirtschaftlichen Gesichtspunkten.

Analysiert man, welche Faktoren zur Erreichung des Betriebszweckes prägend sind, nach strukturorientierten Gesichtspunkten, gelangt man zu der Einschränkung, die das BAG vertritt nur dann, wenn man ein enges Verständnis des Betriebszweckes zugrundelegt[426]. In dieser Weise geht auch das BAG vor. Danach ist Betriebszweck des Cateringunternehmens nicht die Versorgung der Kantinenbesucher, hierzu würden auch die Kantineneinrichtungen benötigt, sondern nur das Betreiben der fremden Kantine[427], also die Erbringung der Arbeit an den fremden Einrichtungen. Diese sind demzufolge nicht Bestandteil der Einheit, sondern Teil der Funktion. In eine ähnliche Richtung weisen die Ausführungen von Annuß, der meint, daß in diesem Fall der Umgang mit fremden Betriebsmitteln als das *Ergebnis* und nicht als das *Mittel* eigenwirtschaftlicher Betätigung erscheint[428]. Hinsichtlich der vorgenommenen Differenzierung gilt es jedoch zu beachten: Das

[425] Abler – Rn. 41.
[426] So auch GroßkommKündR/Steffan, § 613a BGB, Rn. 24 m.w.N. aus der jüngeren BAG-Rechtsprechung.
[427] So auch das BAG, BB 1998, 696 (698).
[428] Annuß, BB 1998, 1582 (1584).

gefundene Ergebnis ergibt sich zwar bei einem engen Verständnis des Betriebszwecks; damit ist aber noch keine Begründung dafür gegeben, weshalb die dargestellte Vorgehensweise sachgerecht ist. Hierfür kann das BAG nur Allgemeinformeln wie eine gebotene „typisierende Betrachtungsweise" bzw. eine „wertende Zuordnung" anführen.
Analysiert man hingegen die vorgenommene Einschränkung unter (betriebs-) wirtschaftlichen Aspekten, läßt sich diese auch sachlich begründen. Denn erbringt ein Auftragnehmer lediglich Arbeiten an den Geräten seines Auftraggebers, ohne daß er darüber hinaus über Art und Umfang des Einsatzes verfügen kann, sind die Geräte sowohl für ihn als auch für etwaige Konkurrenten, die sich ebenfalls für den Auftrag interessieren, aus wirtschaftlicher Sicht völlig irrelevant. Der Auftragnehmer kann gegenüber seinen Konkurrenten nämlich keinen Vor- oder Nachteil im Rahmen einer Neuausschreibung des Auftrags erlangen, da die Einsatzweise der betreffenden Betriebsmittel für ihn von vornherein zwingend festgelegt ist. Es zeigt sich also, daß die betreffenden Betriebsmittel wirtschaftlich unwesentlich für die Einheit sind. Ihre Übernahme geht nicht über die Nachfolge des neuen in die Funktion des bisherigen Auftragnehmers hinaus. Besteht hingegen ein Spielraum für eine eigenständige Verfügung und Kalkulation hinsichtlich des Einsatzes von Maschinen ist dieses durchaus von wirtschaftlicher Bedeutung. Setzt ein neuer Auftragnehmer die Betriebsmittel nun gänzlich anders ein und schafft insofern eine neue, eigenständige Organisation, spricht dies als Indiz gegen eine Identitätswahrung. Er hat darauf verzichtet, eine vorhandene Einsatzweise als potentiellen Vorteil für sich zu nutzen, und hat vielmehr die Chance einer Reorganisation des Betriebsmitteleinsatzes genutzt. Setzt der neue Auftragnehmer die Betriebsmittel hingegen in der gleichen Weise ein wie der alte, obwohl auch eine andere Einsatzweise möglich gewesen wäre, so hat er keine eigenen organisatorischen Anstrengungen getroffen. Dies stellt einen Vorteil dar, der es rechtfertigt, diesen Faktor als Kriterium für eine Identitätswahrung anzusehen. In dem zuletzt geschilderten Fall ist es demnach gerechtfertigt, die Betriebsmittel als Kriterium in die Abwägung zur Identitätswahrung zu berücksichtigen.

c) Immaterielle Betriebsmittel

aa) Der EuGH

Der „Wert der immateriellen Aktiva zum Zeitpunkt des Übergangs" stellt das nächste Kriterium in der Aufzählung der Faktoren dar, die der EuGH für die Festsstellung eines Übergangs i.S.d. Richtlinie 2001/23/EG zur Verfügung stellt. Aus den Ausführungen des EuGH ergibt sich jedoch weder, welches Begriffsverständnis der Gerichtshof dem Begriff der „immateriellen Aktiva" entgegenbringt, noch zeigt sich eindeutig, welche Bedeutung er diesem Kriterium beimißt. So ist das Gericht beispielsweise in der Entscheidung „Spijkers" in keiner Weise auf die Tatsachenfeststellung des vorlegenden Gerichts eingegangen, wonach der

Goodwill (Kundschaft und Ruf) des Veräußerers keinen Wert mehr hatte, obwohl die Parteien im Rechtsstreit hierauf ausdrücklich eingegangen waren[429].

Eine bedeutsame Feststellung zum Kriterium der „immateriellen Betriebsmittel" hat der Gerichtshof jedoch nunmehr in seiner Urteilsbegründung in der Rechtssache „Oy Liikenne" getroffen. In diesem Fall hatte der Bevollmächtigte der Beklagten den wirtschaftlichen Wert des Verhältnisses zwischen dem öffentlichen Auftraggeber und dem privaten Auftragnehmer unter Hinweis darauf herausgestellt, daß es sich hierbei um einen erheblichen immateriellen Aktivposten handele. Der EuGH hat diesen Wert grundsätzlich zwar anerkannt, im Fall der Neuvergabe eines Auftrags gehe dieser Wert mit Ablauf des Verhältnisses des früheren Auftragnehmers jedoch grundsätzlich verloren, da über den Auftrag neu verhandelt werde[430]. Das Verhältnis zwischen alten Auftragnehmer und Auftraggeber als immaterieller Aktivposten bleibt also nach der Rechtsprechung des Gerichtshofes bei der Abwägung zur Identitätswahrung von vornherein außer Betracht.

bb) Die nationale Arbeitsgerichtsbarkeit

Die immateriellen Betriebsmittel sind für das BAG ebenfalls als Kriterium zur Feststellung der wirtschaftlichen Einheit von Bedeutung. Dabei lag der Rechtsprechung des Senats bisher ein weites Verständnis des Begriffs „immaterielle Betriebsmittel" zugrunde[431]. Als immaterielle Betriebsmittel hat er beispielsweise den Kundenstamm[432], Kundenlisten, die Geschäftsbeziehungen zu Dritten, das Know-How, den Goodwill sowie die Einführung des Unternehmens auf dem Markt angesehen[433]. Immaterielle Wirtschaftsgüter namentlich Know-How und Goodwill einschließlich der Kundenbeziehungen und Branchenkenntnisse könnten auch dadurch auf den Betriebserwerber übertragen werden, daß Arbeitnehmer, die diese immateriellen Werte verkörperten, zum Erwerber wechselten[434]. Zwar hat sich das BAG hierzu noch nicht ausdrücklich geäußert, es kann jedoch davon ausgegangen werden, daß diese Sichtweise der immateriellen Betriebsmittel auch noch nach der neuen Recht-

---

[429] Spijkers - Rn. 3, 8, 9.

[430] Oy Liikenne - Rn. 40 - zum entscheidungserheblichen Sachverhalt in der Rechtssache „Oy Liikenne" s.o. im 3. Teil B II. 2. b) aa).

[431] Dies wird insbesondere von Schwanda, S. 97 f., kritisiert. Das BAG gehe „sehr schnell von der Betriebsmitteleigenschaft irgendwelcher Positionen" aus, ohne genauer abzuklären, ob es sich nicht vielmehr um wirtschaftliche Werte handele, die eher der Unternehmensebene zuzuordnen seien.

[432] Das Kriterium „Übergang der Kundschaft" wird - entsprechend der Aufzählung der einzelnen Kriterien im „Spijkers"-Modell - an anderer Stelle gesondert untersucht, obwohl es sich hierbei ebenfalls um einen immateriellen Posten handelt.

[433] BAG v. 22.9.1994, AP 1995 Nr. 117 zu § 613a BGB, 720 (721) mwN.

[434] BAG v. 9.2.1994, NZA 1994, 612 (614); auf die Know-How-Rechtsprechung des BAG soll unten noch gesondert eingegangen werden: siehe dazu im 3.Teil A. I. 1. b) cc) (2).

sprechung des BAG zu § 613a BGB gilt. So hat das Gericht beispielsweise im Fall eines Modegeschäftes die Bedeutung der Lage, von Patenten und Schutzrechten sowie des Übergangs von Kundenbeziehungen[435] untersucht[436]. Hier hat das Gericht also auch solche immaterielle Kriterien zur Begriffsbestimmung herangezogen, die nicht ohne weiteres als zur arbeitsrechtlich betrieblichen Ebene zugehörig bezeichnet werden können.

Auch hinsichtlich der Bedeutung der immateriellen Betriebsmittel deutet nichts auf eine grundlegende Änderung der Rechtsprechung hin. So hat das Gericht ausgeführt, daß immaterielle Betriebsmittel im Dienstleistungsbereich von wesentlicher Bedeutung für die Feststellung der Identitätswahrung sein können[437]. Entscheidungen, in denen ein Übergang der wirtschaftlichen Einheit vorrangig auf die Übertragung immaterieller Betriebsmittel zurückzuführen war, finden sich in der Rechtsprechung des Gerichts seit Änderung seiner Rechtsprechung im Jahre 1997 aber (noch) nicht. Ein gewisser Bedeutungsverlust des Kriteriums ergibt sich zudem aufgrund der großen Bedeutung, die mittlerweile dem Arbeitnehmerkriterium beigemessen wird. Bestimmte Fallkonstellationen - insbesondere aus dem Dienstleistungssektor - in denen das BAG heute vornehmlich auf die Übernahme eines „nach Zahl und Sachkunde wesentlichen Teils der Arbeitnehmer“ abstellt, löste das Gericht vorher anhand des Kriteriums der immateriellen Betriebsmittel (, die z.T. allerdings auch schon damals durch Arbeitnehmer als Know-How-Träger repräsentiert wurden)[438].

cc) Stellungnahme

Das weite Verständnis des Begriffs der immateriellen Betriebsmittel, wie es der Rechtsprechung des Bundesarbeitsgerichts zugrunde liegt, verdient Zustimmung. Denn indem das Gericht eine Vielzahl von Positionen als immaterielle Betriebsmittel in die Abwägung einbezieht, trägt es dem für richtig erkannten Obersatz Rechnung, wonach die Identitätswahrung einer wirtschaftlichen Einheit durch eine umfassende Gesamtabwägung festzustellen ist. Insofern ist es auch unschädlich, wenn bestimmte Positionen nicht eindeutig der arbeitsrechtlich betrieblichen Ebene zugeordnet werden können. Dies entspricht dem oben herausgearbeiteten Grundsatz, wonach wirtschaftliche Aspekte für die Anwendbarkeit der Richtlinie 2001/23/EG bzw. des § 613a BGB durchaus herangezogen werden sollten[439].

---

[435] Dieses Merkmal stellt nunmehr nach der Rechtsprechung von EuGH und BAG ein eigenständiges Kriterium für die Abwägung dar.

[436] AP 1997 Nr. 154 zu § 613a BGB, 1715 (1717 f.).

[437] BAG v. 26.8.1999, NZA 2000, 371 (373).

[438] Vgl. einerseits BAG v. 29.9.1988, NZA 1989, 799 und andererseits BAG v. 22.1.1998, NZA 1999, 638; BAG v. 10.12.1998, NZA 1999, 420; BAG v. 14.5 1998, NZA 1999, 483.

[439] S.o. 3. Teil A. III. 2. c) cc); so auch Moll, RdA 1999, 233 (234), der die Ansicht äußert, das BAG stelle bereits seit längerem auf Gesichtspunkte aus dem unternehmerischen Bereich ab.

Hingegen ist der von Schwanda unternommene Versuch, nur Positionen von arbeitstechnischer Relevanz als immaterielle Betriebsmittel festzulegen und anzuerkennen, weder praktisch durchführbar[440] noch sachdienlich[441]. Das Begriffsverständnis des BAG steht schließlich auch nicht im Widerspruch zur EuGH-Rechtsprechung. Denn der Gerichtshof hat sich, wie gezeigt, noch nicht anderslautend dazu geäußert, welche Positionen für ihn als immaterielle Betriebsmittel in Frage kommen. Nicht zutreffend ist die Ansicht von Lorenz, der meint, der EuGH ziehe einen engeren Betriebsmittelbegriff heran[442]. Zur Begründung führt Lorenz den Fall „Merckx, Neuhuys“ an[443]. In diesem Fall stellt ein Unternehmen, daß sich als Ford-Vertragshändlerin im Großraum Brüssel betätigt hat, ihre Tätigkeit vollständig ein. Die Firma Ford arbeitet stattdessen mit einer anderen, bis dahin unabhängigen Vertragshändlerin zusammen. Vor diesem Hintergrund begründet Lorenz seine Ansicht damit, daß das europäische Gericht die Konzessionen zum Verkauf von Automobilen nicht als immaterielles Betriebsmittel angesehen habe. Diese Begründung ist jedoch nicht tragfähig. Lorenz' Ergebnis läßt sich der genannten Entscheidung nämlich schon inhaltlich nicht entnehmen[444]. Denn das Gericht hat die Tatsache, daß der potentielle Erwerber der Einheit die Berechtigung zum Betrieb von Fahrzeugen erlangt hat, durchaus als Kriterium anerkannt[445]. Zwar äußert der EuGH an anderer Stelle, daß der Veräußerer weder materielle noch immaterielle Betriebsmittel übertragen habe[446]. Hier gibt das Gericht aber lediglich eine klägerische Tatsachenbehauptung wieder, die nach Ansicht des Gerichts der Anwendbarkeit der Richtlinie von vornherein nicht entgegensteht[447].

Schließlich ist die Einschränkung des EuGH, wonach die Auftragsbeziehung zwischen Auftraggeber und dem ursprünglichen Auftragnehmer als immaterieller Posten für den neuen Auftragnehmer im Rahmen der Abwägung unerheblich ist, zu billigen. Es entsprach auch schon der alten Rechtsprechung des BAG zu Fällen der Auftragsnachfolge, daß der alten Kundenbeziehung keine Bedeutung für einen Übergang zukam, da sie mit Auslaufen des Auftrags weggefallen ist[448]. Dafür spricht auch, daß der neue Auftragnehmer in diesem Fall keinen Vorteil vom alten Auftragsinhaber übernommen, sondern vielmehr lediglich eine sich ihm durch die

---

440 Dies zeigen schon die gefundenen Überschneidungen zwischen arbeitsrechtlicher und Unternehmensebene in der Untersuchung Schwandas auf S. 97 ff; vgl. auch die Kritik von Annuß, NZA 1998, 70 (72).

441 Vgl. insoweit die Ausführungen zum Wirtschaftlichkeitskriterium: 3. Teil A. III 2. c) cc..

442 Lorenz, ZIP 1997, 531 (532).

443 EuGH vom 7.3.1996, Rs. C-171/94 und C-172/94, EAS Nr. 11 zur Richtlinie 77/187/EWG.

444 Siehe auch die Ausführungen weiter unten unter diesem Gliederungspunkt, wonach die Konzessionen m.E. für die Frage der Identitätswahrung außer Betracht zu bleiben haben.

445 Merckx/Neuhuys - Rn. 18.

446 Merckx/Neuhuys - Rn. 20.

447 Merckx/Neuhuys - Rn. 21.

448 BAG v. 29.9.1988, NZA 1989, 799 (802); vgl. auch Heilmann, AuR 1996, 170.

Neuvergabe des Auftrags bietende Marktchance genutzt hat. Die Auftragsbeziehung zum Auftraggeber ist dann originär entstanden. Eine andere Sichtweise würde zudem die schon getroffene Feststellung unterlaufen, daß eine bloße Funktionsnachfolge irrelevant ist. Denn die Beendigung einer Auftragsbeziehung und der Neuabschluß einer anderen mit einem anderen Auftragsnehmer findet zwangsläufig bei jeder Auftragsnachfolge statt[449].

Diese Einschränkung greift m.E. auch im Fall „Merckx, Neuhuys" ein, so daß die Tatsache, daß die neue Vertragshändlerin die Konzession zum Verkauf von Ford-Automobilen erhalten hat, die vorher die alte Vertragshändlerin innehatte, für die Frage eines Übergangs i.S.d. Richtlinie 2001/23/EG keine Berücksichtigung finden dürfte. Die Sachlage liegt hier nämlich parallel zur soeben erörterten Frage der Berücksichtigung eines Auftrags als immaterielles Betriebsmittel im Fall einer Auftragsnachfolge. Die Konzession wird durch die Firma Ford vergeben wie ein Auftrag durch einen Auftraggeber. Dabei erlischt die alte Konzession, die Firma Ford vergibt an ihre Neuvertragshändlerin eine neue, originäre Verkaufskonzession. Der Erhalt einer derartigen Verkaufskonzession ist für die neue Vertragshändlerin dabei zwar durchaus von wirtschaftlichem Vorteil, dieser ist jedoch nicht von der bisherigen Vertragshändlerin abgeleitet, sondern allein durch eigene Bemühungen von der Firma Ford erworben.

d) Die Übernahme von Personal

aa) Der EuGH

(1) Die Bedeutung im allgemeinen: Übergang eines nach Zahl und Sachkunde wesentlichen Teil des Personals

Seit der Entscheidung „Spijkers" hat der Europäische Gerichtshof wiederholt ausgeführt, daß er die „Übernahme oder Nichtübernahme der Hauptbelegschaft durch den neuen Inhaber" als eines der Kriterien ansieht, die im Rahmen der Frage, ob ein Betriebsübergang vorliegt oder nicht, zu berücksichtigen sind.[450] Die Bedeutung, die der EuGH diesem Kriterium zumaß, blieb jedoch zunächst unklar. So übernahm der Betriebserwerber in der Rechtssache „Bork" die Hälfte des zuvor beschäftigten Personals, ohne daß der EuGH dies zum Anlaß genommen hätte, sich zur Bedeutung dieses Vorgangs zu äußern. Eine Klärung brachte dann aber die Entscheidung „Ayse Süzen". Dieser Entscheidung lag folgender Sachverhalt zugrunde: Die Klägerin, Frau Süzen, war bei der Beklagten, einem Reinigungsunternehmen, beschäftigt. Dieses setzte Frau Süzen als Reinigungsfrau im Aloisiuskolleg, einer Schule, ein. Nachdem die Schule den Reinigungsauftrag gekündigt hatte, entließ die Beklagte die Klägerin sowie sieben weitere Angestellte, die alle für die Reini-

---

[449] Allerdings nicht in den Fällen des Outsourcings, in denen eine Aufgabe erstmals fremdvergeben wird.

[450] S.o. 3. Teil A. I.

gung der Schule eingesetzt waren. Anschließend erteilte das Aloisiuskolleg den Reinigungsauftrag einem anderen Reinigungsunternehmen.
Der EuGH hat in der Rechtssache „Ayse Süzen“ entschieden, daß die Richtlinie nicht anwendbar sei, sofern der geschilderte Vorgang weder mit der Übernahme relevanter Betriebsmittel noch mit der Übernahme eines wesentlichen Teils der Beschäftigten verbunden sei. Zum Arbeitnehmerkriterium führt das Gericht aus[451]:

Soweit in bestimmten Branchen, in denen es im wesentlichen auf die menschliche Arbeitskraft ankommt, eine Gesamtheit von Arbeitnehmern, die durch eine gemeinsame Tätigkeit dauerhaft verbunden sind, eine wirtschaftliche Einheit darstellt, kann eine solche Einheit ihre Identität über ihren Übergang hinaus bewahren, wenn der neue Unternehmensinhaber nicht nur die betreffende Tätigkeit weiterführt, sondern auch einen nach Zahl und Sachkunde wesentlichen Teil des Personals übernimmt, das sein Vorgänger gezielt bei dieser Tätigkeit eingesetzt hatte. Denn in diesem Fall erwirbt (...) der neue Unternehmensinhaber eine organisierte Gesamtheit von Faktoren, die ihm die Fortsetzung der Tätigkeiten oder bestimmter Tätigkeiten auf Dauer erlaubt.

Die Formel vom „nach Zahl und Sachkunde wesentlichen Teil des Personals“ ist seither ein fester und zentraler Bestandteil der Rechtsprechung des EuGH[452].

Ist somit hinsichtlich des Arbeitnehmerkriteriums der Obersatz durch den EuGH geschaffen, blieben die Bemühungen des EuGH diesen Obersatz in seinen Entscheidungen umzusetzen bisher eher im Ansatz stecken. Einen ersten Schritt hierzu stellt sicherlich die genauere Fassung der „bestimmten Branchen, in denen es im wesentlichen auf die menschliche Arbeitskraft ankommt“, dar. Dazu hat sich der EuGH jüngst wie folgt geäußert[453]:

In bestimmten Wirtschaftszweigen wie dem Reinigungs- oder Bewachungsgewerbe treten diese Betriebsmittel nämlich oft nur in ihrer einfachsten Form in Erscheinung, und es kommt dort im wesentlichen auf die menschliche Arbeitskraft an.

Der Fall „Ayse Süzen“, in dem es um eine Auftragsnachfolge im Reinigungsgewerbe ging, ist mithin ein typisches Beispiel für eine Sachverhaltskonstellation, in der dem Arbeitnehmerkriterium eine zentrale Bedeutung zukommt. Das gleiche gilt für die Entscheidung des Gerichtshofes vom 24.1.2002 in der Rechtssache „Temco“, die ebenfalls den Fall einer Auftragsübernahme im Reinigungsgewerbe betraf. Hier bestand die Besonderheit, daß der Erwerber aufgrund eines Tarifvertrags im Falle der Übertragung eines Vertrags über tägliche Instandhaltung verpflichtet war, 75 % der bisher tätigen Arbeitnehmer zu übernehmen. Den Umstand,

---

451 Ayse Süzen - Rn. 21.
452 Hidalgo - Rn. 32; Hernandez Vidal - Rn. 32; Oy Liikenne - Rn. 38; Temco – Rn. 26.
453 Hidalgo - Rn. 26; Hernandez Vidal - Rn. 27.

daß der neue Auftragnehmer Temco danach die Arbeitnehmer nicht einmal freiwillig übernommen hat, sondern hierzu sogar verpflichtet war, hält der EuGH für unerheblich für die Frage, ob eine wirtschaftliche Einheit übertragen wird[454].

In der Rechtssache „Oy Liikenne" hat der EuGH hingegen festgestellt, daß es sich beim Betrieb von Buslinien gerade nicht um eine Tätigkeit handelt, für die es im wesentlichen auf die menschliche Arbeitskraft ankommt[455]. Das Gleiche gilt nach Auffassung des EuGH für die Verpflegung der Patienten und des Personals im Falle einer Auftragsnachfolge im Cateringbereich[456]. Darüber hinaus läßt sich den Ausführungen des Gerichts - zumindest ausdrücklich - weder etwas zum Verhältnis des Kriteriums „Zahl" zum Kriterium „Sachkunde der Arbeitnehmer" entnehmen noch dazu, welcher Anteil der Beschäftigten im bestimmten Einheiten übernommen werden muß. Damit dessen Identität als gewahrt angesehen werden kann. Vielmehr überläßt das Gericht den nationalen Gerichten bewußt die Aufgabe, die gegebenen Vorgaben auszufüllen[457].

(2) Das Arbeitnehmerkriterium und Art. 4 Abs. 1 der Richtlinie 2001/23/EG

In der Rechtssache „Merckx, Neuhuys" hat der EuGH einen Zusammenhang zwischen dem Arbeitnehmerkriterium und Art. 4 Abs. 1 der Richtlinie 77/187/EWG (nunmehr Art. 4 Abs. 1 der Richtlinie 2001/23/EG) festgestellt. In diesem Fall hielten die Kläger die europäische Richtlinie deshalb für nicht einschlägig, weil der größere Teil der Belegschaft (50 von 64 Arbeitnehmern) anläßlich der Übertragung einer Vertriebsberechtigung zum Verkauf von Automobilen auf eine andere Firma entlassen worden war[458]. Der EuGH hat in seiner Entscheidung zunächst Aspekte des Falles angeführt, die den Schluß zuließen, daß der Geltungsbereich der Richtlinie eröffnet sei[459]. Allerdings bleibe es zu prüfen, ob nicht bestimmte von den Klägern angeführte Umstände dieser Feststellung entgegenstünden[460]. Hiernach tritt das Gericht der oben genannten klägerischen Rechtsansicht mit folgender Begründung entgegen[461]:

Gemäß Art. 4 Abs. 1 der Richtlinie stellt der Übergang eines Unternehmens, Betriebs oder Betriebsteiles als solcher keinen Kündigungsgrund dar. Diese Bestimmung steht jedoch

[454] Temco – Rn. 27.

[455] Oy Liikenne - Rn. 39.

[456] Abler – Rn. 36 f.

[457] Vgl. Ayse Süzen (Rn. 22), wonach es Aufgabe des vorlegenden Gerichts ist, anhand der vom EuGH vorgegebenen Auslegungspunkte festzustellen, ob ein Übergang stattgefunden hat.

[458] Zum entscheidungserheblichen Sachverhalt in der Rechtssache Merckx, Neuhuys s.o. 3. Teil B. II. 2. c) cc).

[459] Merckx/Neuhuys - Rn. 18.

[460] Merckx/Neuhuys - Rn. 19.

[461] Merckx/Neuhuys - Rn. 25 f.; so auch die Argumentation in den Schlußanträgen des Generalanwalts Lenz zur Entscheidung Merckx/Neuhuys, Rn. 21.

etwaigen Kündigungen aus wirtschaftlichen, technischen oder organisatorischen Gründen, die Änderungen im Bereich der Beschäftigung mit sich bringen, nicht entgegen.
Der Umstand, dass der größere Teil der Belegschaft im Zusammenhang mit der Übertragung entlassen wurde, genügt daher nicht, um die Anwendung der Richtlinie auszuschließen. Denn zum einen gab es für diese Kündigungen möglicherweise wirtschaftliche, technische oder organisatorische Gründe im Sinne von Art. 4 Abs. 1 der Richtlinie. Zum anderen würde jedenfalls auch ein Verstoß gegen diese Bestimmung das Vorliegen eines Übergangs im Sinne der Richtlinie nicht in Frage stellen.

(3) Die Bedeutung eines Weiterbeschäftigungsangebots

Weiterhin hat der EuGH sowohl in der Rechtssache „Stichting" als auch in der Rechtssache „Christel Schmidt" den Umstand herausgestellt, daß der potentielle Erwerber der Einheit den Arbeitnehmern des Veräußerers angeboten hat, sie zu übernehmen. Im Fall „Stichting" bewertete das Gericht diese Tatsache als einen unter mehreren Faktoren, „die von großer, wenn nicht ausschlaggebener Bedeutung" für die Feststellung eines Übergangs seien[462]. Im Fall „Christel Schmidt" komme durch das Angebot zur Weiterbeschäftigung der einzigen Arbeitnehmerin die Gleichartigkeit der vor und nach der Übertragung ausgeführten Reinigungsaufgaben zum Ausdruck[463].
Allerdings hat der EuGH eine etwaige Bedeutung eines Übernahmeangebots in seinen neueren Entscheidungen, insbesondere nach der Konkretisierung seiner Rechtsprechung in der „Ayse Süzen"-Entscheidung, nicht mehr erwähnt[464].

bb) Die nationale Arbeitsgerichtsbarkeit

Wie bereits an anderer Stelle dargestellt[465], hat das BAG in seiner früheren Rechtsprechung angenommen, der Übergang der Arbeitsverhältnisse sei Rechtsfolge und nicht Tatbestandsvoraussetzung des § 613a BGB (Konfusionsargument). Für das Vorliegen eines Betriebsübergangs sei es daher nicht rechtserheblich, ob ein Übergang der Arbeitsverhältnisse stattgefunden habe. In späteren Entscheidungen hat das BAG dann die Ansicht vertreten, daß jedenfalls bei Übernahme der Know-How-Träger ein durch diese repräsentiertes immaterielles Betriebsmittel übergegangen sein könne[466]. An der geschilderten Sichtweise hat das BAG auch noch lange Zeit festgehalten, nachdem der EuGH seit der „Spijkers"-Entscheidung in ständiger Rechtsprechung die „Übernahme oder Nichtübernahme der Hauptbelegschaft durch den neuen Inhaber" als Kriterium zur Feststellung

[462] Stichting - Rn. 25 f.
[463] Christel Schmidt - Rn. 17.
[464] Vgl. ErfK/Preis, § 613a BGB, Rn. 30, der die EuGH-Rechtsprechung dahingehend interpretiert, daß ein Betriebsübergang vorliegt, wenn das neue (Fremd-)Unternehmen einem wesentlichen Teil der Arbeitnehmer ein Übernahmeangebot unterbreitet.
[465] S.o. 3. Teil A. II. 1.
[466] BAG v. 9.2.1994, BAGE 75, 367 = AP Nr. 104 zu § 613a BGB.

eines Betriebsübergangs angesehen hat. Erst nachdem das europäische Gericht das Arbeitnehmerkriterium in der „Ayse Süzen"-Entscheidung konkretisiert hat, hat das BAG die soweit ersichtlich erste Möglichkeit genutzt, um sich der vom EuGH vertretenen Interpretation anzuschließen[467]. Danach nimmt nunmehr auch das BAG an, daß die Übernahme von Personal für die Feststellung eines Übergangs nach § 613a BGB von Bedeutung ist und überprüft die jeweiligen Fallgestaltungen daraufhin, ob der Erwerber einen „nach Zahl und Sachkunde wesentlichen Teil des Personals" übernommen hat.

Mittlerweile hat das BAG die Formel des „nach Zahl und Sachkunden wesentlichen Teils des Personals" sogar noch weiterentwickelt und inhaltlich ausgefüllt. Die Bedeutung der Arbeitnehmerübernahme prüft das Gericht demzufolge anhand folgender Grundsätze[468]:

In Branchen, in denen es im wesentlichen auf die menschliche Arbeitskraft ankommt, kann eine Gesamtheit von Arbeitnehmern, die durch eine gemeinsame Tätigkeit dauerhaft verbunden ist, eine wirtschaftliche Einheit darstellen. Die Wahrung ihrer Identität ist anzunehmen, wenn der neue Betriebsinhaber nicht nur die betreffende Tätigkeit weiterführt, sondern auch einen nach Zahl und Sachkunde wesentlichen Teil des Personals übernimmt, das sein Vorgänger gezielt bei dieser Tätigkeit eingesetzt hatte. (...) Es hängt von der Struktur eines Betriebes oder Betriebsteiles ab, welcher nach Zahl und Sachkunde zu bestimmende Teil der Belegschaft übernommen werden muß, um von der Übernahme einer bestehenden Arbeitsorganisation ausgehen zu können. Haben die Arbeitnehmer einen geringen Qualifikationsgrad, muß eine hohe Anzahl von ihnen weiterbeschäftigt werden, um auf einen Fortbestand der vom Konkurrenten geschaffenen Arbeitsorganisation schließen zu können. Ist ein Betrieb stärker durch das Spezialwissen und die Qualifikation der Arbeitnehmer geprägt, kann neben anderen Kriterien ausreichen, daß wegen ihrer Sachkunde wesentliche Teile der Belegschaft übernommen werden.

Das BAG geht also folgendermaßen vor: Zunächst stellt es fest, ob eine Einheit gegeben ist, in der die menschliche Arbeitskraft für die Identität der Einheit überhaupt von Bedeutung ist. In den Entscheidungen des Gerichts zeigt sich aber, daß es das Kriterium „Übernahme von Personal" in annähernd allen Entscheidungen seit der Kehrtwende in seiner Rechtsprechung anspricht[469], darunter auch bei typischen Produktionseinheiten wie einer Maschinen- und Apparatebaufirma[470].

---

[467] AP Nr. 154 zu § 613a BGB, 1715 (1717 f.); vgl. Willemsen/Annuß, Anm. zum BAG-Beschluß v. 17.7.1997, DB 1997 1875 (1876).

[468] BAG, NZA 1998, 540; NZA 1999, 420 (421); NZA 1999, 649 (649); NZA 1999, 704 (706 f.).

[469] BAG, AP Nr. 154 zu § 613a BGB, 1715 (1717f.) - Personal bei Modegeschäft; ZIP 1997, 1975 (1977) - Bürgermeister bei öffentlicher Verwaltung; EzA Nr. 153 zu § 613a BGB - Koch und restliches Personal einer Gaststätte; ZIP 1998, 344 (345) - Führungskräfte bei Maschinen- und Apparatebaufabrik; BB 1998, 319 (320) - Arbeitnmehmer bei Reingungsfirma usw.

[470] ZIP 1998, 344 (345) - Führungskräfte bei Maschinen- und Apparatebaufabrik.

Bei der Ausfüllung des Begriffs „nach Zahl und Sachkunde wesentlich" stellt das Gericht wiederum auf die Struktur der betreffenden Einheit ab. Sind die betroffenen Arbeitnehmer nur gering qualifiziert, so verlangt das BAG die Übernahme einer hohen Anzahl, um von einem Übergang der Einheit ausgehen zu können. Dies begründet es folgendermaßen: Genüge für eine auf dem Markt angebotene Dienstleistung ein geringer Qualifikationsgrad der Arbeitnehmer und seien diese leicht austauschbar, komme deren Know-How keine entscheidende Bedeutung für die Identität der wirtschaftlichen Einheit zu. Solche Tätigkeitsbereiche seien vielmehr geprägt von ihrer Arbeitsorganisation, der sich daraus ergebenen Aufgabenzuweisung an den einzelnen Arbeitnehmer und dem in der Organisationsstruktur verkörperten Erfahrungswissen. Die Identität einer solchen wirtschaftlichen Einheit werde gewahrt, wenn der neue Auftragnehmer die Arbeitnehmer an ihren alten Arbeitsplätzen mit unveränderten Aufgaben weiterbeschäftige[471]. Als ausreichend für die Annahme eines Übergangs hat das BAG die Übernahme von 75 von ursprünglich 87 Reinigungskräften angesehen[472]. Bei der Neuvergabe eines Catering-Vertrages genüge es, wenn 60 der ursprünglich 70 Beschäftigten (85 %) übernommen würden. In diesem Fall bestand zudem die Besonderheit, daß u.a. auch eine Vorarbeiterin mit übernommen wurde. Nach Ansicht des BAG kenne diese die geschaffenen Strukturen und könne eine Personalreduzierung von 15 % abfangen[473]. Dagegen hat das BAG es als nicht ausreichend angesehen, daß sechs der ehemals acht Arbeitnehmer (75 %) eines Hol- und Bringdienstes eines Krankenhauses weiterbeschäftigt wurden. Bei derartigen Arbeitsplätzen, die keine hohen Anforderungen an die Qualifikation des Personals stellten, genüge ein Anteil von 75 % der bisher Beschäftigten nicht, um die Übernahme der Hauptbelegschaft feststellen zu können, zumal im betreffenden Fall die bestehende Arbeitsorganisation nicht aufrecht erhalten worden sei[474]. Im Fall der Neuvergabe eines Bewachungsauftrages sei die Übernahme von 22 der ehemals beschäftigten 36 Arbeitnehmer ebenfalls nicht ausreichend, sofern es sich um einfache Tätigkeiten handele[475].

Für den Fall, daß eine Einheit stärker durch das Spezialwissen und die Qualifikation einzelner Arbeitnehmer geprägt sei, könne es hingegen neben anderen Kriterien ausreichen, daß wegen ihrer Sachkunde wesentliche Teile der Belegschaft übernommen würden. Insofern könne im letztgenannten Fall die Übernahme von

---

[471] BAG, BB 1998, 698 (699).

[472] BAG, BB 1998, 319 (320).

[473] BAG, BB 1998, 698 (699); grundsätzlich a.A. wohl der EuGH in der Rs. C-340/01 (Abler), NZA 2003, 1385 – Rn. 36 f., wonach die Verpflegung (hier: Catering) nicht als Tätigkeit angesehen werden könne, bei der es im wesentlichen auf die menschliche Arbeitskraft ankomme, da dafür Inventar in beträchtlichem Umfang erforderlich sei.

[474] BAG, NZA 1999, 420 (421 f.).

[475] BAG, NZA 1999, 483 (485).

22 der ehemals 36 beschäftigten Arbeitnehmer ausreichen, sofern es sich bei der konkreten Bewachungstätigkeit (eines Forschungszentrums) um eine qualifizierte und spezialisierte handele. Dann könnten die 22 übernommenen Beschäftigten gleichfalls das „Gerüst" der Belegschaft darstellen. Im Fall einer Druckerei hat das BAG in der Weiterbeschäftigung von zwölf qualifizierten Arbeitnehmern (zwei Geschäftsführer sowie zehn Facharbeiter) die Übernahme einer organisierten Hauptbelegschaft erblickt[476], für ein Restaurant sei der Koch als Know-How-Träger[477] und für eine Bildungsstätte der beruflichen Fortbildung die Dozenten angesichts ihres Qualifikationsgrades von herausgehobener Bedeutung[478]. Hingegen genüge im Fall eines Tief- und Rohrleitungsbauunternehmens selbst die Weiterbeschäftigung der Hälfte der Bauleiter und Poliere nicht, soweit beim alten Unternehmen noch eine arbeitsfähige betriebliche Organisation weiterbestanden habe[479].

cc) Stellungnahme

(1) Die Berücksichtigung einer Übernahme des Personals auf Tatbestandsebene

Die Tatsache, daß nunmehr auch die deutsche Arbeitsgerichtsbarkeit dem Kriterium „Übernahme des Personals" Bedeutung auf der Tatbestandsebene zumißt, muß ausdrücklich begrüßt werden, und zwar nicht nur aus Gründen einer gebotenen Rechtsvereinheitlichung mit der europäischen Rechtsprechung, sondern auch aus sachlichen Gründen. Zwar deutete sich die Abkehr des BAG von seiner alten Rechtsprechung schon in der dargestellten Know-How-Träger-Rechtsprechung an[480]. Dennoch erscheint es beachtenswert, daß das BAG mit der Entscheidung vom 22.5.1997 die Rechtsprechung des EuGH sofort vollständig und insbesondere gänzlich ohne eigene sachliche Begründung übernommen hat[481].
Dies ändert jedoch nichts an der Tatsache, daß der nunmehr praktizierten Berücksichtigung einer Personalübernahme als Kriterium des Betriebsübergangs inhaltlich vollauf zugestimmt werden kann. Denn, wie noch zu zeigen sein wird, ist zum einen eine ausschließliche Berücksichtigung der Arbeitnehmer auf Rechtsfolgenseite (Konfusionsargument) inhaltlich nicht zwingend geboten, zum anderen erscheint die Berücksichtigung einer Übernahme von Arbeitsnehmern für eine

---

[476] BAG, NZA 1999, 706 (707).
[477] BAG, EzA Nr. 153 zu § 613a BGB, S. 6.
[478] BAG, NZA 1999, 648 (650).
[479] BAG, NZA 2000, 1180 (1183).
[480] So auch Willemsen/Annuß, Anm. zum BAG-Beschluß v. 17.7.1997, DB 1997, 1875 (1876).
[481] BAG, AP Nr. 154 zu § 613a BGB, 1715 (1717 f.): Das BAG gibt als einzigen Grund für die Änderung seiner Rechtsprechung an, daß es der Rechtsprechung des EuGH, der zum wiederholten Male die Bedeutung der Belegschaft für die Annahme einer Einheit i.S.d. Richtlinie betont habe, Rechnung zu tragen habe.

angemessene Lösung der Übergangsproblematik des § 613a BGB und der Richtlinie 2001/23/EG auch sachgerecht.

Zunächst ist also darzulegen, daß weder die Fassung des § 613a BGB noch die der Richtlinie einer Berücksichtigung der Arbeitnehmer auf Tatbestandsseite entgegensteht. Dabei scheint das Konfusionsargument auf den ersten Blick einleuchtend. § 613a BGB ordnet den Übergang der Arbeitsverhältnisse gesetzlich an, wenn ein Betriebs- oder Betriebsteilübergang vorliegt. Der Übergang der Arbeitsverhältnisse ist folglich schon Rechtsfolge der Norm und kann deshalb nicht Gegenstand der Tatbestandsvoraussetzung „Betrieb oder Betriebsteil" sein[482]. Diese Sichtweise wäre aber nur dann zwingend, sofern man die Übernahme der Beschäftigten als notwendige Bedingung eines Übergangs ansehen wollte. In diesem Fall wäre der auf Rechtsfolgenseite durch die Anordnung des Übergangs der Arbeitsverhältnisse verfolgte Arbeitnehmerschutz überflüssig, da die Arbeitnehmer ja sowieso schon vom Erwerber übernommen worden wären. Der Arbeitnehmerschutz würde sich nur insofern auswirken, als § 613a BGB darüber hinaus noch weitere Rechtsfolgeanordnungen - wie z.B. die Weiterbeschäftigung zu den bisherigen Arbeitskonditionen - trifft. Hier soll der Übernahme des Personals aber nur die Bedeutung eines Kriteriums unter mehreren zur Feststellung der Identitätswahrung einer wirtschaftlichen Einheit zukommen. Insofern kann es in der Tat angehen, daß ein Übergang i.E. bejaht wird, weil (auf Tatbestandsseite) ein organisatorisch verbundener Teil einer Belegschaft im Sinne einer Einheit übergeht. Aber selbst in diesem Fall liegt keine Konfusion zwischen Tatbestands- und Rechtsfolgenseite vor. Auf Tatbestandsseite kommt es darauf an, ob eine organisatorisch verbundene Einheit i.S.e. „Teams" übergeht, hingegen zielt die Rechtsfolgenseite nur auf die einzelnen, miteinander in keinem Zusammenhang stehenden Arbeitsverhältnisse ab[483]. Die Übernahme einer Einheit kann beispielsweise auch dann gegeben sein, wenn nur 75 % der bisherigen Arbeitnehmer vom Erwerber übernommen werden, in diesem Fall ist die Rechtsfolgenanordnung für die weiteren 25 % der bisher Beschäftigten offensichtlich von Bedeutung.

Problematischer, wenn auch im Ergebnis ebenfalls nicht zutreffend, erscheint der Einwand, für eine angemessene Lösung der Betriebsübergangsproblematik sei es nicht sachgerecht, die Übernahme von Arbeitnehmern auf Tatbestandsebene zu berücksichtigen. Kritisiert wird, dies sei unter dem Gesichtpunkt des Arbeitnehmerschutzes, also des Normzweckes sowohl des § 613a BGB als auch der Richtlinie 2001/23/EG, bedenklich. Denn mit der Anerkennung der Übernahme von Personal

---

[482] BAG v. 22.5.1985, AP Nr.42 zu § 613a BGB = NZA 1985, 775; BAG v. 16.10.1987, AP Nr.69 zu § 613a BGB = DB 1988, 712; BAG v. 14.7.1994, EzA Nr. 122 zu § 613a BGB = NZA 1995, 27.

[483] So auch Annuß, BB 1998, 1582 (1583); Pietzko, S. 39 f; Schwanda, S. 123 ff.

als - möglicherweise sogar alleiniges[484] - Tatbestandsmerkmal werde die Anwendbarkeit der beiden Normen in das Belieben des Betriebserwerbers gestellt[485]. In der Praxis werde dies dazu führen, daß Neuauftragnehmer kein Personal mehr übernehmen würden. Gerade in Branchen, in denen es im wesentlichen auf die menschliche Arbeitskraft ankomme, bewirke § 613a BGB - so wie er von der Rechtsprechung nunmehr verstanden wird - deshalb das Gegenteil von dem, was die Vorschrift ursprünglich habe erreichen sollen[486].

Die vorstehende Kritik ist m.E. im Ergebnis unberechtigt. Sie verkennt, daß es nach der Rechtsprechung eben nicht nur auf die Übernahme des Personals als Tatbestandsvoraussetzung ankommt, sondern daß eine Gesamtabwägung anhand vielfältiger Faktoren durchzuführen ist. Insofern steht es in Einheiten, in denen z.B. bedeutsame materielle und immaterielle Betriebsmittel vorhanden sind, nicht im Belieben des Erwerbers durch die bloße Nichtübernahme der Belegschaft die Rechtsfolgen des § 613a BGB zu umgehen. Die Fälle, in denen aufgrund der Gesamtbetrachtung eine Organisation unabhängig von den Arbeitnehmern übertragen wird, bleiben in ihrem Anwendungsbereich somit unberührt[487]. Insbesondere bei betriebsmittelarmen Einheiten wie Reinigungsfirmen gilt es hingegen zu beachten, daß der wirtschaftliche Wert einer Einheit vornehmlich in der organisierten Belegschaft besteht. Hier hat ein potentieller Erwerber folgende Möglichkeiten: Übernimmt er die Arbeitnehmer und damit eine betriebswirtschaftlich interessante Einheit, ist es gerechtfertigt, daß er für diesen Vorteil auch die Rechtsfolgen des § 613a BGB zu tragen hat. Entscheidet er sich gegen die Übernahme der Belegschaft und erhält daher keinen wirtschaftlich interessanten Vorteil, spricht auch nichts dafür, ihm dennoch die Arbeitsverhältnisse als Rechtsfolge des § 613a BGB aufzubürden[488]. Entscheidend ist hierbei, ob Anzahl, Organisationsgrad und Qualifikation der übernommenen Arbeitnehmer objektiv die Rechtsfolgen des § 613a BGB aufwiegt. Insofern kann es – wie vom EuGH in der Rechtssache Temco entschieden – auch keinen Unterschied machen, daß der Erwerber die Arbeitnehmer gegebenenfalls nicht freiwillig übernimmt[489]. Bei der Übernahme nur eines Teils der Belegschaft wird im Rahmen der gebotenen Abwägung entscheidend sein, ob

---

[484] Lorenz, ZIP 1997, 531 (533).
[485] Lorenz, ZIP 1997, 531 (533); Edenfeld, AuA 1998, 161 (165); Gaul, ZTR 1998, 1 (6); ErfK/Preis, § 613a BGB, Rn. 39; Hanau, ZIP 1994, 1039; GroßkommKündR/Steffan, § 613a BGB, Rn. 48; Steffan, Anm. zu Ayse Süzen, EAS zur RL 77/187/EWG, Art. 1 Nr. 13, S. 19; Henssler NZA 1994, 913 (916); Pietzko, S. 22 „einfache Möglichkeit zur Umgehung des § 613a BGB".
[486] Edenfeld, AuA 1998, 161 (165); Trittin, Arbeitsrecht im Betrieb 1998, 374 (379) – „der Schutzzweck des § 613a BGB droht in sein Gegenteil umzuschlagen".
[487] Moll, RdA 1999, 233 (237).
[488] So auch Thüsing, Anm. zu Ayse Süzen, SAE 1997, 274 (279).
[489] Vgl. Thüsing, Anm. zu Temco, BB 2002, 467.

Anzahl und Sachkunde der übernommenen Arbeitnehmer ausreichend sind, um den neuen Auftragnehmer ohne weitere organisatorische Anstrengungen und ohne erheblichen Einsatz von eigenem Personal die Fortsetzung der bisherigen Tätigkeit zu ermöglichen[490], so daß eine die Rechtsfolgen des § 613a BGB rechtfertigende Einheit vorliegt.

Die Kritiker des Arbeitnehmerkriteriums verkennen weiterhin, daß es zur Berücksichtigung der Übernahme von Personal gerade in betriebsmittelarmen Branchen, in denen häufig keine wesentlichen sächlichen und auch immateriellen Aktiva vorhanden sind, keine sachgerechte Alternative gibt, sofern man nicht die bloße Funktionsnachfolge als Betriebsübergang ansehen will[491]. Wenig sachgerecht wäre es nämlich, die Rechtsfolgen des § 613a BGB im Extremfall davon abhängig machen zu wollen, daß der Neuauftragnehmer eines Reinigungsauftrages Eimer, Putzlappen und ähnliche Betriebsmittel von seinem Vorgänger übernimmt.

Aus den gleichen Erwägungen ist auch die Kritik unangebracht, wonach nach der neuen Rechtsprechung ein Arbeitnehmer einem Betriebsübergang nicht mehr widersprechen könne, sondern dadurch, daß er den Übergang seines Arbeitsverhältnisses ablehne, die Rechtswirkungen eines Betriebsübergangs möglicherweise generell ausschließen würde[492]. Die Rechtswirkungen eines Betriebsübergangs können nicht durch den Widerspruch eines einzelnen Arbeitnehmers ausgeschlossen werden, sondern nur, wenn so viele Arbeitnehmer einem Übergang ihrer Arbeitsverhältnisse widersprechen, daß schlechthin nicht mehr vom Übergang einer wirtschaftlichen Einheit gesprochen werden kann. In diesem Fall erscheint es dann in der Tat sachlich auch nicht gerechtfertigt, einen die Rechtsfolgen des § 613a BGB auslösenden Übergang anzunehmen.

(2) Die Übernahme eines „nach Zahl und Sachkunde wesentlichen Teil des Personals“

Die Rechtsprechung von BAG und EuGH zur erforderlichen „Übernahme eines nach Zahl und Sachkunde wesentlichen Teil des Personals“ verdient Zustimmung. Es erscheint insbesondere richtig, wenn das BAG für das Kriterium „nach Zahl (...) wesentlich“ die Übernahme eines hohen Prozentsatzes der Arbeitnehmerschaft einer Einheit verlangt, für das Kriterium „nach (...) Sachkunde wesentlich“ hingegen vornehmlich auf das konkret vorhandene Fachwissen abstellt und tendenziell einen niedrigeren Prozentsatz übernommenen Personals genügen läßt. Diese Betrachtungsweise entspricht den o.g. Leitlinien. Für einen Arbeitgeber ist sowohl die Übernahme von Führungskräften, die mit ihrem Know-how für eine

---

490 Vgl. Brößke, BB 1997, 1412.

491 So auch Schwanda, S. 117; Moll, RdA 1999, 233 (237).

492 Lorenz, ZIP 1997, 531 (533).

Kontinuität der bisherigen Einheit stehen, als auch die Übernahme einer hohen Anzahl gering qualifizierter Arbeitnehmer, die ihre bisherige Tätigkeit unverändert fortführen können, in betriebswirtschaftlicher Hinsicht und für die Erreichung des Betriebszweckes von besonderem Interesse. Daher bedeutet „Zahl und Sachkunde“ auch nicht, daß unbedingt beide Kriterien kumulativ vorliegen müssen. In der geschilderten Weise wird die Bedeutung einer Übernahme von Personal auch in der Rechtsprechung selbst begründet. Denn nach Ansicht von BAG und EuGH spricht die Übernahme von Arbeitnehmern für einen Betriebsübergang, weil diese in der Lage sind, den Neuauftrag wie bisher durchzuführen[493], mit anderen Worten den Betriebszweck in identischer Weise zu erreichen.

In diesem Zusammenhang ist allerdings wiederum zu beachten, daß nicht eine bloße Übernahme von Personal festgestellt werden darf, sondern das dieses Kriterium nur dann ein gewichtiges Indiz für die Identitätswahrung einer wirtschaftlichen Einheit darstellt, wenn der neue Arbeitgeber auch die bisher bestehende Organisation im wesentlichen beibehält und sich zunutze macht[494]. So hat das BAG festgestellt, daß ein Betriebsübergang selbst dann nicht vorliegen müsse, wenn der Erwerber eines Zementwerkes 100 % der Beschäftigten seines Vorgängers einstelle, diese aber auf anderen Arbeitsplätzen an anderen Maschinen einsetze, mithin die ursprünglich bestehende Organisation nicht übernehme[495]. Die Richtigkeit dieser Feststellung ergibt sich schon daraus, daß in diesem Fall schon bildlich nicht vom Bestehenbleiben der alten ursprünglichen Einheit, also einer Identitätswahrung gesprochen werden kann. Vielmehr schafft der Erwerber in diesem Fall eine Einheit originär neu oder fügt die Arbeitnehmer in eine schon bei ihm bestehende Einheit ein. Das wirtschaftliche Interesse des Erwerbers i.S.d. § 613a BGB besteht nicht nur darin, neues Personal zu erhalten. Das bloße Abwerben löst genauso wie die bloße Betriebsmittelveräußerung keinen Betriebsübergang aus. Vielmehr kommt es darauf an, ob der Erwerber eigene organisatorische Anstrengungen vermeiden kann, mithin eine wirtschaftlichen Einheit nicht erst selbst erschaffen muß[496].

(3) Die Bedeutung des Art. 4 Abs. 1 der Richtlinie 2001/23/EG im Rahmen des Arbeitnehmerkriteriums

Der Argumentation des EuGH, wonach die Übernahme von 14 von ursprünglich 64 Arbeitnehmern in der Rechtssache „Merckx, Neuhuys“ der Anwendbarkeit der Richtlinie nicht entgegenstehe, kann hingegen nicht gefolgt werden. Denn der Verweis auf Art. 4 Abs. 1 der Richtlinie durch den EuGH und Generalanwalt Lenz

---

[493] BAG v. 13.11.1997, BB 1998, 319 (320); EuGH, Ayse Süzen - Rn. 21.

[494] So auch Müller-Glöge, NZA 1999, 449 (451); Willemsen/Annuß, Anm. zum BAG-Beschluß v. 17.7.1997, DB 1997 1875 (1876).

[495] BAG v. 3.11.1998 - 3 AZR 484/1997.

[496] Franzen, Anm. zu BAG vom 22.5.1997, AP Nr. 154 zu § 613a BGB, S. 628.

stellt eine unzulässige Vermengung von Tatbestand und Rechtsfolgen der europäischen Richtlinie dar. Für den hier zu erörternden Tatbestand kommt es allein auf die tatsächliche Identitätswahrung der Einheit an. Art. 4 der Richtlinie 2001/23/EG spielt hingegen ausschließlich auf Rechtsfolgenseite eine Rolle. Zwar sind Fälle denkbar, in denen Arbeitnehmer vom (potentiellen) Veräußerer der Einheit etwa wegen einer Betriebsstillegung[497] oder im Rahmen einer Sanierung[498] gekündigt wird. Diese Kündigungen sind dann als „wirtschaftliche, technische oder organisatorische" Kündigungen mit Art. 4 der Richtlinie vereinbar, haben aber auf die Frage der Identitätswahrung keinen unmittelbaren Einfluß. Denn im Falle einer Betriebsstillegung gilt es diese vom Betriebsübergang abzugrenzen, dazu ist das Kriterium Übernahme des Personals von zentraler Bedeutung. Im Falle einer Betriebssanierung ist für die Prüfung der Identitätswahrung auf die sanierte Einheit abzustellen, deren Identität muß erhalten bleiben.
Im übrigen ist schon fraglich, ob der EuGH die Entscheidung „Merckx, Neuhuys" heute überhaupt noch einmal in der gleichen Weise treffen würde. Zweifel hieran ergeben sich aus der Tatsache, daß in der Entscheidung der (bloßen) Tätigkeit als Vertriebshändlerin vom EuGH eine zentrale Rolle beigemessen wurde[499]. Das Urteil weist damit erhebliche Ähnlichkeiten mit der Entscheidung „Christel Schmidt" auf[500], von der das Gericht mittlerweile zumindest inhaltlich weitgehend abgerückt ist.

(4) Zur Bedeutung eines Weiterbeschäftigungsangebots an die Arbeitnehmer

Entgegen der vom EuGH in den Entscheidungen „Stichting" und „Christel Schmidt" geäußerten Ansicht, kommt dem bloßen Angebot des (potentiellen) Erwerbers an die Arbeitnehmer, sie weiterzubeschäftigen, keine Bedeutung zu[501]. Denn ein derartiges Angebot kann höchstens ein Indiz für einen bestehenden Willen des Erwerbers darstellen, eine Einheit zu übernehmen. Entscheidend ist aber

---

[497] Zum Problemkreis Stillegung und anschließende Betriebsübernahme vgl. etwa ErfK/Preis, § 613a BGB, Rn. 108 ff.

[498] Zum Problemkreis der sanierenden Betriebsübernahmen vgl. ErfK/Preis, § 613a BGB, Rn 156 ff.

[499] Merckx/Neuhuys - Rn. 18 ff.

[500] Willemsen, Anmerkung zu Merckx, Neuhuys, EAS Nr. 11 zu § 613a BGB, 19 (24), nennt das Urteil sogar eine „geradezu dramatische Verschlimmerung der „Christel Schmidt"-Entscheidung"; insofern unzutreffend Buchner, NZA 1997, 408, wonach der EuGH schon in der „Merckx, Neuhuys"-Entscheidung erkennen ließ, daß er nicht an der problematischen „Christel Schmidt"-Entscheidung festhalten wolle.

[501] So auch MünchHbArbR/Wank, § 124, Rn. 50; Thüsing, Anm. zu Ayse Süzen, SAE 1997, 274 (280); Baeck/Lingemann, NJW 1997, 2492 (2494); unentschieden hingegen Steffan, Anm. zu Ayse Süzen, EAS Nr. 13 zu Art. 1 RL 77/187/EWG.

die tatsächliche Wahrung der Identität[502]. Hierfür spricht es, wenn der neue Arbeitgeber zahlreiche Arbeitnehmer tatsächlich weiterbeschäftigt; hiergegen spricht es aber, wenn trotz des Weiterbeschäftigungsangebotes durch den potentiellen Erwerber die Arbeitnehmer zum größten Teil auf eine Weiterbeschäftigung verzichten[503]. Auch unter wirtschaftlichen Gesichtspunkten liegt ein Vorteil auf seiten des Betriebserwerbers nur dann vor, wenn er das eingearbeitete Personal tatsächlich weiterbeschäftigt. Nur dann kann (in arbeitstechnischer Hinsicht) dieser Arbeitnehmer dazu beitragen, daß der Erwerber den Betriebszweck wie bisher erreicht.

e) Gleiche oder vergleichbare Tätigkeit

Das Kriterium der „Ähnlichkeit" findet sich im „Spijkers"-Modell des EuGH gleich zweifach wieder: Zum einen ergebe sich, ob eine noch bestehende wirtschaftliche Einheit veräußert worden sei, u.a. daraus, daß ihr Betrieb „von dem neuen Inhaber mit derselben oder einer gleichartigen Geschäftstätigkeit" tatsächlich weitergeführt werde.[504] Zudem gehört zu den zu berücksichtigen Tatsachen i.S.d. EuGH-Rechtsprechung „der Grad der Ähnlichkeit zwischen der vor und der nach dem Übergang verrichteten Tätigkeit"[505]. Auf diesen letztgenannten Aspekt soll im folgenden näher eingegangen werden[506].

aa) Der EuGH

Die Ähnlichkeit der Tätigkeiten stellt also ein Kriterium neben anderen in der Abwägung zur Feststellung eines Übergangs dar[507]. Ob dieses Verständnis so zutrifft, erschien jedoch nach der „Christel Schmidt"-Entscheidung zweifelhaft. Hierin hat der EuGH zwar zunächst ausgeführt, die Wahrung der Identität ergebe sich u.a.[508] daraus, daß dieselbe oder eine gleichartige Geschäftstätigkeit vom neuen Inhaber tatsächlich weitergeführt werde. Dann führte das Gericht aber weiter aus[509]:

---

[502] So auch Thüsing, Anm. zu Ayse Süzen, SAE 1997, 274 (280); Willemsen, DB 1995, 925; a.A. Resch, Anm. zur Entscheidung des Österr. Obersten Gerichtshofs v. 23.5.1996, DRdA 1997, 295 (298).

[503] So lag es im Fall Christel Schmidt.

[504] Spijkers - Rn. 12.

[505] Spijkers - Rn. 13.

[506] Während der erstgenannte Aspekt zum Kriterium „Weiterführung oder Wiederaufnahme der Geschäftstätigkeit" gehört, auf den weiter unter im 3. Teil A II 3. näher eingegangen werden soll.

[507] In diesem Sinne macht der EuGH vom Kriterium der Ähnlichkeit Gebrauch in den Entscheidungen Stichting - Rn. 26 und Merckx, Neuhuys - Rn. 18.

[508] Hervorgehoben durch den Verfasser.

[509] Christel Schmidt - Rn. 17.

So stellt im Ausgangsverfahren, (...) die Gleichartigkeit der vor und nach dem Übergang ausgeführten Reinigungsaufgaben, die i.ü. durch das der betreffenden Arbeitnehmerin unterbreitete Angebot der Weiterbeschäftigung zum Ausdruck kommt, ein typisches Merkmal eines Vorgangs dar, der in den Anwendungsbereich der Richtlinie fällt.

In Verbindung mit der Tatsache, daß im Fall „Christel Schmidt" keine weiteren Faktoren ersichtlich sind, die auf einen Betriebsübergang hätten schließen lassen[510], führten diese Ausführungen zu Befürchtungen, der EuGH lasse nunmehr die bloße Nachfolge in eine Funktion für die Annahme eines Betriebsübergangs ausreichen[511]. Eine Funktionsnachfolge liegt vor, wenn lediglich der in Frage stehende Tätigkeitsbereich vom neuen Auftragnehmer fortgeführt wird, sachliche oder immaterielle Betriebsmittel hingegen nicht übernommen werden[512]. Dabei lassen sich zwei Gestaltungen unterscheiden. Einmal geht es um die erstmalige Auslagerung von Arbeitsaufgaben, die der Unternehmer und Betriebsinhaber bisher durch eigene Arbeitskräfte durchführen ließ, auf Fremdfirmen, die diese nunmehr im Auftrag des Betriebsinhabers mit eigenen Arbeitskräften und gegebenenfalls mit eigenen Betriebsmitteln wahrnehmen (sog. Outsourcing). Eine derartige Konstellation lag der Entscheidung „Christel Schmidt" zugrunde. Unter den Begriff fällt zum anderen die sog. Auftragsnachfolge. Eine solche liegt vor, wenn ein Unternehmen eine bestimmte Teilaufgabe bereits bisher von einer Fremdfirma aufgrund eines Dienst- oder Werkvertrags ausführen ließ. Dieser vergebene Auftrag endet nun durch Kündigung oder Fristablauf und wird von einer anderen Firma übernommen, die hierfür im Rahmen einer Neuausschreibung den Zuschlag erhalten hat. Um eine derartige Auftragsnachfolge ging es in der Rechtssache „Ayse Süzen".

Mittlerweile kann jedoch festgestellt werden, daß sich die nach „Christel Schmidt" geäußerten Befürchtungen als grundlos erwiesen haben[513]. Denn in der Rechtssache „Ayse Süzen" hat der EuGH nunmehr ausgeführt[514]:

Wie die Mehrheit der Verfahrensbeteiligten vorgetragen hat, erlaubt allein der Umstand, daß die von dem alten und dem neuen Auftragnehmer erbrachten Dienstleistungen ähnlich sind, nicht den Schluß, daß der Übergang einer wirtschaftlichen Einheit vorliege. Eine

---

[510] Daher unzutreffend Trittin DB 1997, 1333 (1334).

[511] LAG Hamm v. 24.1.1995 (DB 1995, 881), daß in einer Entscheidung eine Funktionsnachfolge zur Verwirklichung des § 613a BGB hat ausreichen lassen und dies mit einer europarechtskonformen Auslegung der Norm entsprechend der EuGH-Rechtsprechung begründet hat; LAG S-H v. 10.2.1995, DB 1995, 2275 (2276); a.A. Steffan, Anm. zu Ayse Süzen, EAS Nr. 13 zu Art. 1 RL 77/187/EWG, S. 14 f, 18; zweifelnd auch Hanau, Anm. zu Christel Schmidt, ZIP 1994, 1036 (1038).

[512] Zur Funktionsnachfolge siehe auch schon zuvor: 3. Teil B. I. 4. a) aa) (1).

[513] So auch Brößke, BB 1997, 1412; Heinze, DB 1997, 677 (678).

[514] Ayse Süzen, Rn. 15.

Einheit darf nämlich nicht als bloße Tätigkeit verstanden werden. Ihre Identität ergibt sich auch aus anderen Merkmalen (...).

Diese Grundsätze wurden von der Rechtsprechung auf europäischer Ebene in nachfolgenden Entscheidungen wiederholt bestätigt[515]. Damit muß es als geklärt angesehen werden, daß auch nach der europäischen Rechtsprechung die bloße Ähnlichkeit bzw. Identität der Tätigkeiten nur ein Kriterium für einen Betriebsübergang darstellt, für die Feststellung der Identitätswahrung der wirtschaftlichen Einheit müssen aber noch weitere Kriterien hinzukommen[516].

bb) Die nationale Arbeitsgerichtsbarkeit

Das BAG hat die dargestellten Ausführungen des EuGH, wonach eine Einheit nicht als bloße Tätigkeit verstanden werden dürfe, übernommen[517] und ausdrücklich klargestellt, daß eine bloße Funktionsnachfolge - wie schon bisher [518] - keinen Betriebsübergang auslösen könne[519].

Das Kriterium „gleiche oder vergleichbare Tätigkeit“ spielte zudem in neueren BAG-Entscheidungen eine gewichtige Rolle als ein Kriterium, daß einer Identitätswahrung im betreffenden Fall entgegenstand. In einer Entscheidung vom 26.6.1997 ging es um die Übertragung einer öffentlichen Verwaltung. Da hier die bestehende Organisationsstruktur der ursprünglich bestehenden Verwaltung vollständig aufgelöst worden war, hat das Gericht entschieden, es liege lediglich eine bloße Tätigkeitsübertragung vor, die nicht für einen Übergang gemäß § 613a BGB ausreiche[520]. In einer weiteren Entscheidung vom 11.9.1997 hatte sich das BAG mit der Umwandlung einer Gaststätte mit gutbürgerlicher deutscher Küche in ein arabisches Spezialitätenrestaurant anläßlich der Neuverpachtung der Gaststätte zu befassen. Bei diesem Sachverhalt war nach Ansicht des Gerichts die Ähnlichkeit der vor und nach der Weiterverpachtung betriebenen Gaststätte nicht ausreichend, um von einer Identitätswahrung ausgehen zu können[521]. Im Fall der Übernahme eines Hol- und Bringdienstes eines Krankenhauses ging das BAG von einer fehlenden Ähnlichkeit aus, da der Beklagte eine neue Ablauf- und Arbeitsorganisation eingeführt hatte[522]. Schließlich liege im Fall eines neu ausgeschriebenen

---

[515] EuGH, Hildalgo - Rn. 30 (zugleich Leitsatz); Hernandez Vidal - Rn. 30 (zugleich Leitsatz); Oy Liikenne - Rn. 34; EFTA-Gerichtshof, Tor Angeir - Rn.22.

[516] So auch Thüsing, Anm. zu Ayse Süzen, SAE 1997, 274 (280).

[517] BAG, AP Nr. 154 zu § 613a, 1715 (1717); ZIP 1997, 1975 (1976); EzA Nr. 153 zu § 613a BGB, S. 4; NZA 1998, 638 (639); NZA 1999, 486 (487).

[518] BAG v. 22.5.1985, AP Nr. 76 zu § 613a BGB, 101 (105).

[519] BAG, NZA 1999, 486 (487).

[520] BAG, ZIP 1997, 1975 (1976).

[521] BAG, EzA Nr. 153 zu § 613a BGB, S. 5.

[522] BAG, NZA 1999, 420 (421).

Bewachungsauftrages - unabhängig von einer möglicherweise erforderlichen Neuorganisation - schon aufgrund der stark reduzierten Arbeitsmenge - nach der Ausschreibung sollten nur noch 52 statt der ursprünglich eingesetzten 90 Arbeitskräfte eingesetzt werden - nicht mehr im wesentlichen dieselbe oder eine ähnliche Arbeitsaufgabe vor[523].

cc) Stellungnahme

(1) Die bloße Funktionsnachfolge ist kein Betriebsübergang

Es ist zu begrüßen, daß mittlerweile sowohl die nationale als auch die europäische Rechtsprechung eine bloße Funktionsnachfolge einhellig nicht für einen Betriebsübergang ausreichen lassen[524]. Zunächst einmal verlangt der Schutzzweck der Richtlinie 2001/23/EG keine Anwendung der Normen in einem solchen Fall. Dieser soll, wie gezeigt, die einzelnen Arbeitsverhältnisse erhalten, wenn die betreffende Einheit weiterbesteht. Dies ist bei einer Funktionsnachfolge allein aber nicht gewährleistet, denn ein neuer Auftragsnehmer kann einen Auftrag auch z.B. mit einer ihm gehörenden, schon seit längerem bestehenden Einheit erfüllen. Ferner genügt eine Funktionsnachfolge nach den herausgearbeiteten Grundsätzen niemals für einen Übergang einer wirtschaftlichen Einheit. Zwar ist die Tätigkeit, der in einer Einheit nachgegangen wird, im Fall einer Funktionsnachfolge vor und nach dem Übergang „gleich oder vergleichbar". Dies ist in jedem Auftragsnachfolge- oder Outsourcing-Fall zwingend gegeben. Für die Wahrung der Identität der wirtschaftlichen Einheit kommt es aber, wie gezeigt, auf den Erwerb des wesentlichen betrieblichen Substrats zur Erfüllung des Betriebszwecks bzw. auf den Erwerb einer betriebswirtschaftlich interessanten Einheit vom alten Inhaber der Einheit an. Bei einer bloßen Funktionsnachfolge erwirbt der neue Auftragnehmer aber nichts außer der Funktion, also beispielsweise einen neu ausgeschriebenen Auftrag von einem Dritten. Dieser Auftrag kann, da vom Auftraggeber originär erworben und nicht etwa vom alten Auftragnehmer abgeleitet, auch nicht als immaterielles Betriebsmittel für eine Identitätswahrung herangezogen werden[525].

(2) Die Bedeutung des Kriteriums „gleiche oder vergleichbare Tätigkeit"

Bei der Beurteilung des Ähnlichkeitskriteriums in der Rechtsprechung von EuGH und BAG muß differenziert werden: Denn in den Entscheidungen bezieht sich das Ähnlichkeitskriterium nicht nur - wie der Wortlaut nahelegt - auf die Ähnlichkeit

---

[523] BAG, NZA 1999, 483 (485).

[524] So auch Baeck/Lingemann, NJW 1997, 2492 (2494); a.A. noch Schmitker (S. 376), der durch die „Ayse Süzen"-Entscheidung nur die rechtliche Beurteilung der Auftragsnachfolge, nicht jedoch die der Funktionsnachfolge als entschieden ansieht.

[525] Siehe 3. Teil B. II. 2. c) cc).

der Aufgabe bzw. Tätigkeit vor und nach dem Übergang, sondern darüber hinaus auch oftmals auf die Vergleichbarkeit der Organisation der Einheit[526].

(a) Gleiche oder vergleichbare Organisation

Im Rahmen der Untersuchung muß zunächst auf die Bedeutung einer vergleichbaren Organisation eingegangen werden. Dabei läßt sich die Beibehaltung der Organisation nach dem Übergang nicht ohne weiteres feststellen, sondern sie ist jeweils im Zusammenhang mit Faktoren wie Arbeitnehmern oder Betriebsmitteln zu erblicken, deren bestimmte Zusammenfassung ja erst eine Organisation ausmachen. Die organisatorische Zusammenfassung ist für die Rechtsprechung regelmäßig von ausschlaggebender Bedeutung für die Identitätswahrung der wirtschaftlichen Einheit. So hat das BAG eine Identitätswahrung im Fall der übertragenen öffentlichen Verwaltung und der Auftragsneuvergabe eines Hol- und Bringdienstes jeweils aufgrund der Tatsache abgelehnt, daß die Einheiten nach dem Übergang in beiden Fällen mit den ursprünglichen organisatorisch nicht mehr vergleichbar waren[527]. Der besonderen Bedeutung des Kriteriums „Ähnlichkeit der Organisation“ in der Rechtsprechung ist zuzustimmen. Dies spiegelt sich schon im Wortlaut der Richtlinie 2001/23/EG wider, deren Art. 1 Abs. 1b) die wirtschaftliche Einheit als „organisierte Zusammenfassung von Ressourcen“ definiert. Die Ergänzung ist erst mit der Richtlinie 98/50/EG in die Richtlinie 77/187/EWG aufgenommen worden. Die Auffassung der Rechtsprechung entspricht auch dem Schutzzweck des § 613a BGB und der Richtlinie 2001/23/EG. Geschützt werden die bestehenden Arbeitverhältnisse nämlich nur dann, sofern sie beim Erwerber so wie bisher, also i.R.d. vorhandenen organisatorischen Eingliederung, weiter bestehen. Schließlich ist es für den Erwerber einer Einheit insbesondere von wirtschaftlichem Interesse, eine Einheit in ihrer bestehenden Organisation weiterzubetreiben und sich somit den Neuaufbau einer eigenen Organisation zur Bewältigung der neuen Aufgabe zu ersparen.

(b) Gleiche oder vergleichbare Aufgabe bzw. Tätigkeit

Von der Ähnlichkeit der Organisation zur Bewältigung einer Aufgabe ist die Ähnlichkeit der Aufgabe an sich zu unterscheiden. Es handelt sich dabei um die Frage, ob z.B. der neue Pächter einer Gaststätte oder eines Modefachgeschäftes den Betrieb mit derselben oder einer ähnlichen Ausrichtung weiterführt, den bisherigen Betriebszweck also beibehält. Hinsichtlich der Gewichtung dieses Kriteriums ist folgendes festzuhalten: Die Ähnlichkeit der Aufgabe bzw. Tätigkeit

[526] In ähnlicher Weise KassHbArbR/Wank, 6.7, Rn. 52, der zum einen auf den Grad der Ähnlichkeit in „arbeitstechnischer Hinsicht“ und zum anderen auf die Übereinstimmung der vom Erwerber „angebotenen Produkte oder Dienstleistungen“ mit den ursprünglich angebotenen abstellt.

[527] BAG v. 26.6.1997, ZIP 1997, 1975; BAG v. 10.12.1998, NZA 1999, 420 = BB 1999, 539.

kann als notwendige, jedoch nicht als hinreichende Bedingung eines Übergangs bezeichnet werden.

Notwendig deshalb, weil es in Fällen, in denen der neue Inhaber der Einheit nunmehr einen anderen Betriebszweck verfolgt, nur schwerlich vorstellbar ist, daß die Einheit ihre Identität beibehalten hat. Zwar ergibt sich aus der Feststellung einer fehlenden Vergleichbarkeit der Tätigkeit nicht unmittelbar etwas hinsichtlich des Schicksals des bisherigen Betriebssubstrats. Aus dem Wechsel der Tätigkeit lassen sich auch keine direkten Rückschlüsse hinsichtlich der Frage ziehen, ob die Arbeitsplätze wie bisher weiterbestehen oder ob der neue Arbeitgeber eine wirtschaftlich interessante Einheit übernommen hat. Der Erwerber wird jedoch nur selten in der Lage sein, mit der ursprünglichen Einheit einen anderen Betriebszweck als den ursprünglichen zu verfolgen, ohne die Einheit weitgehend umstrukturieren und umorganisieren zu müssen[528]. Dies zeigt sich in dem vom BAG entschiedenen Gaststättenfall[529]. Hier war für das BAG nicht allein der bloße Wechsel zu einem arabischen Spezialitätenrestaurant entscheidend. Vielmehr war dieser Wechsel gleichzeitig mit einem Wechsel „der Betriebsmethoden und der Arbeitsorganisation i.S.d. Rechtsprechung des EuGH" verbunden.
Dennoch ist, wenn man eine Ähnlichkeit der betreffenden Tätigkeit vor und nach dem Übergang festgestellt hat, diese Feststellung in keiner Weise hinreichend, um einen Übergang i.S.d. Richtlinie 2001/23/EG bzw. des § 613a BGB annehmen zu können. Denn, wie zuvor bereits ausgeführt, steht beispielsweise in den Fällen einer Auftragsnachfolge oder den Outsourcing-Fällen jeweils von vornherein fest, daß die übernommene Aufgabe - typische Beispiele sind Reinigungs-, Bewachungs- oder Catering-Aufgaben - im wesentlichen unverändert bleiben, ohne daß dieser Tatsache allein von der Rechtsprechung eine große Bedeutung i.R.d. Abwägung zugemessen werden kann. Denn ein identischer oder ähnlicher Betriebszweck läßt sich eben auch mit einer völlig anderen Einheit verwirklichen.

f) Übergang der Kundschaft

aa) Der EuGH

Der Übergang oder Nichtübergang der Kundschaft stellt nach dem „Spijkers"-Modell des EuGH das nächstfolgende Kriterium zur Feststellung eines Übergangs i.S.d. Richtlinie 2001/23/EG dar. Diesem Kriterium kam in der Rechtsprechung des Gerichts bislang allerdings noch keine große Bedeutung zu. In der Rechtssache „Merckx, Neuhuys" hat der EuGH der Tatsache, daß der bisherige Inhaber eines Vertriebs von Automobilen im Großraum Brüssel für den Übernehmer des

---

[528] Dies setzt nämlich voraus, daß der neu verfolgte Betriebszweck schon in der alten Einheit „angelegt" war, was praktisch kaum vorkommen dürfte; vgl. zu dieser Frage auch Annuß, NZA 1998, 70 (74).

[529] BAG v. 22.5.1997, AP Nr. 154 zu § 613a BGB.

Vertriebs in einem Kundenschreiben geworben hat, als ein Kriterium für eine Identitätswahrung angesehen[530]. Im Falle der Übernahme des Betriebs mehrerer Buslinien im Fall „Oy Liikenne“ ging der EuGH ebenfalls von einem Übergang des Kundenstamms aus, eine Wahrung der Identität der betreffenden wirtschaftlichen Einheit hat er dennoch nicht angenommen. Dafür fehle es an einer Übertragung der für die betreffende Einheit wesentlichen materiellen Betriebsmittel[531].

bb) Die nationale Arbeitsgerichtsbarkeit

(1) Die Übernahme der Kundschaft in der bisherigen Rechtsprechung

Das BAG versteht die Übernahme der Kundschaft als Übernahme eines immateriellen Betriebsmittels. Dementsprechend spielte dieses Kriterium in der bisherigen Rechtsprechung insbesondere bei Dienstleistungseinheiten oder im Einzelhandel eine Rolle. Die Übernahme der Kunden einer bestehenden Einheit konnte z.B. durch die Übernahme von Kundenlisten erfolgen oder dadurch, daß die bisherige Kundschaft vom neuen Inhaber übernommenen Arbeitnehmern bekannt war[532]. Die Auftragsbeziehung zwischen einem Auftraggeber und dem ursprünglichen Auftragnehmer stellte allerdings für den Neuerwerber des Auftrags keine erhebliche Kundenbeziehung dar[533]. Schließlich wertete das BAG die „Übernahme oder Nichtübernahme der Kundschaft“ in besonders kundenorientierten Betrieben wie Einzelhandelsgeschäften oder Gaststätten als ausschlaggebendes Kriterium zur Feststellung eines Übergangs[534]. Diese Rechtsprechung begründete das Gericht in der Entscheidung vom 26.2.1987 folgendermaßen[535]:

Bei der Frage, welche Betriebsmittel auf den Nachfolger übergehen müssen, um von einem Betriebsübergang i.S.d. § 613a BGB ausgehen zu können, muß auf den arbeitstechnischen Zweck eines Ladengeschäftes abgestellt werden, der darin besteht, mit Hilfe von Arbeitnehmern Ware vom Großhändler anzukaufen und an den Endverbraucher zu verkaufen. Entscheidend für den Betrieb eines Ladengeschäftes sind damit zum einen die Lieferverträge und zum anderen die Rechtsbeziehungen zur Kundschaft, die jeweils die angebotene Ware kauft. Nun sind die Rechtsbeziehungen des Einzelhandelskaufmanns zu seinen Kunden i.d.R. keine Dauerbeziehungen, sondern eine Vielzahl von einzelnen Rechtsgeschäften, die täglich neu mit den einzelnen Stammkunden oder den Laufkunden abgeschlossen werden. Während der Erwerber eines Betriebes in bestehende Dauerverträge (z.B. Lieferantenverträge) des Vorbesitzers ohne weiteres eintreten kann, ist das bei den einzelnen Rechtsgeschäften mit den Kunden eines Ladengeschäftes nicht möglich. Deshalb

---

530 Merckx, Neuhuys - Rn. 18.

531 Oy Liikenne - Rn. 41 f.

532 BAG v. 21.1.1988, EzA Nr. 73 zu § 613a BGB, S. 12.

533 Auf diese Problematik wurde schon oben i.R.d. Stellungnahme zum Kriterium der „immateriellen Betriebsmittel“ ausführlich eingegangen, s.o. 3. Teil B. II. 2. c) cc).

534 Vgl. BAG, NZA 1987, 382; NZA 1987, 589; KassHbArbR/Hattesen, 6.7, Rn. 51 mwN; MüHbArbR/Wank, § 124, Rn. 48 mwN.

535 BAG, NZA 1987, 589 (590).

muß es für einen Betriebsübergang bei Ladengeschäften entscheidend darauf ankommen, ob der Erwerber rechtsgeschäftlich die Voraussetzungen dafür erworben hat, um diese täglichen auf den Absatz seiner Waren gerichteten Rechtsgeschäfte zukünftig in derselben oder ähnlichen Art und Weise abschließen zu können. Nur in diesem Fall kann der neue Inhaber das Geschäft im wesentlichen unverändert fortführen. Entscheidend für den Betriebsübergang eines Ladengeschäftes ist also, ob der Kundenkreis erhalten bleibt.

Ob der Kundenkreis nach dem Übergang erhalten bleibt, hängt laut BAG maßgeblich von drei Faktoren ab[536]:

Der Einzelhandelskaufmann schafft sich durch die Anmietung der Betriebsräume in einer bestimmten Geschäftslage, durch die von ihm gewählte Betriebsform (Warenhaus, Fachgeschäft, Spezialgeschäft, Supermarkt, Selbstbedienungsladen usw.) sowie durch ein bestimmtes Warensortiment einen Kundenkreis.

(2) Die Übernahme der Kundschaft in der neuen Rechtsprechung

Eine Untersuchung der neueren Entscheidungen des BAG zeigt, daß das Gericht an seiner bisherigen Rechtsprechung zur „Übernahme der Kundschaft" festhält. Es mißt diesem Kriterium weiterhin - insbesondere in den angesprochenen Fallkonstellationen - eine große Bedeutung zu[537]. Im Fall eines Modegeschäftes stellte das Gericht für den Erhalt der Kundenbeziehungen u.a. auf die Geschäftsräume, die Ladeneinrichtung und das Warensortiment ab. Für den Erfolg beim Kunden sei darüber hinaus jedoch der Faktor Mensch[538] wegen seiner Beratungsleistung sowie u. U. die Zeitspanne einer Unterbrechung der betrieblichen Tätigkeit von Bedeutung[539]. So sei eine Unterbrechung der Verkaufstätigkeit von neun Monaten insofern von Bedeutung, als die neue Inhaberin modebewußte Kunden hiernach durch eigene Leistung neu- oder wiedergewinnen müsse.

cc) Stellungnahme

Der Rechtsprechung kann darin zugestimmt werden, daß die „Übernahme der Kundschaft" durch den neuen Inhaber durchaus als Indiz auf einen Übergang nach der Richtlinie bzw. § 613a BGB hindeuten kann. Diese Aussage muß jedoch eingeschränkt werden. Denn der „Übergang der Kundschaft" selbst ist nur wenig aussagekräftig bezüglich der entscheidenden Frage, ob die wirtschaftliche Einheit

---

[536] BAG, NZA 1987, 589 (590).

[537] So im Fall eines Modegeschäftes (AP Nr. 154 zu § 613a BGB), einer Gaststätte (EzA Nr. 153 zu § 613a BGB) und einer Bildungsstätte der beruflichen Fortbildung (NZA 1999, 648).

[538] Auf die Bedeutung der Arbeitnehmer für den Übergang der Kundenbeziehungen stellt die Rechtsprechung zudem in folgenden Entscheidungen ab: BAG, EzA Nr. 153 zu § 613a BGB, S. 5 f. - Gaststätte; NZA 1999, 706 (707) - Übernahme der Kundenbeziehungen, da die übernommenen leitenden Mitarbeiter die wichtigsten Kunden kennen.

[539] BAG, AP Nr. 154 zu § 613a BGB, 1715 (1717).

ihre Identität gewahrt hat. Insofern ist der Kritik von Schwanda und Moll zuzustimmen, daß die Kundenbeziehungen oder ein Kundenstamm, sofern es nicht um den Eintritt in feste Vertragsbeziehungen geht, nicht Bestandteil einer Einheit, sondern vielmehr der Erfolg und das Resultat der Tätigkeit der Einheit sind[540]. Der Erhalt der Kundenbeziehungen läßt sich nämlich regelmäßig dann feststellen, wenn der Erwerber das wesentliche betriebliche Substrat übernommen hat. Die Übernahme der bisherigen Kundenbeziehungen weist dann als Indiz (mittelbar) auf einen Betriebsübergang hin[541].

Dies ergibt sich aus folgenden Überlegungen: Für die Identitätswahrung kommt es, wie bereits gezeigt, darauf an, daß der Erwerber nach dem Übergang die bestehende Einheit ohne wesentliche eigene organisatorische Anstrengungen und ohne wesentlichen eigenen Einsatz von Betriebsmitteln und Personal wie bisher weiterführen kann[542]. Die Übernahme der Kundschaft allein genügt hierfür nicht. Vielmehr kann der Erwerber die bisherige Einheit nur dann weiterführen, wenn er neben den Kunden auch betriebliches Substrat mitübernimmt[543]. Dies zeigt das oben dargestellte Ladengeschäftsbeispiel des BAG[544]. Hier kann der Erwerber die Kundenbeziehungen nicht einfach übernehmen. Stattdessen wird ein weitgehend ähnlicher Kundenkreis der Einheit nur dann wie bisher die Treue halten, wenn, wie das BAG richtig ausführt, „der Erwerber rechtsgeschäftlich die Voraussetzungen erworben hat, um diese täglichen auf den Absatz seiner Waren gerichteten Rechtsgeschäfte zukünftig in derselben oder ähnlichen Art und Weise abschließen zu können“. Auch hier stellt das Kriterium „Erhalt der Kundschaft“ nicht etwa ein eigenständiges Kriterium neben anderen dar, vielmehr drückt das BAG damit aus, daß es auf den Erhalt des betrieblichen Substrats zur Erreichung des Betriebszwecks ankommt. Der wesentliche, eng gefaßte Betriebszweck besteht dabei im Verkauf von Waren an (im wesentlichen) dieselben Kunden bzw. denselben Kundenkreis wie bisher.

---

540 Schwanda, S. 195 f; Moll, Anm. zu BAG v. 21.1.1988, EzA Nr. 73 zu § 613a BGB, S. 25.

541 Im Ergebnis ähnlich Schwanda, S. 104 ff; 195 ff., dessen Untersuchung jedoch die arbeitstechnische Relevanz der „Übernahme der Kundschaft“ als Ausgangspunkt hat.

542 Darauf stellte und stellt auch die Rechtsprechung ab: vgl. BAG, NZA 1987, 589 (590) – „Nur in diesem Fall kann der neue Inhaber das Geschäft im wesentlichen unverändert fortführen“; AP Nr. 154 zu § 613a BGB, 1715 (1717) – „Die Streithelferin des Beklagten hatte somit modebewußte Kunden des O. Raumes durch eigene Leistung neu- oder wiederzugewinnen“; BB 1998, 698 (699) – „Er hat dann eine bestehende Arbeitsorganisation übernommen und keine neue aufgebaut“; EuGH, Allen - Rn. 29 – „Denn in diesem Fall erwirbt der neue Unternehmensinhaber eine organisierte Gesamtheit von Faktoren, die ihm die Fortsetzung der Tätikeiten (...) des übertragenen Unternehmens auf Dauer erlaubt“; ähnlich auch Süzen - Rn. 21; Hidalgo - Rn. 32; Hernandez Vidal - Rn. 32.

543 So auch Schwanda, S. 196.

544 BAG, NZA 1987, 589.

Als das wesentliche Substrat hat das deutsche Gericht bisher die Beibehaltung der Betriebsräume, der Betriebsform und der Art des Warensortiments angesehen. Dem kann nach dem heutigen Verständnis so nicht zugestimmt werden. Aus der Beibehaltung der Betriebsform und des Warensortiments läßt sich lediglich ablesen, daß die verfolgte Tätigkeit der früheren ähnlich ist. Dies allein ist, wie i.R.d. Kriteriums „gleiche oder vergleichbare Tätigkeit" gezeigt[545], zwar notwendig jedoch keinesfalls hinreichend für die Feststellung der Wahrung der Identität der wirtschaftlichen Einheit. Die Beibehaltung der Betriebsräume allein ist ebenfalls wenig aussagekräftig. Vielmehr kommt es auf die wesentliche Beibehaltung der bisherigen organisatorischen Zusammenfassung von Faktoren wie Personal sowie materiellen und immateriellen Betriebsmitteln an.

Die aufgezeigten Grundsätze lassen sich auch auf die Fälle übertragen, in denen der neue Inhaber Kundenlisten erwirbt, z.B. wenn ein Mediziner seine Praxis aufgibt und ein anderer diese übernimmt. Hierbei ist die Übernahme der Kundenliste für den erwerbenden Arzt zunächst einmal sicherlich wirtschaftlich interessant, da ein Großteil der Patienten wahrscheinlich die ihnen bekannte und bewährte Praxis weiterhin aufsuchen wird. Damit allein kann der neue Inhaber die Praxis aber noch nicht ohne eigene organisatorische Anstrengungen weiterführen und auch nicht die bisherigen Patienten langfristig an sich binden. Hierfür wird es darauf ankommen, daß die Ausrichtung der Praxis, Gerätschaften sowie qualifiziertes und den Patienten schon bekanntes Personal beibehalten werden. Ändert der neue Inhaber hingegen z.B. die Ausrichtung der Praxis oder führt eine völlig andersartige Arbeitsweise ein, muß er die bisherigen Patienten selbständig von der Neuerung überzeugen und sie letztendlich wieder neu gewinnen. Führt er die Praxis also in einer völlig andersartigen Weise fort, so erscheint es nicht gerechtfertigt, daß er dennoch erst einmal das alte Personal zu den bisherigen Konditionen weiterbeschäftigen muß.

g) Eventuelle Unterbrechung der Tätigkeit

aa) Der EuGH

Die „Dauer einer eventuellen Unterbrechung" der Tätigkeit der vor dem Übergang bestehenden wirtschaftlichen Einheit stellt das letzte Kriterium in der Aufzählung von Kriterien des EuGH im „Spijkers"-Modell dar. Wie schon die "Kundenbeziehungen" spielt jedoch auch das hier zu untersuchende Kriterium bisher keine große Rolle in den Entscheidungen des EuGH. Das Gericht hat in den Entscheidungen „Ny Mølle Kro", „Bork" und „Allen" lediglich ausgeführt, daß die Tatsache, daß das betreffende Unternehmen zum Zeitpunkt des Übergangs jeweils vorübergehend geschlossen war (und keine Arbeitnehmer beschäftigte), zwar einen Gesichtspunkt darstelle, der für die Entscheidung, ob eine noch bestehende wirtschaftliche Einheit

[545] S.o. 3. Teil B. II. 2. e) cc) (2) (b).

veräußert worden sei, berücksichtigt werden müsse. Diese Tatsache allein könne die tatbestandsmäßige Anwendbarkeit der Richtlinie 77/187/EWG (nunmehr 2001/23/EG) jedoch nicht ausschließen[546]. Allerdings stelle der Umstand, daß Arbeiten ohne Unterbrechung oder Änderung in der Art und Weise ihrer Durchführung ständig fortgesetzt worden sind, eine der gängigsten Merkmale von Unternehmensübertragungen dar[547].

bb) Die nationale Arbeitsgerichtsbarkeit

(1) Die Bedeutung einer Unterbrechung der Betriebstätigkeit für die Identitätswahrung

In Übereinstimmung mit der Rechtsprechung des EuGH hat das BAG ebenfalls herausgestellt, daß eine Unterbrechung der Betriebstätigkeit der Annahme eines Betriebsübergangs entgegenstehen kann. Eine zentrale Rolle spielte dieses Kriterium im „Modegeschäft"-Fall[548] vom 22.5.1997 und im „Gaststätten"-Fall[549] vom 11.9.1997. Hierin hat der Senat jeweils ausgeführt, daß eine „wirtschaftlich erhebliche Zeitspanne" der Betriebsruhe gegen die Annahme einer Identitätswahrung sprechen könne. Eine derartige Zeitspanne liege bei einem Modegeschäft vor, wenn es erst elf Monate nach Ausspruch der Kündigung und ca. neun Monate nach tatsächlicher Einstellung jeder Verkaufstätigkeit wiedereröffnet werde. Der Handel mit modeorientierter Kleidung sei stark saisonabhängig, so daß die Unterbrechung des Verkaufs den zumindest teilweisen Verlust von zwei umsatzstarken Verkaufsperioden zur Folge gehabt habe. In diesem Zeitraum hätten die markenbewußten Kunden ihren Warenbedarf nicht an dem früheren Geschäftssitz befriedigen können. Jeder dieser Kunden habe seinen Bedarf anderweitig decken müssen. Die neue Inhaberin habe somit modebewußte Kunden durch eigene Leistung neu- oder wiedergewinnen müssen. Damit falle die Unterbrechung jeder Verkaufstätigkeit als wirtschaftlich erheblich ins Gewicht, zumal sie länger als jede gesetzliche Kündigungsfrist von Arbeitsverhältnissen (vgl. § 622 Abs. 2 BGB) gewährt habe. Im „Gaststätten"-Fall hat das BAG die Wiedereröffnung mehr als fünf Monate nach der Schließung und mehr als sechs Monate nach Beginn der Betriebsruhe ebenfalls als wirtschaftlich nicht unerheblich bewertet. Gerade in einem von zahlreichen anderen Gaststätten geprägten Stadtteil einer Großstadt hätten die Besucher problemlos auf andere Lokale ausweichen können. Diese Gäste müßten nach einer fast halbjährigen Schließung neu gewonnen werden, was einer Übernahme des Kundenstammes entgegenstehe.

---

546 Ny Mølle Kro - Rn. 19; Bork - Rn. 16; Allen - Rn. 32.

547 Allen - Rn. 33.

548 BAG, AP Nr. 154 zu § 613a BGB, 1715 (1717).

549 BAG, EzA Nr. 153 zu § 613a BGB, S. 4 f.

(2) Die Abgrenzung zur Betriebsstillegung
Von erheblicher Bedeutung in der Rechtsprechung des BAG ist die Abgrenzung des Betriebsübergangs von der Betriebsstillegung[550]. Diese Frage ist praktisch aus folgenden Erwägungen von besonderer Bedeutung. Die Stillegung eines Betriebes stellt ein dringendes betriebliches Erfordernis i.S.v. § 1 Abs. 2 KSchG dar und wird demgemäß von § 613a Abs. 4 S. 2 BGB erfaßt[551]. Als Rechtsfolge steht den Arbeitnehmern im Falle einer Betriebsstillegung unter den Voraussetzungen des § 111 BetrVG nur der kollektivrechtliche Schutz von Sozialplan und Interessenausgleich zur Verfügung, während im Falle eines Betriebsübergangs der individualrechtliche Bestandsschutz des § 613a BGB eingreift. Wegen dieser unterschiedlichen Rechtsfolgen besteht die Gefahr, daß die Schutzfunktion des § 613a BGB unterlaufen wird. Einigen sich Betriebsveräußerer und -erwerber etwa dahingehend, daß der Veräußerer den Betrieb zunächst stillegt und seine Arbeitnehmer aus betriebsbedingten Gründen entläßt, und übernimmt der Erwerber danach das Betriebssubstrat und zumindest Teile der Belegschaft, könnte er diese zu ungünstigeren Bedingungen als bisher einstellen, was § 613a BGB gerade verhindern soll. Diese Gefahr besteht insbesondere für Betriebe, die nicht unter § 111 BetrVG fallen und in denen folglich das Arbeitsverhältnis durch normale betriebsbedingte Kündigung ohne Abfindungszahlung beendet werden kann.

Nach der ständigen Rechtsprechung des BAG erfordert eine Betriebsstillegung den ernstlichen und endgültigen Entschluß des Arbeitgebers, die Betriebs- und Produktionsgemeinschaft zwischen ihm und den Arbeitnehmern auf Dauer oder zumindest für einen unbestimmten, aber wirtschaftlich nicht unerheblichen Zeitraum aufzuheben[552]. Ob dies gegeben ist, beurteilt das Gericht anhand von Indizien. So hat das BAG in ständiger Rspr. angenommen, daß eine wirtschaftlich erhebliche Zeitspanne der Betriebsruhe der Annahme eines Betriebsüberganges entgegensteht. Demgegenüber spreche bei alsbaldiger Wiedereröffnung des Betriebes oder bei alsbaldiger Wiederaufnahme der Produktion durch einen Erwerber eine tatsächliche Vermutung gegen die ernsthafte Absicht, den Betrieb stillzulegen[553]. Besonderheiten gelten bei der Betriebsstillegung durch den Pächter eines Betriebes. Da dieser nicht legitimiert ist, Betriebsgrundstück und Betriebsmittel zu veräußern, kann er die betriebliche Organisation nicht in der Form zerschlagen wie ein Eigentümer. Deshalb genügt für die Betriebsstillegung durch einen Pächter nach der Rechtsprechung des BAG, wenn dieser seine Stillegungsabsicht unmißverständlich

---

[550] Vgl. hierzu und generell zur Betriebsstillegung: GroßkommKündR/Steffan, § 613a BGB, Rn. 38 ff; KassHbArbR/Hattesen, 6.7, Rn. 30 ff; ErfK/Preis, § 613a BGB, Rn. 56 ff; Erman/Hanau, § 613a BGB, Rn. 19 f; Wenking, S. 67 ff.

[551] BAG v. 28.4.1988, AP Nr. 74 zu § 613a BGB = NZA 1989, 265.

[552] BAG v. 3.7.1986, EzA Nr. 53 zu § 613a BGB; BAG v. 28.4.1988, AP Nr. 74 zu § 613a BGB; BAG v. 10.10.1996, EzA Nr. 87 zu § 1 KSchG = NZA 1997, 251.

[553] BAG, AP Nr. 154 zu § 613a BGB, 1715 (1717).

kundgibt, die Betriebstätigkeit vollständig einstellt, den Arbeitnehmern sowie den Pachtvertrag zum nächstmöglichen Termin kündigt und die Betriebsmittel, über die er verfügen kann, veräußert[554].

Sofern bislang gesagt wurde, ein Betriebsübergang scheide aus, wenn ein Betrieb vor dem Erwerb stillgelegt wurde[555], kann nach der neueren Rechtsprechung in der auf die (beabsichtigte) Stillegung folgenden Übernahme von Betriebsmitteln und/oder der Belegschaft durchaus ein Betriebsübergang liegen[556]. Dies zeigt die Entscheidung des BAG vom 13.11.1997[557]: Dem lag der Sachverhalt zugrunde, daß die alte Betriebsinhaberin 87 Arbeitnehmer für Reinigungsaufgaben in einem Krankenhaus beschäftigte. Nachdem das Krankenhaus ihr den Auftrag gekündigt hatte, sprach sie der Klägerin die Kündigung aus, da für diese keine Beschäftigungsmöglichkeit mehr bestehe. Zum Zeitpunkt des Zugangs der Kündigung war noch nicht abzusehen, ob der neue Auftragnehmer Arbeitnehmer der bisherigen Auftragnehmerin übernehmen würde. Tatsächlich beschäftigte er dann insgesamt 75 der bisher von der alten Auftragnehmerin eingesetzten Arbeitnehmer weiter. Das BAG hat in diesem Fall entschieden, daß aufgrund der Arbeitnehmerübernahme (wohl) ein Betriebsübergang vorliege. Dennoch sei die Kündigung wirksam, da die den Betriebsübergang ausmachenden Tatsachen im Zeitpunkt des Zugangs der Kündigung noch nicht feststanden und auch noch keine greifbaren Formen angenommen hatten. Dem gekündigten Arbeitnehmer stehe (auf Rechtsfolgenseite) ein Anspruch auf Fortsetzung des Arbeitsverhältnisses zu, wenn ein Betriebsübergang nachträglich eintrete.

cc) Stellungnahme

(1) Die Bedeutung einer Unterbrechung der Betriebstätigkeit für die Identitätswahrung

Der Rechtsprechung, wonach eine „Unterbrechung der Tätigkeit" für eine „wirtschaftlich erhebliche Zeitspanne" der Wahrung der Identität einer wirtschaftlichen Einheit entgegenstehen kann, kann grds. zugestimmt werden. Damit trägt das Gericht der Tatsache Rechnung, daß nach einer wesentlichen Zeit des Stillstands der Betriebszweck wie bisher mit der Einheit oftmals nicht verfolgt werden kann. Dies zeigt sich insbesondere auch am geschilderten Fall des Modegeschäfts. Denn hier hatte die Dauer des Stillstands nach den Feststellungen des Gerichts dazu geführt, daß große Teile der Kundschaft sich mittlerweile anderweitig orientiert hatten. In diesem Fall war die Übernahme einer bestehenden Einheit für den

---

[554] BAG v. 26.2.1987, EzA Nr. 57 zu § 613a BGB; BAG v. 21.1.1988, EzA Nr. 73 zu § 613a BGB.

[555] BAG v. 27.2.1987, NZA 1987, 700.

[556] Vgl. BAG, BB 1998, 319 (320); so auch GroßkommKündR/Steffan, § 613a BGB, Rn. 39.

[557] BAG, BB 1998, 319 = DB 1998, 316.

Erwerber auch unter wirtschaftlichen Gesichtspunkten von geringerem Interesse. Dasselbe gilt für den „Restaurant"-Fall, wobei hier aufgrund der Änderung der Ausrichtung in ein arabisches Spezialitätenrestaurant eine Identitätswahrung im Grunde von vornherein fernlag.

Angesichts der Vielgestaltigkeit der denkbaren Sachverhaltskonstellationen erscheinen Überlegungen im Schrifttum wenig hilfreich, feste zeitliche Grenzen im Sinne einer Höchstdauer der möglichen Unterbrechung der Betriebstätigkeit anhand anderer arbeitsrechtlicher Normen wie § 622 Abs. 2 BGB[558] oder § 1 Abs. 3 BeschFG[559] festzulegen. Solche Normen können höchstens als grobe Richtschnur dienen. Entscheidend wird es aber wiederum darauf ankommen, inwieweit die Unterbrechung der Betriebstätigkeit zum Verlust der Identität der wirtschaftlichen Einheit geführt hat[560] sowie darauf, ob der bisherige Betriebszweck mittels der Einheit weiterhin noch erreicht werden kann.

(2) Die Abgrenzung zur Betriebsstillegung

Die Abgrenzung zur Betriebsstillegung sollte derart erfolgen, daß zunächst anhand der Vorgaben der neueren Rechtsprechung überprüft wird, ob ein Betriebsübergang vorliegt. Bisherige Ansatzpunkte, wie die Feststellung, ein bereits stillgelegter Betrieb könne nicht mehr übertragen werden, erscheinen für eine Abgrenzung nicht geeignet. Dies ergibt sich daraus, daß ein Betriebsübergang nach der neuen Rechtsprechung auch in Auftragsnachfolge-Fällen naheliegt. In diesen Fällen hat der alte Betriebsinhaber, wie die Entscheidung des BAG vom 13.11.1997 zeigt, oftmals keinerlei Einfluß darauf, ob die bestehende Einheit tatsächlich stillgelegt wird. Vielmehr kommt es maßgebend auf den Neuauftragnehmer an und zwar darauf, ob er das wesentliche Substrat der Einheit, daß auch allein durch das Personal verkörpert sein kann, übernimmt und damit einen Übergang auslöst. Bei dieser Sichtweise besteht auch keine Gefahr der Umgehung des § 613a BGB durch eine vereinbarte vorherige Betriebsstillegung durch den alten Inhaber.

---

558 Darauf hat das BAG im „Modegeschäft"-Fall abgestellt.

559 So der Vorschlag von Preis/Steffan, DB 1998, 309 (314): § 1 Abs. 3 S. 1 BeschFG läßt die Befristung eines Arbeitsvertrages ohne besonderen Grund dann nicht zu, wenn zu einem vorhergehenden Arbeitsvertrag mit demselben Arbeitgeber ein enger sachlicher Zusammenhang besteht. Ein solcher enger sachlicher Zusammenhang ist nach § 1 Abs. 3 S. 2 BeschFG insbesondere dann anzunehmen, wenn zwischen den Arbeitsverträgen ein Zeitraum von weniger als vier Monaten besteht. Die sich hieraus ergebende Intention, den Bestand eines dem KSchG unterfallenden Arbeitsverhältnisses zu sichern, sei der des § 613a BGB vergleichbar. Dem Vorschlag steht schon entgegen, daß das BeschFG mittlerweile durch das Teilzeit- und Befristungsgesetz (TzBfG) ersetzt worden ist. Eine § 1 Abs. 3 BeschFG entsprechende Regelung ist im TzBfG (§ 14 Abs. 2 TzBfG) nicht enthalten.

560 So auch GroßkommKündR/Steffan, § 613a BGB, Rn. 37.

Hat man hiernach festgestellt, daß ein Betriebsübergang gegeben ist und damit keine endgültige Betriebsstillegung vorliegt, muß in einem zweiten Schritt untersucht werden, ob die den Betriebsübergang ausmachenden Tatsachen im Zeitpunkt des Zugangs der Kündigung bereits feststanden oder zumindest greifbare Formen angenommen hatten. Diese Rechtsprechung ist ebenfalls sachgerecht[561]. Sie entspricht der Tatsache, daß es nach dem neuen Betriebsübergangsmodell für den bisherigen Betriebsinhaber oftmals nicht erkennbar ist, ob ein Betriebsübergang eintreten wird. In diesem Fall muß ihm die Möglichkeit verbleiben, seinen Arbeitnehmern „sicherheitshalber" betriebsbedingt zu kündigen[562]. Hat der bisherige Arbeitgeber zu einem Zeitpunkt gekündigt, in dem ein späterer Betriebsübergang noch keine greifbaren Formen angenommen hatte, ist die Kündigung aus betrieblichen Gründen zunächst wirksam. Ein Verstoß gegen § 613a Abs. 4 S. 1 BGB liegt nicht vor. Ab Eintritt der Voraussetzungen eines Betriebsübergangs haben die betroffenen Arbeitnehmer einen Weiterbeschäftigungsanspruch, wenn der Betriebsübergang noch innerhalb der Kündigungsfrist eintritt, bzw. einen Wiedereinstellungsanspruch, wenn der Betriebsübergang erst nach Ablauf der Kündigungsfrist eintritt (§ 613a Abs. 1 S. 1 BGB).

h) Weitere Kriterien

Nach dem „Spijkers"-Modell sind „sämtliche den betreffenden Vorgang kennzeichnende Tatsachen"[563] im Rahmen der Gesamtabwägung auf ihre Relevanz hin zu prüfen. Die genannten Kriterien sind daher nicht abschließend, sondern stellen nur „Teilaspekte der vorzunehmenden globalen Bewertung" dar und „können (...) nicht isoliert betrachtet werden"[564]. Dennoch orientieren sich EuGH und BAG in ihrer Entscheidungspraxis im wesentlichen an den bislang erörterten Kriterien. Nur teilweise werden noch weitere Kriterien diskutiert. Daher soll im folgenden nur kurz darauf eingegangen werden, welche weiteren Kriterien der EuGH und das BAG ihren Entscheidungen noch zugrundelegen und welche konkrete Rolle diesen Kriterien in den Entscheidungen zukommt.

aa) Etwaiger Wechsel des Ortes der Tätigkeit

(1) Der EuGH

In der Rechtssache „Merckx, Neuhuys" machen die Kläger u.a. gegen einen Übergang i.S.d. Richtlinie 2001/23/EG geltend, daß die Firma Novarobel SA, die als neue Inhaberin in Betracht kommt, ihren Sitz in anderen Gemeinden des Groß-

---

561 Kritisch Edenfeld, AuA 1998, 161 (164).

562 Vgl. BAG, NZA 769 (770); zum Folgeproblem des Wiedereinstellungsanspruches der Arbeitnehmer gegen den neuen Betriebsinhaber siehe etwa Moll, RdA 1999, 233 (241); Müller-Glöge, NZA 1999, 449 (455 f.).

563 Spijkers - Rn. 13, zugl. Leitsatz.

564 Spijkers - Rn. 13.

raums Brüssel hat als die bisherige Inhaberin der Einheit[565]. Dies steht einem Übergang nach Ansicht des EuGH jedoch nicht entgegen, der sich zu dem Einwand folgendermaßen äußert[566]:

Unerheblich ist auch, daß sich der Unternehmenssitz in einer anderen Zone desselben Großraums befindet, da das Vertriebsgebiet dasselbe bleibt.

Des weiteren äußerte sich der EFTA-Gerichtshof in der Rechtssache „Eidesund", in der es um eine Auftragsnachfolge in einen Catering- und Reinigungsauftrag für eine Bohrinsel ging, zu diesem Umstand, indem er ausführte[567]:

(...) jedoch spricht die Tatsache, daß die Dienstleistung auf demselben Betriebsgrundstück (...) wie zuvor erbracht wurde, für die fortgesetzte Ausübung ein und derselben wirtschaftlichen Betätigung.

(2) Die nationale Arbeitsgerichtsbarkeit

Nähere Aussagen zur Bedeutung eines etwaigen Wechsels des Orts der Tätigkeit - mit Ausnahme der oben schon erwähnten Rechtsprechung, wonach eine bestimmte Geschäftslage als immaterieller Vorteil Berücksichtigung finden kann[568] - finden sich in den neueren Entscheidung des BAG nicht.

(3) Stellungnahme

Der etwaige Wechsel des Ortes der Tätigkeit bzw. des Sitzes einer wirtschaftlichen Einheit kann folglich zwar ein Indiz gegen einen Betriebsübergang darstellen. Eine allzu große Bedeutung sollte diesem Kriterium aber nicht beigemessen werden. Denn es ist ohne weiteres denkbar, daß eine Einheit ihrer bisherigen Tätigkeit in identischer organisatorischer Zusammenfassung an einem anderen Ort nachkommt[569]. Gerade bei Produktionsbetrieben sind beispielsweise Betriebsverlegungen ohne weiteres möglich. Ebenso führt die Aussage des EFTA-Gerichtshofs aus der „Eidesund"-Entscheidung nicht weiter, da die Tatsache, daß die Dienstleistung auf demselben Betriebsgrundstück, der Bohrinsel, ausgeführt wird, allein nicht aussagekräftig hinsichtlich der Frage ist, ob sie weiterhin mit einer identischen Einheit bewältigt wird. Diese Tatsache zeigt lediglich, daß eine Auftragsnachfolge hinsichtlich des Catering- und Reinigungsauftrags vorliegt.

---

[565] Merckx, Neuhuys - Rn. 20; der entscheidungserhebliche Sachverhalt, der der Rechtssache „Merckx, Neuhuys" zugrundeliegt, wurde bereits dargestellt, s.o. 3. Teil B. II. 2. c) cc).

[566] Merckx, Neuhuys - Rn. 21.

[567] Eidesund - Rn. 40.

[568] S.o. 3. Teil B. II. 2. f) bb).

[569] So auch Gaul, ZTR 1998, 1 (9). Daß diese Möglichkeit bestehe, zeige schon der Begriff „Betriebsverlegung".

bb) Das Fehlen einer vertraglichen Beziehung zwischen Erwerber und Veräußerer

(1) Der EuGH

Ein weiteres Kriterien, daß im Rahmen der Übergangsprüfung von den Parteien des öfteren vorgebracht wird, ist die Tatsache, daß im jeweiligen Fall keine vertragliche Beziehungen zwischen Erwerber und Veräußerer bestehen. Diesem Aspekt kommt jedoch nach der Rechtsprechung der europäischen Gerichte keine große Bedeutung zu. So heißt es in der Entscheidung „Ayse Süzen“[570]:

Das Fehlen einer vertraglichen Beziehung zwischen Veräußerer und Erwerber oder, wie im vorliegenden Fall, zwischen zwei Unternehmen, denen nacheinander der der Auftrag zur Reinigung einer Schule erteilt worden ist, kann zwar ein Indiz darstellen, daß kein Übergang im Sinne der Richtlinie erfolgt ist; ihm kommt in diesem Zusammenhang aber keine ausschlaggebende Bedeutung zu.

In ähnlicher Weise äußert sich der EFTA-Gerichtshof in der Entscheidung „Eidesund“[571]:

(...), daß das Fehlen vertraglicher Vereinbarungen, aus denen sich die Übernahme von Ausrüstungsgegenständen, Arbeitnehmern und/oder Warenbeständen ergibt, als solches die Anwendung der Richtlinie nicht ausschließt.

(2) Die nationale Arbeitsgerichtsbarkeit

In der nationalen Gerichtsbarkeit wird das Fehlen einer vertraglichen Beziehung zwischen Veräußerer und Erwerber nicht im Rahmen des Merkmals „Übergang eines Betriebs oder Betriebsteils“ diskutiert, sondern dessen Bedeutung wird eher im Rahmen des Merkmals „durch Rechtsgeschäft“ erörtert. So hat das BAG in einer Entscheidung vom 11.12.1997 ausgeführt[572]:

Bei der Neuvergabe von Aufträgen an Fremdunternehmen ist bisher ein rechtsgeschäftlicher Übergang verneint worden, weil die Fortbeschäftigung der Arbeitnehmer nicht auf der Tatbestandsseite des § 613a BGB berücksichtigt wurde und deshalb Rechtsgeschäfte mit den Arbeitnehmern ohne Bedeutung blieben (m.w.N.).
Bei der gebotenen richtlinienkonformen Auslegung des § 613a BGB ist diese Beurteilung nicht beizubehalten. Wenn die Identität eines Betriebs oder Betriebsteils maßgeblich durch sein Personal und nicht durch materielle oder immaterielle Betriebsmittel gewahrt wird, kann ein Unternehmen eine vorhandene Arbeitsorganisation durch Übernahme der Arbeitnehmer weiter nutzen, ohne im Regelfall in Verhandlungen mit dem bisherigen Auftragnehmer treten zu müssen. Von einem rechtsgeschäftlichen Betriebsübergang ist daher auch

---

570 Ayse Süzen - Rn. 11.
571 Eidesund - Rn. 38.
572 BAG v. 11.12.1997, BB 1998, 698 (699).

auszugehen, wenn ein Neuauftragnehmer eine im wesentlichen unveränderte Arbeitsaufgabe auf vertraglicher Grundlage übernimmt und die Arbeitnehmer zu diesem Zwecke einvernehmlich weiterbeschäftigt. Die Möglichkeit der Betriebsfortführung wird dann durch ein Bündel von Rechtsgeschäften erworben. Nicht verlangt werden kann, daß dem Erwerber die Befugnis zur Fortführung des Betriebes übertragen wurde.

In der zitierten Passage setzt sich das Gericht auch mit dem Merkmal „Betriebsübergang“ auseinander, in dem es ausführt, die Identität des Betriebs werde maßgeblich durch sein Personal etc. bestimmt. Da das Gericht in diesem Zusammenhang den Aspekt der fehlenden vertraglichen Beziehung zwischen Veräußerer und Erwerber nicht anspricht, läßt sich folgern, daß dieser Aspekt für die Begriffsbestimmung „Betriebsübergang“ keine Rolle spielt.

(3) Stellungnahme

Der Rechtsprechung, die dem genannten Kriterium für die Frage des Übergangs einer wirtschaftlichen Einheit keine Bedeutung zumißt, ist zuzustimmen. Wie gezeigt, muß bei der Begriffsbestimmung eine faktische Sichtweise zugrundegelegt werden. Es kommt darauf an, ob tatsächlich so viele Betriebsmittel, Arbeitnehmer usw. auf den Erwerber übergegangen sind, daß von einer Identitätswahrung gesprochen werden kann. Auf welcher Grundlage dies geschieht, ist für die hier diskutierte Frage irrelevant. Dem Fehlen einer vertraglichen Beziehung zwischen Veräußerer und Erwerber kommt folglich keine Bedeutung zu[573].

III. Weiterführung oder Wiederaufnahme der Geschäftstätigkeit

1. Der EuGH

Nach dem vom EuGH in ständiger Rechtsprechung fortgeführten „Spijkers“-Modell ergibt sich, ob eine noch bestehende wirtschaftliche Einheit veräußert worden ist, u.a. daraus, „daß ihr Betrieb von dem neuen Inhaber mit derselben oder einer gleichartigen Geschäftstätigkeit tatsächlich weitergeführt oder wiederaufgenommen wird“[574]. Im Gegensatz dazu entsprach es in der deutschen arbeitsrechtlichen Rechtsprechung[575] und Literatur[576] zu dieser Zeit noch der ganz herrschenden Meinung, daß es für einen Übergang i.S.d. § 613a BGB nicht auf die tatsächliche Fortführung der Betriebstätigkeit, sondern auf die bloße Fortführungs-

---

[573] Zur Bedeutung im Rahmen des Tatbestandsmerkmals „durch vertragliche Übertragung“ bzw. „durch Rechtsgeschäft“: s.u. 3. Teil, D

[574] Spijkers - Rn. 12, zugleich Leitsatz.

[575] Ständige Rechtsprechung des BAG: so BAG v. 22.5.1984, AP Nr. 42 zu § 613a BGB = NZA 1985, 775; BAG v. 16.2.1993, NJW 1993, 2259; BAG v. 27.4.1995, AP Nr. 128 zu § 613a BGB = NZA 1995, 155; BAG v. 19.11.1996, NZA 722 (724).

[576] So noch Wenking, S. 62; modifizierend Krause, Anm. zu BAG v. 27.4.1995, SAE 1996, 292 (300).

möglichkeit ankommt. Obwohl diese Unterscheidung in seinen Entscheidungen inhaltlich bislang keine Rolle gespielt hat[577], muß davon ausgegangen werden, daß der EuGH die tatsächliche Weiterführung der Geschäftstätigkeit als eigenständige, von der deutschen Diktion der Fortführungsmöglichkeit abweichende Konzeption ansieht. Dies ergibt sich aus der Tatsache, daß in der Rechtssache „Spijkers" die Regierung des Vereinigten Königreichs und die Kommission übereinstimmend für ausreichend erachtet hatten, daß dem Erwerber ein noch bestehendes Unternehmen übergeben wird, „dessen Tätigkeit er fortführen könne oder das es ihm zumindest ermögliche, einer gleichartigen Tätigkeit nachzugehen"[578]. Diese Auslegung hat der Gerichtshof aber ausdrücklich zugunsten der Position der niederländischen Regierung, wonach es auf die „tatsächliche Fortsetzung der Tätigkeit des Veräußerers" ankommt, verworfen[579].

2. Die nationale Arbeitsgerichtsbarkeit

a) Die bisherige Rechtsprechung: Fortführungsmöglichkeit ausreichend

Nach der früheren Rechtsprechung des BAG war die tatsächliche Erhaltung der Betriebsidentität durch den Betriebserwerber nicht erforderlich. Vielmehr sollte es genügen, wenn der Erwerber durch die Übernahme der wesentlichen sächlichen oder immateriellen Betriebsmittel die theoretische Möglichkeit erlangt hatte, den Betrieb oder Betriebsteil im wesentlichen unverändert fortzuführen (sog. Theorie von der Fortführungsmöglichkeit)[580]. Seine Rechtsprechung begründete das BAG damit, daß § 613a BGB nur auf den Übergang einer funktionsfähigen Einheit und gerade nicht auf die Motivation des Erwerbers abstellt[581]. Anderenfalls bestehe ferner die Gefahr, daß die durch § 613a BGB angeordnete Fortsetzungspflicht durch entsprechende umstrukturierende Maßnahmen umgangen werden könnte.

Die Konsequenzen aus dieser Rechtsprechung zeigen in anschaulicher Weise die Entscheidung des BAG vom 27.4.1995[582]. In diesem Fall hatte eine Brauerei ein komplett eingerichtetes Speiselokal an einen Betreiber verpachtet, der sodann zum

---

[577] So entgegen der Ansicht von Annuß, NZA 1998, 70 (74), auch nicht in der Rechtssache „Ny Mølle Kro". In dieser Entscheidung hat der EuGH lediglich die abstrakten Grundsätze aus der „Spijkers"-Entscheidung wiederholt, ohne auf die Unterscheidung zwischen tatsächlicher Fortführung und Fortführungsmöglichkeit einzugehen, was im konkreten Fall sogar durchaus angezeigt gewesen wäre.

[578] Spijkers - Rn. 10.

[579] Spijkers - Rn. 10 - 12; so auch Annuß, NZA 1998, 70 (74).

[580] Ständige Rechtsprechung des BAG: BAG v. 22.5.1984, AP Nr. 42 zu § 613a BGB = NZA 1985, 775; BAG v. 16.2.1993, NJW 1993, 2259; BAG v. 27.4.1995, AP Nr. 128 zu § 613a BGB = NZA 1995, 155; vgl. Ahrens, Anm. zu BAG v. 18.3.1999, EzA Nr. 177 zu § 613a BGB, S. 9 f. mwN.

[581] BAG, NZA 1987, 419.

[582] SAE 1996, 292 = AP Nr. 128 zu § 613a BGB = BB 1995, 1800.

Betrieb der Gaststätte verschiedene Arbeitnehmer einstellte. Die Brauerei führte selbst keine gastronomischen Betriebe in eigener Regie. Nach vertraglicher Beendigung des Pachtvertrags gab der Pächter die Gaststätte an die Brauerei zurück. Diese betrieb das Lokal nicht weiter. Vielmehr verpachtete sie es nach umfangreichen Sanierungsmaßnahmen und einem Betriebsstillstand von mehr als acht Monaten an einen neuen Betreiber weiter. Gleichwohl nahm das BAG im Zeitpunkt der Beendigung des Pachtvertrages einen Betriebsübergang vom ehemaligen Pächter auf die Brauerei an. Die Brauerei habe die tatsächliche Organisations- und Leitungsmacht der Gaststätte erhalten. Nach Rückgabe des Restaurants habe sie alle wesentlichen Betriebsmittel nutzen und mit diesen den arbeitstechnischen Zweck der Lokalität - die Bewirtung von Kunden - weiterverfolgen können. Darauf, daß sie nicht die Absicht gehabt habe, die Gaststätte selbst zu betreiben und von dieser Möglichkeit selbst auch keinen Gebrauch gemacht habe, komme es nicht an.

Selbst nach der Übernahme des „Spijkers"-Modells des EuGH nach der „Ayse Süzen"-Entscheidung durch das BAG-Urteil vom 22.5.1997 hat der Senat entgegen vielfachen Erwartungen in der Literatur[583] in einer Entscheidung aus dem Jahre 1998 noch daran festgehalten, daß die Möglichkeit zu einer unveränderten Fortsetzung seitens des neuen Betriebsinhabers ausreichend sei[584]. In diesem Fall, in dem es um die Umwandlung eines vom alten Pächter betriebenen Ferienzentrums in einen Hotel- und Restaurationsbetrieb durch den Neupächter ging, lehnte das BAG einen Betriebsübergang gem. § 613a BGB im Ergebnis aber dennoch ab, da der alte Pächter das Ferienzentrum bereits vor dem vermeintlichen Übergang stillgelegt habe.

b) Die neuere Rechtsprechung: Tatsächliche Fortführung oder Wiederaufnahme

Mittlerweile hat der Senat die eben geschilderte Sichtwiese aufgegeben und seine Rechtsprechung ausdrücklich der des EuGH angepaßt[585]. Wie schon bei der Übernahme des „Spijkers"-Modells hat der Senat auch hier allerdings darauf verzichtet, seine neue Sichtweise eigenständig zu begründen.

In einer Entscheidung vom 18.3.1999 (8 AZR 159/98) betrieb die Verpächterin ursprünglich selbst einen Handel mit Kraftfahrzeugen nebst Reparaturwerkstatt. Ab 1985 verpachtete sie den Betrieb dann an den Kaufmann M. Als dieser mit drei aufeinanderfolgenden Pachtraten in Rückstand geraten war, kündigte die

[583] So etwa Schiefer, NZA 1998, 1095 (1103); Annuß, BB 1998, 1582 (1583).
[584] BAG v. 16.7.1998, NZA 1998, 1233 (1234).
[585] BAG v. 18.3.1999 (8 AZR 159/98), BB 1999, 1222 (1223) = NZA 1999, 704 (705); BAG v. 18.3.1999 (8 AZR 190/98), NZA 1999, 869 (870).

Verpächterin den Pachtvertrag zum Juli 1996. Der bisherige Pächter gab der Verpächterin die Betriebsräume mit dem darin befindlichen Inventar zurück. Diese verweigerte unter Bezugnahme auf den Pachtvertrag die Rücknahme des Inventars und der Mitarbeiter. Der Senat lehnte unter diesen Umständen das Vorliegen eines Betriebsübergangs ab und führte dazu aus[586]:

Die Rückgabe eines verpachteten Betriebs an den Verpächter nach Ablauf des Pachtverhältnisses kann nur dann einen Betriebsübergang darstellen, wenn der Verpächter den Betrieb selbst weiterführt. Die bloße Möglichkeit, den Betrieb selbst unverändert fortführen zu können, erlaubt nicht die Annahme eines Betriebsübergangs.

Dabei kommt es nach Ansicht des BAG auch nicht darauf an, ob der Betrieb spätestens zum Ablauf des Pachtverhältnisses stillgelegt wurde. Zudem sei die Frage der Identitätswahrung einer wirtschaftlichen Einheit von der verantwortlichen Führung, Weiterführung oder Wiederaufnahme des Kfz-Betriebs als solchem zu unterscheiden. So heißt es in der Entscheidung:

Führt der Verpächter den an ihn zurückgefallenen Betrieb auch nicht vorübergehend, können zwar materielle und immaterielle Betriebsmittel auf ihn übergehen; er übt die wirtschaftliche Tätigkeit mit eigener Zielsetzung aber nicht aus. Er nutzt nicht die vorhandene Organisation, übernimmt weder die Hauptbelegschaft noch die Kundschaft. Ohne jegliche Ausübung einer betrieblichen Tätigkeit geht der Betrieb regelmäßig nicht auf ihn über. Der Betriebsübergang kann sich dagegen auf den neuen Pächter vollziehen, wenn dieser die Betriebstätigkeit (mit der identischen Einheit) fortsetzt oder wiederaufnimmt. (...) Schließt danach schon die gänzlich andersartige Betriebstätigkeit oder -organisation den Betriebsübergang aus, wenn die bisherige Einheit auch nicht zeitweise genutzt wird, so liegt erst recht kein Betriebsübergang vor, wenn überhaupt keine betriebliche Tätigkeit entfaltet wird.

3. Stellungnahme

Nach der nationalen und europäischen Rechtsprechung ist die „tatsächliche Weiterführung oder Wiederaufnahme der Geschäftstätigkeit“ als eine eigenständige Voraussetzung anzusehen, die neben der Identitätswahrung einer wirtschaftlichen Einheit festgestellt werden muß. Diese Trennung der zwei Voraussetzungen, die sich aus der Entscheidung des BAG vom 18.3.1999[587] ergibt, verdient Zustimmung. Gerade in den Pächterfällen fallen mit Ausnahme des Personals oftmals sämtliche materiellen Aktiva (z.B. Gebäude, Einrichtungen, sonstiges Inventar), die die bisherige Einheit ausgemacht haben, nach Beendigung des Pachtverhältnisses wieder dem Verpächter zu. Insoweit könnte im Einzelfall im Rahmen einer Gesamtbetrachtung durchaus festgestellt werden, daß die bisherige wirtschaftliche

[586] BAG v. 18.3.1999 (8 AZR 159/98), BB 1999, 1222 (Leitsatz).
[587] BB 1999, 1222 (1223).

Einheit noch erhalten ist[588]. Die Annahme eines Übergangs wäre in diesen Fällen aber nicht sachgerecht, wie sogleich gezeigt werden soll.

Weiterhin ist es zu begrüßen, daß es nach der Rechtsprechung nunmehr auf die „Weiterführung bzw. Wiederaufnahme der Geschäftstätigkeit" der bisher bestehenden wirtschaftlichen Einheit ankommt[589]. Hierfür spricht zunächst einmal der Schutzzweck des § 613a BGB und der Richtlinie 2001/23/EG[590]. Die Normen sollen, wie gezeigt[591], die Möglichkeit einer betriebsbedingten Kündigung für solche Fälle ausschalten, bei denen der konkrete Arbeitsplatz an sich erhalten bleibt und lediglich das Band zwischen Unternehmensträger und konkretem Arbeitsplatz getrennt wird. Fällt die Einheit aber beispielsweise nach Beendigung eines Pachtvertrages an den Verpächter zurück, der die Einheit selbst überhaupt nicht weiterbetreiben will, soll der Arbeitsplatz gerade nicht erhalten bleiben[592]. Zumindest erscheint es aber unter wirtschaftlichen Gesichtspunkten unbillig, jemanden, der die bisher bestehende Einheit nicht weiternutzen will, die Rechtsfolgen des § 613a BGB aufzubürden[593]. Dieser Eingriff in die unternehmerische Freiheit läßt sich, wie gezeigt[594], nur dadurch rechtfertigen, daß der Erwerber im Gegenzug eine betriebswirtschaftlich interessante Einheit erhält, mittels der er zukünftig seine Verpflichtungen gegenüber den übernommenen Arbeitnehmern erwirtschaften kann. Eine derartige Rechtfertigung kommt demzufolge nicht in Betracht, wenn ein Verpächter diese Einheit von vornherein gar nicht betriebswirtschaftlich nutzen will, sondern sie ihm beispielsweise nur aufgrund Zeitablaufs des Pachtvertrags wieder zufällt. Erforderlich ist vielmehr, daß der neue Inhaber die von ihm erworbene Einheit tatsächlich nutzt, nur dann kann er seine Verpflichtungen aus dem Betrieb der Einheit erwirtschaften.

Des weiteren können die Erklärungsversuche sowohl in der bisherigen Rechtsprechung als auch in der Literatur nicht überzeugen, mit denen bisher die Theorie von der Fortführungsmöglichkeit begründet wurde. Insbesondere besteht nach dem hier vertretenen Modell keine Gefahr, daß § 613a BGB in unbilliger Weise durch

---

[588] So auch das BAG, BB 1999, 1222 (1223): „Zwar bleibt bei der Rückgabe eines funktionsfähigen Betriebes die Identität der wirtschaftlichen Einheit gewahrt. Wird der Betrieb nicht gleichzeitig oder schon vorher stillgelegt, bleibt die organisierte Gesamtheit (...) auf Dauer bestehen"; a.A. GroßkommKündR/Steffan, § 613a BGB, Rn. 34.

[589] So auch Annuß, NZA 1998, 70 (73 f); KassHbArbR/Hattesen, 6.7, Rn. 46; Ahrens, Anm. zu BAG v. 18.3.1999, EzA Nr. 177 zu § 613a BGB, S. 9 ff.

[590] Hierauf weist auch Annuß (NZA 1998, 70 (73)) hin.

[591] S.o. 2. Teil A. I. 3. und 2. Teil B. II. 1.

[592] So auch v. Alvensleben, S. 186.

[593] Ähnlich Annuß, NZA 1998, 70 (74), wonach es für die Abgrenzung von Betriebsübergang und -stillegung auf die tatsächliche Realisierung des in dem betrieblichen Funktionszusammenhang als solchem verkörperten eigenständigen Wertes ankommt.

[594] S.o. 3. Teil A. III. 2. c) cc).

umstrukturierende Maßnahmen umgangen werden kann. Diese Gefahr wird nämlich schon durch die Gesamtbetrachtung im Rahmen der Feststellung der Identitätswahrung der wirtschaftlichen Einheit gebannt. Hier wird schon festgestellt, ob die vorhandene Einheit mit der ursprünglichen noch im wesentlichen identisch ist. Macht der Erwerber hingegen von wesentlichen Faktoren der bisherigen Einheit hingegen keinen Gebrauch, und schafft er durch Umstrukturierungen eine in wesentlichen Teilen andere und neue organisatorische Einheit, stellt dies keine unbillige Umgehung des § 613a BGB dar. Vielmehr liegt in diesem Fall eben kein Sachverhalt vor, der § 613a BGB aus Schutzzweck-, arbeitstechnischen oder wirtschaftlichen Gesichtspunkten unterfallen sollte. Weiterhin wird durch die hier vertretene Auffassung nicht in § 613a BGB widersprechender Weise auf die Motivation des Erwerbers abgestellt[595]. Vielmehr ist die hier angestellte Betrachtung eine rein faktische[596]. Es ist zu untersuchen, welche Faktoren vom Erwerber übernommen worden sind, und ob er mittels dieser Faktoren die Einheit wie bisher weiterbetreibt. Für den Zeitpunkt des Betriebsübergangs kann auch hiernach weiterhin auf den Wechsel der tatsächlichen Leitungsmacht abgestellt werden[597]. Es ist dabei unschädlich, wenn der Erwerber den Betrieb noch nicht sogleich weiterführt, da die Tatbestandsvoraussetzungen ja auch nachträglich durch die Wiederaufnahme der Geschäftstätigkeit verwirklicht werden können. Schließlich kann auch die Tatsache, daß die Einheit bei einer zeitweisen Einstellung u.U. vorübergehend inhaberlos sein kann, nicht als unbillig bezeichnet werden[598]. Zunächst gilt es zu bedenken, daß ein solcher Schwebezustand regelmäßig nicht lange andauern wird, da nach Ablauf mehrerer Monate die ursprüngliche wirtschaftliche Einheit nur noch selten in ihrer bisherigen Identität wird reaktiviert werden können. Zudem ist die angesprochene Konsequenz durchaus sachgerecht. Denn weder der ursprüngliche Inhaber, noch der Verpächter, noch der neue Pächter macht sich in dieser Zeit die Einheit zunutze.

---

595 So aber Annuß, NZA 1998, 70 (74), der meint, der Motivation des Erwerbers im Zeitpunkt des Betriebsübergangs komme für § 613a BGB eine entscheidende Bedeutung zu; ebenso Franzen, Anm. zu BAG v. 22.5.1997, AP Nr. 154 zu § 613a BGB, S. 629.

596 So auch Ahrens, Anm. zu BAG v. 18.3.1999, EzA Nr. 177 zu § 613a BGB, S. 13.

597 S.u. i.R.d. Untersuchung zum Tatbestandsmerkmal „Auf einen anderen Inhaber“ im 3. Teil C II. 2. und III. 2.

598 Krause, Anm. zu BAG v. 27.4.1996, SAE 1996, 295 (300), sieht bei Bestehen einer derartigen unternehmerischen Einheit im Wartestand keinen Grund, einen sofortigen Übergang der Arbeitsverhältnisse auf den Verpächter abzulehnen. Dadurch werde eine Schwebezeit vermieden, innerhalb derer eine völlige Unsicherheit über das Vorhandensein eines Betriebsübergangs herrsche.

C. Auf einen anderen Inhaber

I. Die Auslegung durch den EuGH

Nach Art. 1 Abs. 1a) der Richtlinie 2001/23/EG muß das betreffende Unternehmen bzw. der betreffende Betrieb, Unternehmens- oder Betriebsteil „auf einen anderen Inhaber" übergehen. Die Begriffe „Veräußerer" und „Erwerber" werden in Art. 2 Abs. 1a) und b) als "jede natürliche oder juristische Person, die aufgrund eines Übergangs (...) als Inhaber aus dem Unternehmen (...) ausscheidet" bzw. „in das Unternehmen (...) eintritt", definiert. Diese gesetzlichen Vorgaben zum Tatbestandsmerkmal "Inhaberwechsel" hat der EuGH erstmals in der Entscheidung „Ny Mølle Kro" konkretisiert.[599] In diesem Fall hatte eine Frau Hannibaldsen die in ihrem Eigentum stehende Gaststätte „Ny Mølle Kro" verpachtet, kündigte den Pachtvertrag jedoch einige Zeit später wieder, da die Pächterin den Pachtvertrag nicht eingehalten hatte. Frau Hannibaldsen übernahm die Gaststätte daraufhin wieder und betrieb sie selbst weiter. Bei diesem Sachverhalt vertrat die dänische Arbeitgebervereinigung als Streithelferin von Frau Hannibaldsen die Ansicht, es liege kein Betriebsinhaberwechsel vor, da die Pächterin nicht Eigentümerin gewesen sei und einer Eigentümerin auch nicht gleichgestellt werden könne[600]. Der EuGH nahm hingegen - wie auch die anderen Verfahrensbeteiligten[601] - einen Inhaberwechsel an und führte dazu aus:

> Wie sich aus der Gesamtheit dieser Begründungserwägungen und Bestimmungen ergibt, soll die Richtlinie die Aufrechterhaltung der Rechte der Arbeitnehmer bei einem Wechsel des Unternehmensinhabers so weit wie möglich gewährleisten, indem sie den Arbeitnehmern die Möglichkeit einräumt, ihr Beschäftigungsverhältnis mit dem neuen Inhaber zu denselben Bedingungen fortzusetzen, wie sie mit dem Veräußerer vereinbart waren. Wenn durch vertragliche Übertragung oder durch Verschmelzung des Unternehmens die natürliche oder juristische Person, die für den Betrieb des Unternehmens verantwortlich ist und insoweit gegenüber den in dem Unternehmen beschäftigten Arbeitnehmern die Arbeitgeberverpflichtungen eingeht, wechselt, ist die Richtlinie daher anwendbar, ohne daß es darauf ankommt, ob das Eigentum an dem Unternehmen übertragen worden ist. Die Arbeitnehmer eines Unternehmens, dessen Inhaber wechselt, ohne daß eine Übertragung des Eigentums stattfindet, befinden sich nämlich in einer vergleichbaren Lage wie die Arbeitnehmer eines veräußerten Unternehmens und bedürfen daher des gleichen Schutzes.

Diese Sichtweise, wonach es entscheidend auf den Wechsel der verantwortlichen natürlichen oder juristischen Person ankommt, hat der Gerichtshof seitdem mehr-

---

599 EuGH v. 17.12.1987, EAS Nr. 3 zur RL 77/187/EWG.

600 Ny Mølle Kro - Rn. 9.

601 Ny Mølle Kro - Rn. 10.

fach in seinen Entscheidungen bestätigt[602]. Im einzelnen ist nach der Rechtsprechung das Tatbestandsmerkmal „Inhaberwechsel" erfüllt bei der Kündigung eines Restaurant-Pachtvertrages und den anschließenden Abschluß eines neuen Pachtvertrages mit einem anderen Betreiber[603], bei der Kündigung eines Mietverhältnisses über Geschäftsräume und einem anschließenden Verkauf durch den Eigentümer[604], bei der vollständigen und endgültigen Beendigung der Tätigkeit einer juristischen Person infolge des Entzugs öffentlicher Subventionen und die anschließende Gewährung dieser Subventionen an eine andere juristische Person mit gleicher Zielsetzung[605] und schließlich bei einem Übergang von Aufträgen über Stollenvortriebsarbeiten von einer zu einem Konzern gehörenden Gesellschaft auf eine andere Gesellschaft desselben Konzerns[606]. Einem Betriebsinhaberwechsel steht nach der Rechtsprechung des EuGH auch nicht entgegen, daß es sich entweder beim Erwerber oder beim Veräußerer um eine juristische Person des öffentlichen Rechts handelt[607], bei der Übertragung von Aufgaben im Zuge einer Umstrukturierung von Verwaltungsbehörden oder bei der Übertragung von Verwaltungsaufgaben von einer Behörde auf eine andere handelt es sich jedoch nicht um einen Übergang i.S.d. Richtlinie[608]. Dies stellt mittlerweile Art. 1 Abs. 1c) S. 2 der Richtlinie 2001/23/EG unmißverständlich fest.

II. Die Auslegung in der nationalen Arbeitsgerichtsbarkeit

1. Anforderungen an einen Wechsel des Inhabers

§ 613a BGB setzt ebenfalls den Übergang eines Betriebs oder Betriebsteils „auf einen anderen Inhaber" voraus. Inhaber eines Betriebes ist dabei nach Ansicht des 8. Senats derjenige, der die organisatorisch und personell zusammengefaßten Betriebsmittel im eigenen Namen und auf eigene Rechnung führt[609]. Dies kann auch eine juristische Person des öffentlichen Rechts sein[610]. Erforderlich ist weiter, daß in der Person desjenigen, in dessen Namen der Betrieb geführt wird, ein Wechsel eintritt. Nach der BAG-Rechtsprechung war dazu ein Wechsel des Eigentums nicht notwendig. Ausreichend sei, wie z.B. bei der Pacht, eine Nutzungs-

[602] Daddy's Dance Hall - Rn. 9 f; Berg und Busschers, Rs. 144,145/87, Slg. 1988, 2559 ff. = EAS Nr. 5 zu Art. 3 RL 77/187/EWG, Rn. 17; Bork - Rn. 13 f; Stichting - Rn. 11ff; Watson Rask, Christensen - Rn. 15; Christel Schmidt, Rn. 12; Merckx u. Neuhuys - Rn. 28 f; Ayse Süzen - Rn. 12; Hidalgo u.a. - Rn. 23; Hernandez Vidal - Rn. 23; Allen - Rn. 16 f; Didier Mayeur - 46.
[603] Daddy's Dance Hall - Rn. 9 f.
[604] Bork - Rn. 13 f.
[605] Stichting - Rn. 11ff.
[606] Allen - Rn. 16 f.
[607] Didier Mayeur - Rn. 29, 33.
[608] Henke, NZA 1996, 1279 = NJW 1997, 1841 L = NVwZ 1997, 372 L - Rn. 14 u. 17.
[609] BAG v. 18.3.1999, NZA 1999, 869 (870); Pietzko, S. 84 mwN.
[610] BAG v. 25.5.2000, NZA 2000, 1115 (1117) mwN.

überlassung auf Zeit.[611] Der Senat äußert sich in seinen neueren Entscheidungen zum Tatbestandsmerkmal „Inhaberwechsel“ folgendermaßen[612]:

Der Betriebsübergang tritt mit dem Wechsel in der Person des Inhabers des Betriebs ein. Der bisherige Inhaber muß seine wirtschaftliche Betätigung in dem Betrieb oder Betriebsteil einstellen. Einer besonderen Übertragung einer irgendwie gearteten Leitungsmacht bedarf es daneben nicht. Allerdings tritt kein Wechsel der Inhaberschaft ein, wenn der neue „Inhaber“ den Betrieb gar nicht führt.

Dies weicht von der alten Sichtweise insofern ab, als das BAG bislang nur gefordert hat, daß der Erwerber in die Lage versetzt worden ist, die Leitungsmacht im Betrieb mit dem Ziel der Betriebsfortführung auszuüben[613].

Für einen Wechsel in der Person des Inhabers ist ferner maßgebend, ob ein Wechsel in der Rechtspersönlichkeit des Betriebsinhabers stattgefunden hat[614]. Unproblematisch gegeben ist diese Voraussetzung, wenn Betriebsveräußerer und Erwerber unterschiedliche natürliche oder juristische Personen oder Personengesamtheiten sind. Schwierigkeiten ergeben sich insbesondere bei der Beurteilung gesellschaftsrechtlicher Vorgänge. So nimmt der Senat einen Wechsel des Betriebsinhabers an, wenn ein Betrieb als Sacheinlage in eine zu gründende Gesellschaft eingebracht wurde, gleichgültig ob es sich bei der zu gründenden Gesellschaft um eine solche mit eigener Rechtspersönlichkeit (GmbH, AG) oder um eine Personengesellschaft (OHG, KG, BGB-Gesellschaft) handelt.[615] Hingegen könne ein Wechsel von Gesellschaftern einer Personenhandelsgesellschaft, die einen Betrieb betreibt, die Rechtsfolgen des § 613a BGB mangels Betriebsinhaberwechsels nicht auslösen. Denn hier seien nicht die einzelnen Gesellschafter Betriebsinhaber, sondern die zur Gesellschaft zusammengefaßte Gesamtheit der Gesellschafter.[616] Ebenso hat ein Wechsel der Rechtsform auf die Identität des Rechtssubjekts keinen Einfluß, so daß die formwechselnde Umwandlung nach §§ 190 ff. UmwG ebenfalls keinen Betriebsübergang darstellt[617]. Eine umfassende Erörterung der denkbaren gesellschaftsrechtlichen Konstellationen soll an dieser

---

611 BAG v. 20.11.84 - EzA § 613a BGB Nr. 41.

612 BAG v. 12.11.1998, NZA 1999, 310 (311); BAG v. 18.3.1999, NZA 1999, 704 (705) - dies entspricht der neuen Rechtsprechung, wonach es auf die tatsächliche Weiterführung bzw. Wiederaufnahme der Geschäftstätigkeit ankommt; vgl. auch Ahrens, Anm. zu BAG v. 18.3.1999, EzA Nr. 177 zu § 613a BGB S. 9 f. mwN.

613 BAG v. 26.3.1996, AP Nr. 148 zu § 613a BGB, 204 (205 f) - dies entspricht noch der vormals vom BAG vertretenen Theorie der Fortführungsmöglichkeit.

614 BAG v. 3.5.1983, AP Nr. 4 zu § 128 HGB = NJW 1983, 2283; GroßkommKündR/Steffan, § 613a BGB, Rn. 52.

615 BAG v. 25.06.85 - EzA Nr. 48 zu § 613a BGB.

616 BAG v. 15.01.91 - EzA Nr. 101 zu § 303 AktG.

617 GroßkommKündR/Steffan, § 613a BGB, Rn. 52.

Stelle aber nicht geleistet werden, da dieses eher eine gesellschaftsrechtliche Problematik, denn ein spezifisches Problem des § 613a BGB ist[618].

2. Der Zeitpunkt des Betriebsübergangs

Nach der bisherigen Rechtsprechung des BAG war das Kriterium „Betriebsinhaberwechsel" auch entscheidend für die Festlegung des Zeitpunktes des Betriebsübergangs. Dazu hat der Senat in einer Entscheidung vom 26.3.1996 ausgeführt[619]:

> Für die Ermittlung des Zeitpunkts, zu dem der Betrieb übergegangen ist, kommt es entscheidend darauf an, wann der Betriebserwerber aufgrund rechtsgeschäftlicher Übereinkunft in die Lage versetzt worden ist, die Leitungsmacht im Betrieb mit dem Ziel der Betriebsfortführung auszuüben. Es ist nicht entscheidend, daß die Betriebsleitungsmacht zu diesem Zeitpunkt bereits tatsächlich ausgeübt worden ist.

Umgekehrt hat das BAG § 613a BGB auch dann für anwendbar gehalten, wenn der Inhaber dem Erwerber die tatsächliche Verfügungsmacht bereits verschafft hat, bevor das Rechtsgeschäft endgültig vereinbart wurde[620].

In neueren Entscheidungen des Gerichts kam es noch nicht entscheidend auf den Zeitpunkt des Betriebsübergangs an. Das BAG geht ersichtlich zwar weiterhin davon aus, daß der Betriebsübergang mit dem Wechsel in der Person des Inhabers des Betriebs eintritt[621]. Ob nun dazu noch erforderlich ist, daß der neue Inhaber den Betrieb auch schon tatsächlich weiterführt, ist bisher nicht Gegenstand einer Entscheidung des BAG gewesen.

---

[618] Eine ausführliche Darstellung hierzu findet sich aber u.a. bei: GroßkommKündR/Steffan, § 613a BGB, Rn. 52 ff; Pietzko, S. 91ff; MüHbArbR/Wank, § 124, Rn. 61ff.

[619] AP Nr. 148 zu § 613a BGB, 204 (205 f.) mwN: In dieser Entscheidung kam es auf den Zeitpunkt deswegen an, weil das veräußernde Unternehmen Konkurs angemeldet hatte. In Fällen dieser Art ist der Zeitpunkt des Betriebsübergangs von besonderer Bedeutung, da § 613a Abs. 1 S. 1 BGB in Insolvenzverfahren nach der Rechtsprechung nur modifiziert Anwendung findet. Die Arbeitsverhältnisse werden zwar bei Betriebsübertragungen inhaltsgleich und ununterbrochen fortgeführt. Die Haftungsfolgen werden jedoch dahingehend modifiziert, daß der Betriebserwerber nicht für solche Entgeltforderungen und Versorgungsanwartschaften haftet, die vor dem Übergang erdient worden sind. Vgl. hierzu näher Moll, Anm. zu BAG v. 26.3.1996, AP Nr. 148 zu § 613a BGB, 1289 mwN.

[620] BAG v. 8.11.1988, AP Nr. 6 zu § 1 BetrAVG (Betriebsveräußerung) = NZA 1989, 679.

[621] BAG v. 18.2.1999, NZA 1999, 648 (649); BAG v. 18.3.1999, NZA 1999, 704 (705).

III. Stellungnahme

1. Zu den Anforderungen an einen Inhaberwechsel nach der Rechtsprechung

Die Rechtsprechung von EuGH und BAG stimmt inhaltlich überein. Im Rahmen des Merkmals „Inhaberwechsel“ wird zunächst vom EuGH und vom BAG festgestellt, ob der bisherige und neue Inhaber der wirtschaftlichen Einheit überhaupt (rechtlich) personenverschieden sind, was insbesondere bei gesellschaftsrechtlichen Vorgängen wie Umwandlungen, Spaltungen, Gesellschafterwechseln etc. oftmals einer näheren Prüfung bedarf. Dieses Verständnis entspricht, wie Pietzko[622] zutreffend anmerkt, der tatbestandlichen Systematik des § 613a BGB (und der Richtlinie 2001/23/EG). Eine rechtliche Zuordnung der Arbeitsverträge, d.h. die Stellung als Arbeitgeber, kann nur gegenüber einer natürlichen oder juristischen Person vorgenommen werden. Fallen nun durch den Übergang der wirtschaftlichen Einheit die Betriebsinhaberschaft und die Arbeitgeberstellung auseinander, wird über § 613a BGB die Wiederherstellung der Identität angeordnet[623].

Des weiteren stimmen EuGH und BAG darin überein, daß entscheidend die faktische Betriebsinhaberschaft z.B. durch eine Nutzungsüberlassung im Rahmen eines Pachtvertrages und nicht der rechtliche Eigentumsübergang ist. Auch diese Sichtwiese ist zutreffend[624]. Wie schon gezeigt[625], ist das zentrale Tatbestandsmerkmal der Richtlinie und des § 613a BGB der „Übergang eines (Unternehmens, Unternehmensteiles,) Betriebs oder Betriebsteiles“. Im Rahmen dieses Tatbestandsmerkmals kommt es, wie ebenfalls schon gezeigt, auf die tatsächliche Übernahme von Faktoren an, die die Identität der Einheit ausmachen. Entsprechend muß es auch für die Inhaberschaft über die Einheit, die die Summe der einzelnen Faktoren bildet, auf die Übernahme der tatsächlichen Nutzungsmöglichkeit ankommen. Dies ist gegeben, wenn der Erwerber die Leitungsgewalt über die Einheit innehat. Wenn das BAG mittlerweile nicht mehr auf den bloßen Erwerb der Leitungsmacht abstellt, sondern die tatsächliche Fortführung der Einheit verlangt, entspricht dies nur der geänderten Rechtsprechung des Senats weg von der Theorie der Fortführungsmöglichkeit hin zur Weiterführung bzw. Wiederaufnahme der Geschäftstätigkeit.

---

[622] Pietzko, S. 83.

[623] Pietzko, S.83, bezeichnet dies als Grundsatz der Identität von Betriebsinhaberschaft und Arbeitgeberstellung.

[624] So auch v. Alvensleben, S. 177 ff., der u.a. mit dem Wortlaut des ursprünglichen Richtlinienentwurfs und den verschiedenen sprachlichen Fassungen der Richtlinie 77/187/EWG (2001/23/EG) in den Mitgliedsländern argumentiert.

[625] S.o. 3. Teil A. III.

2. Zur Frage des Zeitpunktes des Betriebsübergangs

Fraglich ist, ob die Folgen eines Betriebsübergangs den neuen Inhaber nunmehr erst ab dem Zeitpunkt treffen sollten, in dem er die wirtschaftliche Einheit tatsächlich weiterführt. Dafür spricht, daß der Tatbestand des Betriebsübergangs nach der neuen Rechtsprechung von BAG und EuGH erst ab diesem Zeitpunkt tatsächlich erfüllt ist. Andererseits wird hierdurch nur sichergestellt, daß ein Betriebsübergang nur dann angenommen wird, wenn der Erwerber auch tatsächlich die bisher bestehende Einheit zu seinen Gunsten weiternutzen will. Nur weil einem Verpächter die Einheit aufgrund Zeitablaufs des Pachtvertrags wieder zufällt, soll dieser noch nicht die Arbeitnehmer der Einheit übernehmen müssen. In Fällen, in denen der Erwerber sich die Einheit letztendlich zunutze macht, sollte dennoch daran festgehalten werden, als maßgeblichen Zeitpunkt den der Erlangung der tatsächlichen Leitungsmacht über die betreffende Einheit anzusehen[626]. Denn es darf dem Betriebserwerber nicht zugute kommen, wenn unter seiner Leitungsmacht zunächst eine Betriebspause zur Durchführung von Renovierungsarbeiten durchgeführt wird. In diesem Fall erscheint der Eintritt der Rechtsfolgen schon zum Zeitpunkt des Erhalts der Leitungsmacht angemessen.

---

[626] So auch Annuß, BB 1998, 1582 (1584), der allerdings außerdem das Erfordernis der tatsächlichen Fortführung insoweit subjektivieren will, so daß dem rechtsgeschäftlichen Willen des Erwerbers im Zeitpunkt des Betriebs(teil)übergangs maßgebliche Bedeutung zukommt.

D. „Durch vertragliche Übertragung oder durch Verschmelzung" bzw. „durch Rechtsgeschäft"

I. Die Rechtsprechung des EuGH

1. Das allgemeine Verständnis des Tatbestandsmerkmals „durch vertragliche Übertragung oder durch Verschmelzung"

Zu prüfen ist, welchen Begriffsinhalt der EuGH dem Tatbestandsmerkmal der Richtlinie 2001/23/EG „durch vertragliche Übertragung oder durch Verschmelzung" beimißt.

Im Rahmen einer Untersuchung der EuGH-Rechtsprechung zum Tatbestandsmerkmal „durch vertragliche Übertragung" steht zunächst einmal die Feststellung, daß der Gerichtshof zur Ausfüllung dieses Begriffs nicht wie i.R.d. Tatbestandsmerkmals „Übergang von Unternehmen, Betrieben oder (Unternehmens- bzw.) Betriebsteilen" abstrakte Grundsätze geschaffen hat, die er jeder Entscheidung voranstellt und die dann die Grundlage einer jeden Entscheidung sind[627]. Ein Bild der Sichtweise des EuGH ergibt sich vielmehr erst, wenn man sich die einzelnen Entscheidungen des Gerichtshofs und die hierin enthaltenen Aussagen zur „vertraglichen Übertragung" näher anschaut.

Nach Ansicht des EuGH läßt sich die Tragweite des fraglichen Merkmals wegen der Unterschiede zwischen den sprachlichen Fassungen und des unterschiedlichen Begriffsinhalts im Recht der Mitgliedstaaten nicht allein aufgrund einer wörtlichen Auslegung bestimmen[628]. Vielmehr versteht der Gerichtshof den Begriff der „vertraglichen Übertragung" in einer Weise, daß er dem Zweck der Richtlinie, dem Schutz der Arbeitnehmer bei der Übertragung ihres Unternehmens, gerecht wird[629]. Dementsprechend sei die Richtlinie in allen Fällen anwendbar, in denen die für den Betrieb des Unternehmens verantwortliche juristische oder natürliche Person, die die Arbeitgeberverpflichtungen gegenüber den Beschäftigten des Unternehmens eingehe, im Rahmen vertraglicher Beziehungen wechsele[630]. Eine rechtsgeschäftliche Übertragung des Eigentums an der Einheit sei nicht erforderlich. Es sei auch ausreichend, wenn die Entscheidung für die Übertragung einseitig - z.B. von einer öffentlichen Körperschaft[631] - getroffen werde, und eine vertragliche Beziehung

[627] Auf das Fehlen derartiger allgemeiner Ausführungen weist auch zutreffend v. Alvensleben, S. 193, hin.

[628] Abels - Rn. 11-13; Stichting - Rn. 10.

[629] Stichting - Rn. 11.

[630] Ny Mølle Kro - Rn. 12; Daddy's Dance Hall - Rn. 9; Stichting - Rn. 11; Bork - Rn. 13; Merckx, Neuhuys - Rn. 28; Hidalgo - Rn. 23.

[631] So lag es in der Rechtssache Stichting - 15, 16.

zwischen Veräußerer und Erwerber überhaupt nicht bestehe[632]. Die Übertragung könne auch in zwei Schritten unter Einschaltung eines Dritten, wie z.B. des Eigentümers oder des Verpächters, erfolgen[633].

Der Rechtsprechung des EuGH liegt damit ein außerordentlich weites Verständnis des Tatbestandsmerkmales „durch vertragliche Übertragung" zugrunde[634]. Dieses weite Verständnis zeigt sich in den einzelnen Entscheidungen. Hiernach ist nicht erforderlich, daß die „vertragliche Übertragung" im beiderseitigen Einvernehmen erfolgt. So hat der EuGH die Voraussetzung z.B. in einem Fall als erfüllt angesehen, in dem die Eigentümerin eines verpachteten Unternehmens den Pachtvertrag nach Vertragsverletzungen der Pächterin gekündigt und die Geschäftsführung des Unternehmens selbst wieder übernommen hat. Denn auch eine solche Übertragung erfolge letztendlich aufgrund des Pachtvertrages[635]. Weiterhin kann die „vertragliche Übertragung" - wie in den Fällen der Auftragsnachfolge - von einem Dritten ausgehen. Im Fall „Daddy's Dance Hall", in dem ein verpachteter Restaurantbetrieb nach Beendigung der Pacht vom Eigentümer an einen neuen Betreiber weiterverpachtet wird, hat der EuGH das Tatbestandsmerkmal als erfüllt angesehen. Vertragliche Beziehungen zwischen dem Alt- und dem Neupächter seien hierfür nicht erforderlich, es sei vielmehr ausreichend, wenn in diesem Fall die Übertragung in zwei Schritten erfolge[636]. Ausreichend sei es auch, wenn ein Auftraggeber, der die Reinigung seiner Geschäftsräume vertraglich einem ersten Unternehmer anvertraut hat, der die Ausführung dieses Auftrags einem Subunternehmer übertragen hat, diesen Vertrag beendet und zur Durchführung dieser Arbeiten einen neuen Vertrag mit einem zweiten Unternehmer schließt[637]. Schließlich hat der Gerichtshof eine „vertragliche Übertragung" auch bei der vollständigen und endgültigen Beendigung der Tätigkeit einer juristischen Person infolge des Entzugs öffentlicher Subventionen und der anschließenden Gewährung dieser Subventionen an eine andere juristische Person mit gleicher Zielsetzung[638] sowie bei der Veräußerung eines Bar- und Discothekenbetriebs im Wege des Mietkaufs und der Rückgabe des Betriebs aufgrund einer gerichtlichen Entscheidung[639] angenommen.

---

632 Stichting - Rn. 15; Mercx, Neuhuys - Rn. 30; Ayse Süzen - Rn. 11; Hidalgo - Rn. 22; Oy Liikenne - Rn. 29.

633 Daddy's Dance Hall - Rn. 10; Bork - Rn. 14; Oy Liikenne - Rn. 29; Temco - Rn. 31.

634 So auch Blomeyer/Huep, Anm. zu Ayse Süzen, EzA Nr. 145 zu § 613a BGB, S. 8 f.

635 Ny Mølle Kro - Rn. 14; ähnlich Hernandez Vidal - Rn. 25.

636 Daddy's Dance Hall - Rn. 10; weitere Fälle einer Auftragsnachfolge, in denen der EuGH von einer „vertraglichen Übertragung" ausgegangen ist, sind Merckx, Neuhuys - Rn. 30; Ayse Süzen - Rn. 11; Hidalgo - Rn 22; Oy Liikenne - Rn. 15 ff.

637 Temco – Rn. 32, zugleich Leitsatz.

638 Stichting - Rn. 16 f.

639 Berg u. Busschers - Rn. 19 f.

Bezüglich des Tatbestandsmerkmals „Verschmelzung“ ist festzustellen, daß der Gerichtshof bislang noch keine Gelegenheit hatte, sich zur Auslegung dieses Tatbestandsmerkmals im Rahmen der Richtlinie 2001/23/EG ausdrücklich zu äußern. Bezüglich der europarechtlichen Ausgestaltung liegt es nahe, vom Verschmelzungsbegriff der „Dritten Richtlinie 78/855/EWG gemäß Art. 54 Abs. 3 Buchstabe g) des Vertrages betreffend die Verschmelzung von Aktiengesellschaften“[640] vom 9.10.1978 auszugehen[641].

2. Besondere Fallkonstellationen

Der EuGH hatte zudem zu entscheiden, ob eine „vertragliche Übertragung“ auch in besonderen Fallkonstellationen, wie im Konkursverfahren, im niederländischen Zahlungsaufschubverfahren (surséance van betailing), bei Vorliegen einer Krise gem. dem italienischen Gesetz Nr. 675 vom 12.8.1977 sowie im belgischen gerichtlichen und freiwilligen Liquidationsverfahren, vorliegt. Für den Gerichtshof kommt es dabei

> für die Beurteilung der Frage, ob die Richtlinie auf den Übergang eines Unternehmens anwendbar ist, das Gegenstand eines Verwaltungs- oder Gerichtsverfahrens ist, entscheidend auf das mit dem fraglichen Verfahren angestrebte Ziel an (...). Außerdem sind die Ausgestaltung des jeweiligen Verfahrens, insbesondere soweit sie zu einer Weiterführung oder Einstellung des Unternehmens führt, und die Zielsetzung der Richtlinie zu berücksichtigen[642].

a) Konkurs und niederländisches Zahlungsaufschubverfahren

In der Rechtssache „Abels“ entschied der EuGH, daß die Richtlinie in Fällen nicht anwendbar sei, in denen über das Vermögen des Veräußerers der Konkurs eröffnet worden ist und das betreffende Unternehmen oder der betreffende Betrieb zur Konkursmasse gehört[643]. Den Mitgliedstaaten stehe es aber unabhängig vom Gemeinschaftsrecht dennoch offen, die Grundsätze der Richtlinie auf einen solchen Übergang anzuwenden[644]. Dies begründete der EuGH mit der Sonderstellung des Konkursrechts und der Zielsetzung der Richtlinie. Das Konkursrecht sei durch besondere Verfahren gekennzeichnet, die einen Ausgleich zwischen verschiedenen Interessen bezweckten, und dessen Ausgestaltung zudem in den einzelnen

---

[640] ABl. 1978, L 295 S. 36 ff.

[641] So auch v. Alvensleben, S. 208. Die Richtlinie beschränkt sich allerdings auf Aktiengesellschaften. Eine derartige Beschränkung ist in der Richtlinie 2001/23/EG nicht vorgesehen und vom Schutzzweck der Richtlinie her auch nicht gerechtfertigt. Zum Verschmelzungsbegriff im einzelnen siehe v. Alvensleben, S. 208 ff.

[642] Europièces/Sanders - Rn. 28; So auch Dethier Equipement - Rn. 25; D'Urso - Rn. 26; Spano - Rn. 24; Abels - Rn. 14 ff.

[643] Abels - Rn. 23 (zugleich Leitsatz).

[644] Abels - Rn. 24 (zugleich Leitsatz).

Mitgliedstaaten sehr unterschiedlich sei. Dies zeige sich auch in der Richtlinie 75/129 des Rates zur Angleichung der Rechtsvorschriften der Mitgliedstaaten über Massenentlassungen[645], die ebenso wie die Richtlinie 77/187 (2001/23/EG) zur Verwirklichung der Ziele des Art. 117 EWG-Vertrag[646] erlassen worden sei. Hierin sei in Art. 1 Abs. 2d) bestimmt, daß die Richtlinie nicht für Arbeitnehmer gelte, die von der Einstellung der Tätigkeit des Betriebs betroffen seien, „wenn diese Einstellung aufgrund einer gerichtlichen Entscheidung erfolgt“[647]. Diese Aspekte ließen insgesamt den Schluß zu, daß in der Richtlinie eine entsprechende ausdrückliche Vorschrift aufgenommen worden wäre, wenn sie auch für den Übergang von Unternehmen im Rahmen solcher Verfahren hätte gelten sollen[648]. Eine solche Auslegung erscheine auch im Hinblick auf die Zielsetzung der Richtlinie 77/187/EWG (2001/23/EG) geboten. Es lasse sich nämlich im Falle der Anwendung der Richtlinie nicht ausschließen, daß dieses zu einer Verschlechterung der Lebens- und Arbeitsbedingungen der Arbeitnehmer infolge der Tatsache führe, daß die Anwendung der Richtlinie einen möglichen Erwerber vom Kauf des Unternehmens abhalten könne[649].

Demgegenüber entschied das Gericht im selben Fall für das niederländische Zahlungsaufschubverfahren, daß dieses in den Anwendungsbereich der Richtlinie falle. Ein derartiges Verfahren weise zwar gewisse Gemeinsamkeiten mit dem Konkursverfahren auf, u.a. habe es ebenso wie dieses den Charakter eines gerichtlichen Verfahrens. Andererseits unterscheide es sich vom Konkursverfahren dadurch, daß die gerichtliche Kontrolle der Eröffnung und des Ablaufs weit weniger weit reiche. Außerdem sei das Ziel eines solchen Verfahrens in erster Linie die Sicherung der Vermögensmasse und ggf. die Weiterführung des Unternehmens, indem die Zahlungsverpflichtungen gestundet würden, um eine Regelung zu finden, die den Betrieb des Unternehmens für die Zukunft sicherstellt. Infolgedessen, so der EuGH, gelten die Gründe, die der Anwendung der Richtlinie im Konkurs entgegenstehen, nicht für ein Verfahren, das in einem früheren Stadium stattfindet[650].

---

645 Richtlinie v. 17.2.1975, ABl. L 48, S.29.

646 Art. 136 EGV n.F.

647 Abels - Rn. 16.

648 Abels - Rn. 14-17.

649 Abels - Rn. 18-23: Diese Gefahr sah auch die niederländische Regierung und die Kommission, hingegen hielten die dänische Regierung und die Berufsgenossenschaft für die Metallindustrie die Arbeitnehmer eines in Konkurs gefallenen Arbeitgebers gerade für besonders schutzwürdig.

650 Abels - Rn. 25-30.

b) Italienische Krise, belgisches gerichtliches und freiwilliges Liquidationsverfahren

In einer weiteren Entscheidung, der Rechtssache „Spano“, entschied der EuGH, daß die Richtlinie auch bei Vorliegen einer Krise gem. dem italienischen Gesetz Nr. 675 anwendbar sei. Denn der Akt, mit dem festgestellt werde, daß sich ein Unternehmen in einer Krise befinde, solle die wirtschaftliche und finanzielle Gesundung, vor allem jedoch die Aufrechterhaltung der Beschäftigung des Unternehmens ermöglichen. Da das betreffende Verfahren somit die Förderung der Aufrechterhaltung der Tätigkeit bezwecke und das Verfahren im Gegensatz zum Insolvenzverfahren keinerlei gerichtliche Kontrolle oder Maßnahme zur Verwaltung des Vermögens des Unternehmens umfasse, könne die Richtlinie 77/187/EWG (2001/23/EG) Anwendung finden[651].
Schließlich hat der EuGH in den Rechtssachen „Dethier Equipement“ und „Sanders“ ebenfalls festgestellt, daß Verfahren und Ausgestaltung des belgischen gerichtlichen und freiwilligen Liquidationsverfahrens der Anwendbarkeit der Arbeitnehmerschutzrichtlinie 2001/23/EG nicht entgegenstehen[652]. Das ergebe sich sowohl aus der Zielsetzung als auch aus der Ausgestaltung der jeweiligen Verfahren. Das gerichtliche Liquidationsverfahren bezwecke die Liquidation der Vermögenswerte durch Verwertung der Aktiva zugunsten der Gesellschaft selbst und erst in zweiter Linie zugunsten etwaiger Gläubiger der Gesellschaft. Die Einleitung der Liquidation habe nicht zur Voraussetzung, daß die Verbindlichkeiten die Aktiva übersteigen. Damit könne dieses Verfahren zwar eine Vorstufe zum Konkurs darstellen, sie könne aber auch dann stattfinden, wenn die Gesellschafter nur nicht mehr zusammenarbeiten wollen[653]. Das Verfahren sei weiter so ausgestaltet, daß der Liquidator, obwohl vom Gericht ernannt, ein Organ der Gesellschaft sei, das unter Aufsicht der Hauptverwaltung die Aktiva veräußere. Zudem gebe es kein besonderes Verfahren zur Feststellung der Verbindlichkeiten unter gerichtlicher Kontrolle und ein Gläubiger könne - anders als im Konkurs - grundsätzlich die Zwangsvollstreckung seiner Forderung gegen die Gesellschaft betreiben und deren Verurteilung erwirken[654]. Folglich seien die Erwägungen, die zu einem Ausschluß der Richtlinie in Konkursfällen führten, nicht einschlägig. Dasselbe gelte für die freiwillige Liquidation, die im wesentlichen einer gerichtlichen Liquidation entspreche, abgesehen davon, daß die Hauptversammlung der Gesellschaft und nicht das Gericht die Entscheidung über die Liquidation treffe, die Liquidatoren ernenne und deren Befugnisse festlege[655].

---

651 Spano - Rn. 26-29.
652 Zur Begründung im Einzelfall siehe Dethier Equipement - Rn. 26-32; Sanders - Rn. 33-36.
653 Dethier Equipement - Rn. 26.
654 Dethier Equipement - Rn. 29.
655 Sanders - Rn. 33.

c) Umsetzung der EuGH-Rechtsprechung in der geänderten Richtlinie 77/187/EWG

Die eben geschilderte Rechtsprechung hat teilweise Eingang in Art. 4a) der Neufassung der Richtlinie 77/187/EWG durch die Richtlinie 98/50/EG gefunden. Art. 4a) der geänderten Richtlinie 77/187/EWG entspricht Art. 5 der Richtlinie 2001/23/EG. Nach Art. 5 Richtlinie 2001/23/EG gelten die Art. 3 und 4 der Richtlinie nicht, wenn der Veräußerer ein Konkurs- oder ein entsprechendes Verfahren mit dem Ziel der Auflösung seines Vermögens einleitet, sofern die Mitgliedstaaten keine andere Regelung vorsehen. Art. 4a Abs. 2 und 3 der Richtlinie sehen zudem bestimmte Befugnisse für die Mitgliedstaaten für Fallkonstellationen vor, in denen sich der Veräußerer in einem Zahlungsunfähigkeitsverfahren (Abs. 2) oder einer schwierigen wirtschaftlichen Lage (Abs. 3) befindet.

3. Die Übertragung bei Betrieben der öffentlichen Hand

Schließlich hatte der EuGH sich mit der Anwendbarkeit der Richtlinie bei der Übertragung von Betrieben der öffentlichen Hand zu beschäftigen. In der Rechtssache „Henke“ ging es um die Frage, ob die Richtlinie 2001/23/EG anwendbar ist, wenn eine Gemeinde zusammen mit einer anderen Gemeinde gem. § 75 Gemeindeordnung Sachsen-Anhalt[656] eine Verwaltungsgemeinschaft bildet, auf die sie Verwaltungsaufgaben überträgt. Dazu hat der Gerichtshof entschieden, daß die strukturelle Neuordnung der öffentlichen Verwaltung oder die Übertragung von Verwaltungsaufgaben von einer öffentlichen Verwaltung auf eine andere keinen Unternehmensübergang im Sinne der Richtlinie 77/187/EWG (2001/23/EG) darstellt. Wie sich aus der Präambel der Richtlinie 77/187/EWG, insbesondere der ersten Begründungserwägung ergebe, solle diese Arbeitnehmer vor den Nachteilen schützen, die sich für sie aus den Änderungen in den Unternehmensstrukturen ergeben können, welche durch die wirtschaftliche Entwicklung auf einzelstaatlicher und gemeinschaftlicher Ebene bedingt und u.a. Folge des Übergangs von Unternehmen, Betrieben oder Betriebsteilen auf einen anderen Inhaber durch vertragliche Übertragung oder Verschmelzung seien[657]. Die Übertragung im zugrundeliegenden Verfahren, die zwischen einer Gemeinde und einer Verwaltungsgemeinschaft stattgefunden habe, habe offensichtlich nur hoheitliche Tätigkeiten betroffen. Selbst wenn diese Tätigkeiten wirtschaftliche Tätigkeiten eingeschlossen hätten, würde diesen nur untergeordnete Bedeutung zukommen[658].

---

[656] Gemeindeordnung für das Land Sachsen-Anhalt vom 5.10.1993 (Sachs-AnhGVBl Nr. 43/1993, S. 568) i.d.F. des Gesetzes zur Änderung des Gesetzes über kommunale Gemeinschaftsarbeit und andere kommunalrechtliche Vorschriften (SachsAnhGVBl Nr. 7/1994, S. 164).

[657] Henke - Rn. 13.

[658] Henke - Rn. 14 u. 17.

Hingegen könne allein die Tatsache, daß die übertragene Aufgabe durch eine Einrichtung des öffentlichen Rechts, z.B. eine Gemeinde, vergeben worden sei oder daß eine Tätigkeit von einer juristischen Person des Privatrechts auf eine juristische Person des öffentlichen Rechts übertragen werde, die Anwendung der Richtlinie nicht ausschließen[659]. Es komme vielmehr allein darauf an, daß es sich bei der übertragenen Aufgabe um keine hoheitliche handele[660]. Die Rechtsform des veräußernden oder erwerbenden Unternehmens sei nicht von Belang, da der Begriff des Unternehmens nach ständiger Rechtsprechung eine wirtschaftliche Einheit meine. Daher könne die Richtlinie auch auf öffentliche Unternehmen angewendet werden, die einer wirtschaftlichen Tätigkeit nachgingen[661]. Der Anwendung der Richtlinie bei der Übertragung einer wirtschaftlichen Tätigkeit stehe auch nicht entgegen, daß die Tätigkeit ohne Erwerbszweck oder im öffentlichen Interesse ausgeübt werde.

Diese Rechtsprechung des Gerichtshof ist zwischenzeitlich Inhalt der durch die Richtlinie 98/50/EG neugefaßten Richtlinie 77/187/EWG geworden, die mittlerweile von der Richtlinie 2001/23/EG abgelöst worden ist. Dort heißt es in Art. 1 Abs. 1c):

Diese Richtlinie gilt für öffentliche und private Unternehmen, die eine wirtschaftliche Tätigkeit ausüben, unabhängig davon, ob sie Erwerbszwecke verfolgen oder nicht. Bei der Übertragung von Aufgaben im Zuge einer Umstrukturierung von Verwaltungsbehörden oder bei der Übertragung von Verwaltungsaufgaben von einer Behörde auf eine andere handelt es sich nicht um einen Übergang im Sinne dieser Richtlinie.

II. Die Rechtsprechung der nationalen Arbeitsgerichtsbarkeit

1. Das allgemeine Verständnis des Tatbestandsmerkmals „durch Rechtsgeschäft“

Das entsprechende nationale Tatbestandsmerkmal zur europarechtlichen „vertraglichen Übertragung“ bzw. „Verschmelzung“ bildet das Tatbestandsmerkmal in § 613a Abs. 1 BGB „durch Rechtsgeschäft“. Eine Entsprechung zur „Verschmelzung“ besteht also nicht[662]. Das BAG hatte seine Sichtweise zum Tatbestandsmerkmal „durch Rechtsgeschäft“ ferner schon entwickelt, bevor die genannten Entscheidungen des EuGH zur Auslegung der Richtlinie 2001/23/EG ergangen sind und hat an dieser Sichtweise auch nach Anpassung seiner Rechtsprechung an die des EuGH zum Tatbestandsmerkmal „Übergang eines Betriebs oder Betriebs-

[659] Hidalgo - Rn. 24; Collino - Rn 32; Mayeur - Rn. 33.
[660] Collino - Rn. 32.
[661] Mayeur - Rn. 32 u. 34.
[662] Siehe hierzu aber unten im Rahmen der Stellungnahme unter 3. Teil D. III. 1. b).

teiles“ im Jahre 1997 im wesentlichen[663] festgehalten. Nach dem BAG liegt der Zweck der Beschränkung des § 613a BGB auf rechtsgeschäftliche Betriebsübergänge darin, die Fälle der Gesamtrechtsnachfolge kraft Gesetzes oder sonstigen Hoheitsaktes von der Anwendung der Vorschrift auszuschließen[664]. Fälle einer Universalsukzession kraft Gesetzes sind insbesondere die Erbfolge gem. §§ 1922 ff. BGB sowie gesellschaftsrechtliche Umwandlungen. Hierbei geht das Vermögen einschließlich der Schulden kraft Gesetzes auf den neuen Rechtsträger über. Dazu gehört dann auch der Eintritt in die bisher bestehenden Arbeitsverhältnisse. Die Gesamtrechtsnachfolge führt also schon von ihrem Rechtscharakter her grundsätzlich zu demselben Ergebnis, das § 613a BGB für den rechtsgeschäftlichen Betriebsübergang anordnet. Das gleiche gilt im Fall der Gesamtrechtnachfolge durch Hoheitsakt. Aus dem Vorgenannten resultiert ein weites Verständnis des Tatbestandsmerkmals.

Das BAG verlangt, daß der Inhalt des Rechtsgeschäfts dem Erwerber die Möglichkeit zur Betriebsfortführung eröffnen muß[665]. Es sei aber nicht erforderlich, daß dem Erwerber die Befugnis zur Fortführung des Betriebs übertragen wurde[666]. Ein einheitliches Rechtsgeschäft müsse einem Betriebsübergang ebenfalls nicht zugrunde liegen. Vielmehr genüge es, wenn die Übernahme der Leitungsmacht auf einem „Bündel“ von Rechtsgeschäften beruhe, soweit diese Rechtsgeschäfte insgesamt den Betriebsübergang herbeiführten[667]. Außerdem sei nach Wortlaut sowie Sinn und Zweck der Bestimmung nicht erforderlich, daß das Rechtsgeschäft unmittelbar zwischen altem und neuem Betriebsinhaber abgeschlossen werde.[668]

Diese Grundsätze lassen sich an einer neueren Entscheidung zur Auftragsnachfolge verdeutlichen. So nahm der Senat in seiner Entscheidung vom 11.12.1997, in der die Beklagte einen Reinigungsauftrag von einer Universität neu zugesprochen bekam und hierzu 60 von ursprünglich 70 Arbeitnehmern der bisher mit der Reinigungsaufgabe betrauten Firma übernahm, einen rechtsgeschäftlichen Betriebsübergang an[669]. In diesem Fall lag keinerlei rechtsgeschäftliche Vereinbarung

---

[663] Anders bei der Anwendung des § 613a BGB im Fall der Neugründung einer Kapitalgesellschaft nach § 168 UmwG; vgl. auch BAG v. 25.5.2000.

[664] BAG v. 5.10.1993, NZA 1994, 848; BAG v. 26.8.1999, NZA 2000, 371 (373); BAG v. 7.9.1995, EzA § 613a BGB Nr. 136; BAG v. 25.2.1981, EzA § 613a BGB Nr. 28; BAG v. 18.2.1976, EzA § 613a BGB Nr. 5; BAG v. 8.5.2001, DB 2002, 695 (696).

[665] BAG v. 11.12.1997, BB 1998, 698 (699); BAG v. 18.2.1999, NZA 1999, 648 (649) = BB 1999, 1220 (1221).

[666] BAG v. 11.12.1997, BB 1998, 698 (699); BAG v. 18.2.1999, NZA 1999, 648 (649) = BB 1999, 1220 (1221); anders noch BAG v. 08.11.88 - EzA § 613a BGB Nr. 83.

[667] BAG v. 11.12.1997, BB 1998, 698 (699); BAG v. 18.2.1999, NZA 1999, 648 (649); BAG v. 21.2.1990 - EzA § 613a BGB Nr. 88.

[668] BAG v. 27.7.1994 - ArbuR 1995, 156; BAG v. 14.7.1994 - AuR 1995, 154.

[669] BAG, BB 1998, 698.

zwischen dem ursprünglichen Auftragnehmer („Veräußerer") und dem neuen („Erwerber") vor. Eine Vereinbarung, vielmehr ein „Bündel von Rechtsgeschäften" hat der Erwerber der Einheit jedoch mit den von ihm übernommenen Arbeitnehmern abgeschlossen. Dies hat ihm die Möglichkeit zur Fortführung der wirtschaftlichen Einheit wie bisher eröffnet. Sofern das BAG in dieser Entscheidung von einer Neuorientierung in seiner Rechtsprechung zum Tatbestandsmerkmal „durch Rechtsgeschäft" entsprechend der Rechtsprechung des EuGH spricht, hängt dies nur damit zusammen, daß das BAG bisher i.R.d. Tatbestandsmerkmals „Betriebsübergang" die Arbeitnehmer auf Tatbestandsseite nicht berücksichtigt hatte. Somit konnten sie auch nicht „Gegenstand eines Rechtsgeschäfts" sein[670]. Die Möglichkeit aber, daß § 613a BGB eingreift, ohne daß rechtsgeschäftliche Vereinbarungen zwischen bisherigem und neuem Inhaber bestünden, hat das BAG schon vor seinem Rechtsprechungswandel hin zur EuGH-Rechtsprechung angenommen[671].

Weitere Fallkonstellationen, die Rechtsgeschäfte i.S.v. § 613a Abs. 1 S. 1 BGB nach der BAG-Rechtsprechung darstellen sind z.B. Kauf, Miete[672], Einräumung eines Nießbrauchs[673] oder auch die Kündigung eines Pachtvertrags, durch den der verpachtete Betrieb an den Verpächter zurückfällt[674]. Schließlich komme es auch nicht auf die Wirksamkeit des oder der dem Betriebsübergang zugrundeliegenden Rechtsgeschäfte an. Dies ergebe sich aus dem Schutzcharakter der Norm zugunsten der Arbeitnehmer[675].

2. Besondere Fallkonstellationen

Auch die BAG-Rechtsprechung zur Anwendbarkeit des § 613a BGB in besonderen Fallkonstellationen, wie z.B. der Insolvenz, Zwangsvollstreckung, Zwangsverwaltung oder Testamentsvollstreckung, weist einige Besonderheiten auf, auf die im folgenden kurz eingegangen werden soll.

---

670 So noch BAG v. 22.5.1985, EzANr. 45 zu § 613a BGB, 284 (293, zugleich Leitsatz).

671 So z.B. BAG v. 25.02.81 - EzA § 613a BGB Nr. 28.

672 BAG v. 26.2.1987 - EzA § 613a BGB Nr. 62; BAG v. 9.2.1994 - NZA 1994, 612 f.

673 BAG v. 15.11.1978 - EzA § 613a BGB Nr. 21.

674 BAG v. 22.5.1985 - AP Nr. 43 zu § 613a BGB; BAG v. 25.2.1981 - AP Nr. 24 zu § 613a BGB, Bl. 1,2; BAG v. 21.1.1988 - EzA Nr. 73 zu § 613a BGB; BAG v. 27.4.1994 - EZA Nr. 126 zu § 613a BGB; Gaul Betriebsübergang, S.67. Allerdings ist in diesem Fall nach der neuen europäischen und deutschen Rechtsprechung das Tatbestandsmerkmal „Betriebsübergang" nur erfüllt, wenn der Verpächter die ihm wieder zugefallene Einheit tatsächlich selbst weiterbetreibt.

675 BAG v. 30.6.1994 - EzA Nr. 120 zu § 613a BGB. Das BAG (Entscheidung v. 6.2.1985 - EzA Nr. 44 zu § 613a BGB) nimmt dies auch an, wenn der Betriebserwerber bei Vertragsschluß geschäftsunfähig und das den Betriebsübergang vermittelnde Rechtsgeschäft demzufolge gem. § 104 Abs. 2 BGB nichtig war. Kritisch hierzu RGRK/Ascheid, § 613a BGB, Rn. 124; Erman/Hanau, § 613a BGB, Rn. 31. ErfK/Preis, § 613a BGB, Rn. 61.

a) Insolvenz bzw. Konkurs

Der Weiterführung des Betriebs des Gemeinschuldners nach Eröffnung des Insolvenz- (bzw. in Altfällen des Konkurs-)Verfahrens durch einen Insolvenz- (bzw. Konkurs-)Verwalter liegt keine rechtsgeschäftliche Übertragung zugrunde, dies geschieht vielmehr aufgrund der Verwaltungsverpflichtung des Verwalters nach §§ 80, 148, 159 Insolvenzordnung[676] (bzw. § 117 Konkursordnung[677]) kraft Gesetzes. Dementsprechend hat das BAG in der Weiterführung eines Betriebs durch den Insolvenz- bzw. Konkursverwalter keinen rechtsgeschäftlichen Betriebsübergang erblickt[678].

Überträgt hingegen ein Insolvenz- oder Konkursverwalter den von ihm geführten Betrieb durch Rechtsgeschäft, findet § 613a BGB Anwendung. Dies entsprach schon der ständigen Rechtsprechung des Senats zur KO[679]. Der Gesetzgeber hat durch § 128 Abs. 2 InsO, der bestimmte Vermutungen an das Vorliegen eines arbeitsrechtlichen Betriebsübergangs knüpft, unmißverständlich klargestellt, daß § 613a BGB auch auf Betriebsveräußerungen nach der neuen InsO Anwendung findet[680]. Die Besonderheiten des Konkursrechts (jetzt Insolvenzrecht) werden durch das BAG ebenfalls, allerdings auf haftungsrechtlicher (Rechtsfolgen-)Ebene berücksichtigt. Danach ist § 613a BGB nicht anwendbar, soweit er die Haftung des Erwerbers für bereits entstandene Ansprüche vorsieht. Hier gehen nach Ansicht des BAG die Verteilungsgrundsätze des Insolvenzverfahrens vor[681]. Dieses im Wege der teleologischen Reduktion gefundene Ergebnis rechtfertigt der Senat aus dem Grundsatz der gleichmäßigen Befriedigung aller Gläubiger im Insolvenzfall[682].

b) Zwangsvollstreckung

In Zusammenhang mit einer Zwangsvollstreckung kann es nach der Rechtsprechung des BAG zu einem Betriebsübergang nach § 613a BGB kommen, wenn die Zwangsvollstreckung in ein Grundstück betrieben wird. Allerdings erwirbt der Ersteher mit dem Zuschlag nach §§ 20 Abs. 2, 21, 55, 90 ZVG, 1120 BGB kraft Hoheitsakt nur das Eigentum am Grundstück sowie an den miterfaßten Einzelgegenständen. Der Zuschlag bezieht sich nicht auf den Betrieb als wirtschaftliche Einheit. Zu einem Betriebsübergang kann es daher nach der Rechtsprechung des

---

676 Im folgenden: InsO.

677 Im folgenden: KO.

678 BAG v. 4.12.1986, EzA Nr. 56 zu § 613a BGB.

679 Grundlegend BAG v. 26.5.1983, EzA Nr. 34 zu § 613a BGB; BAG v. 12.11.1991, EzA Nr. 96 zu § 613a BGB.

680 Siehe zur InsO jetzt auch BAG v. 20.6.2002, DB 2003, 100.

681 Ständige Rechtsprechung seit BAG v. 17.1.1980, AP Nr. 18 zu § 613a BGB = NJW 1980, 1124; BAG v. 26.3.1996, AP Nr. 148 zu § 613a BGB = NZA 1997, 94.

682 Vgl. hierzu etwa die Darstellung bei GroßKommKündR/Steffan, § 613a BGB, Rn. 204 ff; KassHbArbR/Hattesen, 6.7, Rn. 87, 162 ff; Erman/Hanau, § 613a BGB, Rn. 32 ff.

BAG nur dann kommen, wenn der Erwerber zudem die wesentlichen Betriebsmittel oder das Personal übernimmt und die bisherige Einheit weiterführt[683].

c) Zwangsverwaltung

Ähnlich liegt es bei der Zwangsverwaltung eines Grundstückes. Die dem Zwangsverwalter kraft Amtes verliehene Nutzungsbefugnis bezieht sich nur auf den beschlagnahmten Teil des Betriebsvermögens. Zu einem Betriebsübergang auf den Zwangsverwalter kommt es, wenn sich dieser mit dem Schuldner als bisherigem Betriebsinhaber hinsichtlich der Übertragung der nicht von der Beschlagnahme erfaßten, die Identität der Einheit prägenden Betriebsmittel einigt[684].

d) Testamentsvollstreckung

Auch bei der Testamentsvollstreckung gem. §§ 2197 ff. BGB kann es zu einem rechtsgeschäftlichen Betriebsübergang gem. § 613a BGB kommen[685]. Gehört zum Nachlaß ein Handelsgeschäft, wird dies gem. § 2205 BGB von einem Testamentsvollstrecker verwaltet. Als Treuhänder wird der Testamentsvollstrecker Inhaber des Handelsgeschäfts und als solcher in das Handelsregister eingetragen. Somit erlangt er die arbeitstechnische Organisations- und Leitungsmacht über die betreffende Einheit, das Tatbestandsmerkmal „Betriebsübergang" ist erfüllt. Die rechtsgeschäftliche Grundlage des Übergangs besteht in der Zustimmung der Erben[686].

3. Die Übertragung bei Betrieben der öffentlichen Hand

Am 26.6.1997 hat das BAG über einen Fall einer Übertragung von Verwaltungsaufgaben von einer Gemeinde auf ein von dieser Gemeinde zusammen mit zehn weiteren Gemeinden gegründetes Verwaltungsamt in der Form einer Körperschaft öffentlichen Rechts entschieden. In dieser Entscheidung hat das Gericht sich u.a. zwar auf die EuGH-Rechtsprechung zur Rechtssache „Henke" berufen, wonach die strukturelle Neuordnung der öffentlichen Verwaltung und die Übertragung von Verwaltungsaufgaben von einer öffentlichen Verwaltung auf eine andere nicht zum Anwendungsbereich der Richtlinie 2001/23/EG gehören; die Frage, ob die Verwaltungstätigkeit des öffentlichen Dienstes als „Betrieb" von § 613a BGB erfaßt wird, hat es jedoch offengelassen. Denn ein Betriebsübergang nach § 613a BGB lag nach Ansicht des Gerichts schon aus einem anderen Grunde nicht vor, nämlich weil die Verwaltungsaufgabe innerhalb einer gänzlich andersartigen Arbeitsorganisation von der übernehmenden Verwaltung fortgeführt wurde. In diesem Fall könne

---

683 BAG v. 14.10.1982, EzA Nr. 38 zu § 613a BGB = DB 1984, 1306.

684 BAG v. 9.1.1980, NJW 1980, 2148.

685 Vgl. hierzu Erman/Hanau, § 613a BGB, Rn. 38.

686 Auf diese Zustimmung hat der Testamentsvollstrecker einen Anspruch gegen die Erben, vgl. BGHZ 24, 106 (112 f.).

schon eine Identitätswahrung der wirtschaftlichen Einheit der Verwaltung nicht angenommen werden[687].

Der Senat wendet § 613a BGB aber in Privatisierungsfällen an, wenn es um die Privatisierung einer öffentlichen Einrichtung auf der Grundlage privatrechtlicher Verträge geht[688]. Daß es sich in diesen Fällen beim bisherigen Inhaber des Betriebs um eine juristische Person des öffentlichen Rechts handele, stehe dem nicht entgegen. Entscheidend sei lediglich, ob ein rechtsgeschäftlicher Übergang auf einen anderen öffentlichen oder privaten Rechtsträger stattfinde. Außerdem werden nach der Senatsrechtsprechung von § 613a BGB Übertragungen erfaßt, die durch einen öffentlich-rechtlichen Vertrag gem. § 54 Verwaltungsverfahrensgesetz (VwVfG) vorgenommen werden, da in solchen Fällen nach § 62 S. 2 VwVfG die rechtsgeschäftlichen Vorschriften entsprechend heranzuziehen sind[689].

III. Stellungnahme

1. Der Begriffsinhalt des Tatbestandsmerkmals „durch vertragliche Übertragung oder durch Verschmelzung" bzw. „durch Rechtgeschäft"

a) Allgemeines Begriffsverständnis zur vertraglichen Übertragung

Es läßt sich feststellen, daß das Verständnis des EuGH und des BAG zum Tatbestandsmerkmal „durch vertragliche Übertragung" bzw. „durch Rechtsgeschäft" weitgehend identisch ist[690]. Beide Gerichte legen das Merkmal aus teleologischen Gründen weit aus, so daß diesem vor allem eine Abgrenzungsfunktion zu anderen Übergangsformen - z.B. des Übergangs durch Hoheitsakt[691] - zukommt. Inhaltlich hingegen werden die Begriffe „Rechtsgeschäft" und „vertragliche Übertragung" kaum eingegrenzt. Es genügt, wenn der „Erwerber" seine Position auf rechtgeschäftlicher Grundlage mittelbar von einem Dritten ableitet, eine unmittelbare Beziehung zum Veräußerer ist nach Ansicht sowohl des europäischen als auch des nationalen Gerichts nicht erforderlich. Zudem wird es als ausreichend angesehen, wenn der neue Inhaber die Fortführungsmöglichkeit „aus einem Bündel von Rechtsgeschäften" (BAG) bzw. „in zwei Schritten" (EuGH) erlangt.

---

687 BAG, ZIP 1997, 1975 (1976, zugleich Leitsatz).

688 BAG v. 25.5.2000, NZA 2000, 1115 (1117).

689 BAG, EzA Nr. 136 zu § 613a BGB; vgl. auch die weiteren Nachweise aus der Literatur bei Kohte, BB 1997, 1738 (Fn. 37).

690 So auch Schiefer, NZA 1998, 1095 (1103).

691 Zur Anwendbarkeit der Richtlinie bei Betriebs- oder Unternehmensübergängen im Wege der Erbfolge mußte sich der EuGH bisher nicht äußern. Daß die Richtlinie, insbesondere weil in derartigen Fällen ihre „wirtschaftsorientierte Zielsetzung" nicht tangiert ist, nicht einschlägig sein dürfte, hat v. Alvensleben, S. 220 ff., bereits 1992 überzeugend ausgeführt.

Dieses weite Begriffsverständnis in der europäischen und nationalen Rechtsprechung verdient Zustimmung. Aus europarechtlicher Sicht erscheint ein engeres Verständnis der „vertraglichen Übertragung“ - wie der EuGH zurecht anmerkt - schon wegen des unterschiedlichen Wortlauts der Richtlinienfassungen in den Mitgliedstaaten nicht angebracht. So weist etwa die Entsprechung zur „vertraglichen Übertragung“ in der englischen Fassung - der Begriff „legal transfer“ - in keiner Weise auf das Erfordernis eines zugrundeliegenden Rechtsgeschäfts hin[692]. Entscheidend für ein weites Verständnis der rechtsgeschäftlichen Grundlage des Betriebsübergangs läßt sich zudem der Schutzzweck der Richtlinie und des § 613a BGB anführen. Denn aus Arbeitnehmerschutzgesichtspunkten macht es keinen Unterschied, ob ein neuer Betriebsinhaber, der eine schon bestehende Einheit weiter für sich nutzt, diese mit oder ohne Einbeziehung des alten Inhabers der Einheit übernimmt[693].

Die hiergegen in der Literatur teilweise vorgebrachten Einwände[694] können nicht überzeugen: Insbesondere wird von Teilen des Schrifttums gegen die Rechtsprechung, wonach eine Beziehung zwischen alten und neuen Inhaber erforderlich sei, vorgebracht, hiermit würde der Tatbestand „uferlos ausgeweitet“[695]. Annuß weist in diesem Zusammenhang auf die frühere Rechtsprechung des BAG[696] hin, wonach der Übergang der Leitungsmacht zumindest „auf dem Willen der betroffenen Betriebsinhaber beruhen“ mußte. Daß das BAG dieses Kriterium nunmehr aufgegeben habe und es nicht mehr erforderlich sei, daß dem Erwerber die Befugnis zur Fortführung des Betriebs übertragen wurde, hält Annuß für bedenklich. Denn danach würden von § 613a BGB nunmehr auch solche Fälle erfaßt, in denen bei wertender Betrachtung der bisherige Betrieb nicht lediglich fortgeführt worden sei, sondern der neue Inhaber diesen aus eigener Kraft neu errichtet habe. Diese neue Einheit sei nur zufällig oder aus rein praktischer Notwendigkeit mit dem früher bei dem anderen Inhaber bestehenden Betrieb identisch[697]. In eine ähnliche Richtung geht die Kritik von Wank, der es als nicht gerechtfertigt ansieht, daß sich auch derjenige als Betriebsübernehmer wiederfindet, der sich den Betrieb von Vorbehaltsverkäufern und Sicherungsnehmern

---

692 Diverse sprachliche Fassungen des Merkmals „vertragliche Übertragung“ nennt der EuGH in der Abels-Entscheidung - Rn. 11. Danach deuten neben der deutschen auch die französische, griechische, italienische und die niederländische Fassung auf eine vertragliche Grundlage hin, nicht erkennbar ist dieses in der englischen und der dänischen Richtlinienfassung.

693 A.A. Willemsen/Annuß, Anm. zum BAG-Beschluß v. 17.7.1997, DB 1997 1875 (1877), die das Vorliegen eines ausdrücklichen oder stillschweigenden Einvernehmens zwischen dem Erwerber und dem bisherigen Betriebsinhaber fordern.

694 Vgl. Annuß, BB 1998, 1582 (1585); Loritz, RdA 1987, 65 (73f.); Lüke, Anm. zu BAG AP Nr. 24 zu § 613a BGB (für Fälle des Pächterwechsels).

695 MüHbArbR/Wank, § 124, Rn. 75, 86.

696 AP Nr. 101 zu § 613a BGB = BB 1993, 2456.

697 Annuß, BB 1998, 1582 (1585).

einzeln zusammenkauft[698], sowie die Kritik von Loritz, der ebenfalls die Gefahr sieht, daß derjenige, der sächliche und immaterielle Mittel eines Betriebsvermögens von verschiedenen Eigentümern erwerbe und sich damit einen Betrieb aufbaut, sich als Partner von Arbeitsverhältnissen wiederfinde, weil er bewußt oder unbewußt in eine „Marktlücke" vorgestoßen ist, die ein anderer, inzwischen eingestellter Betrieb vor ihm besetzt gehalten hat[699]. Dieser Kritik kann jedoch nicht zugestimmt werden. Denn die von Annuß und Wank genannten Gefahren werden schon vom Tatbestandsmerkmal „Übergang eines Unternehmens, Betriebs, Unternehmens- oder Betriebsteiles" in sachgerechter Weise erfaßt. Danach wird in Fällen, in denen jemand Betriebsmittel eines ehemaligen Betriebes „einzeln zusammenkauft", kaum jemals die Identität der bisherigen Einheit nach den im 3. Teil, A. aufgestellten Grundsätzen gewahrt sein. Schafft es ein Erwerber hingegen die Identität der bisherigen Einheit aufrecht zu erhalten und macht sich hiermit - wie Annuß sich an anderer Stelle durchaus zutreffend ausdrückt – „die Koordinierungsleistung des bisherigen Betriebsinhabers" zu eigen, rechtfertigt dies ein Eingreifen des § 613a BGB bzw. der Richtlinie 2001/23/EG unabhängig davon, ob der neue Inhaber sich hierfür an den bisherigen Inhaber wenden mußte oder nicht. In diesem Fall hat der Erwerber den Betrieb gerade nicht „aus eigener Kraft" errichtet. Im übrigen ist der weitere Hinweis Annuß' verfehlt, das BAG berufe sich in seiner Begründung zu Unrecht auf die europäische Rechtsprechung. Denn der EuGH sieht z.B. bei einer Übernahme einer organisierten Gesamtheit von Arbeitnehmern im Rahmen einer Auftragsnachfolge den Tatbestand der Richtlinie ebenfalls als erfüllt an, ohne daß es hiefür einer Willensübereinstimmung zwischen bisherigem und neuem Betriebsinhaber bedürfte[700].

Schließlich ist es auch nach dem deutschen Wortlaut des Art. 1 Abs. 1a) der Richtlinie 2001/23/EG „Übergang auf einen anderen Inhaber durch vertragliche Übertragung" und dem Wortlaut des § 613a Abs. 1 BGB „Geht ein Betrieb (...) durch Rechtsgeschäft auf einen anderen Inhaber über" nicht zwingend, daß dieser Übergang direkt vom alten auf den neuen Inhaber erfolgen muß[701]. Dies ergibt sich auch nicht aus der Definition des „Veräußerers" in Art. 2 Abs. 1a) der Richtlinie als die Person, die aufgrund eines Übergangs i.S.v. Art. 1 Abs. 1 der Richtlinie als Inhaber ausscheidet.

---

698 MüHbArbR/Wank, § 124, Rn. 86.

699 Loritz, RdA 1987, 65 (73f.). Bei der Kritik von Loritz ist zudem zu beachten, daß diese bereits aus dem Jahre 1987 stammt, also aus einer Zeit, in der die Rechtsprechung des BAG der bloßen Übernahme von materiellen Betriebsmitteln noch eine weitaus höhere Bedeutung beigemessen hat. Die von Loritz geschilderte Gefahr eines zufälligen Zusammenkaufens eines Betriebs besteht nach der neueren Identitätsrechtsprechung von EuGH und BAG nicht mehr, so daß schon zweifelhaft ist, ob Loritz seine Kritik auch heute noch derartig äußern würde.

700 Siehe z.B. die Entscheidungsgründe in den Entscheidungen „Ayse Süzen" und „Hidalgo".

701 So auch v. Alvensleben, S. 197.

b) Das Tatbestandsmerkmal „durch Rechtsgeschäft" und seine Abgrenzungsfunktion in Umwandlungsfällen

Wie gezeigt, liegt der Zweck der Beschränkung des § 613a BGB auf rechtsgeschäftliche Betriebsübergänge nach Ansicht des BAG darin, die Fälle der Gesamtrechtsnachfolge kraft Gesetzes oder sonstigen Hoheitsakts von der Anwendung der Vorschrift auszuschließen. Darüber hinaus sei eine weite Auslegung des Tatbestandsmerkmals geboten. Die strikte Unterscheidung zwischen Rechtsgeschäft und Gesamtrechtsnachfolge erscheint jedoch unter zwei Gesichtspunkten problematisch:

Zunächst ist hier der weitergehende Wortlaut der Richtlinie 2001/23/EG zu nennen. § 613a BGB enthält nur das Merkmal „durch Rechtsgeschäft", in der Richtlinie ist neben der entsprechenden „vertraglichen Übertragung" zudem noch den Fall der „Verschmelzung" erwähnt. Für diesen Fall ist es daher bereits ein Gebot europarechtskonformer Auslegung, daß § 613a BGB Anwendung findet[702]. Dementsprechend hat das BAG auch bereits in einer Entscheidung vom 5.3.1993[703] eine entsprechende Anwendung des § 613a BGB im Falle einer Gesamtrechtsnachfolge durch Fusion bejaht und dies damit begründet, daß auch in der § 613a BGB zugrundeliegende Richtlinie 77/187/EWG die Verschmelzung der vertraglichen Übernahme gleichgestellt sei.

Ferner regelt § 324 Umwandlungsgesetz[704], daß § 613a Abs. 1, 4 bis 6 BGB durch die Wirkungen der Eintragung einer Verschmelzung, Spaltung oder Vermögensübertragung unberührt bleibt. Hieraus folgt, daß die Voraussetzungen des § 613a BGB auch im Umwandlungsfall selbständig zu prüfen sind, bei § 324 UmwG handelt es sich insofern um eine Rechtsgrundverweisung[705]. Ein Betriebsübergang gem. § 613a BGB scheidet in den in § 324 UmwG benannten Fällen nicht von vornherein aufgrund eines fehlenden Tatbestandsmerkmals „durch Rechtsgeschäft" aus[706]. Das erforderliche Rechtsgeschäft kann beispielsweise im Verschmelzungs-, Spaltungs- oder Vermögens-übertragungsvertrag erblickt werden[707]. In Betracht kommt auch eine Nutzungsüberlassungsabrede[708].

---

[702] Vgl. Hölters/Bauer/von Steinau-Steinrück, S. 355; KR/Pfeiffer, § 613a BGB, Rn. 73.

[703] AP Nr. 42 zu § 1 BetrAVG – Zusatzversorgungskassen.

[704] Im folgenden „UmwG".

[705] BAG v. 25.5.2000, NZA 2000, 1715 (1117).

[706] Im Ergebnis ebenso KR/Pfeiffer, § 613a BGB, Rn. 74; ErfK/Preis, § 613a BGB, Rn. 58, 178 mwN.

[707] So auch Hölters/Bauer/von Steinau-Steinrück, S. 355; KR/Pfeiffer, § 613a BGB, Rn. 73; ErfK/Preis, § 613a BGB, Rn. 58.

[708] So liegt es im Fall von BAG v. 25.5.2000, NZA 2000, 1715 (1117).

Darüber hinaus überzeugt auch die Argumentation der herkömmlichen Rechtsprechung nicht, wonach eine Anwendung des § 613a BGB in den Fällen der Gesamtrechtsnachfolge nicht erforderlich sei, weil die Arbeitsverhältnisse hier kraft Gesetzes auf den neuen Inhaber übergingen und es deshalb keines Schutzes der Arbeitnehmer bedürfe[709]. Im Falle der Universalsukzession nach dem UmwG tritt die Universalsukzession in das Vermögen oder die Vermögensteile des übertragenden Rechtsträgers mit der Eintragung in das Handelsregister ein (§§ 20, 131, 176 f. UmwG). Es ist aber durchaus denkbar, dass der für den Betriebsübergang gem. § 613a BGB maßgebliche Zeitpunkt des Übergangs der tatsächlichen Nutzungs- und Verfügungsgewalt vom Zeitpunkt der Eintragung abweicht. So war es beispielsweise im Sachverhalt, der der Entscheidung des BAG vom 25.5.2000[710] zugrundelag. Hier sind ein Landkreis (Veräußerer) und eine sich in Gründung befindliche GmbH (Erwerberin) im Rahmen einer Nutzungsüberlassungsabrede überein gekommen, daß die GmbH bereits am 1.1.1998 die betriebliche Verantwortung für das Übertragungsobjekt, ein Krankenhaus, übernehmen solle. Die Handelsregistereintragung fand hingegen erst im September 1998 statt. Darüber hinaus hat die Anwendbarkeit des § 613a BGB Auswirkungen auf die Frage der Informationspflicht und des Widerspruchsrechts, des Kündigungsverbots gem. § 613a Abs. 4 BGB und der Weitergeltung kollektivrechtlicher Pflichten.
Nach alledem ergibt sich, dass sich der Übergang von Arbeitsverhältnissen in Fällen der Gesamtrechtsnachfolge nach dem UmwG nach § 613a BGB richtet[711].

2. Zur Rechtsprechung in den genannten besonderen Fallkonstellationen

Im Gegensatz zu den bisher gefundenen Ergebnissen in der Untersuchung der Rechtsprechung zum Tatbestand der Richtlinie und des § 613a BGB unterscheiden sich die Rechtsprechung des EuGH und des BAG in den genannten Fallkonstellationen zumindest in den Ergebnissen deutlich voneinander. Dies zeigt sich bei der Rechtsprechung zur Anwendung beider Normen in Fällen der Insolvenz bzw. des Konkurses. Hier wendet der EuGH die Richtlinie überhaupt nicht an, das BAG sieht hingegen den Tatbestand des § 613a BGB, insbesondere das Merkmal „durch Rechtsgeschäft" als erfüllt an, schränkt die Norm jedoch auf Rechtsfolgenseite weitreichend ein. Trotz dieser Unterschiede ist die Rechtsprechung von EuGH und BAG aber auch unter diesem Gesichtspunkt miteinander vereinbar.

Zunächst einmal kann nicht festgestellt werden, daß die Rechtsprechung des BAG nicht den europarechtlichen Vorgaben des EuGH entspricht. Vielmehr macht das

709 BAG v. 6.2.1985, AP Nr. 44 zu § 613a BGB; BAG v. 21.2.1990, AP Nr. 85 zu § 613a BGB; anders nunmehr BAG v. 25.5.2000, NZA 2000, 1715 (1117).

710 NZA 2000, 1715.

711 So auch Hölters/Bauer/von Steinau-Steinrück, S. 355; KR/Pfeiffer, § 613a BGB, Rn. 73; ErfK/Preis, § 613a BGB, Rn. 58 jeweils mwN.

deutsche Gericht in seiner Insolvenzrechtsprechung in zulässiger Weise von einer durch den EuGH den Mitgliedstaaten eingeräumten[712] und mittlerweile in Art. 5 Abs. 1 der Richtlinie 2001/23/EG übernommenen Befugnis Gebrauch, den Anwendungsbereich des materiellen Rechts in Konkursfällen abweichend von der EuGH-Rechtsprechung festzulegen[713].

Des weiteren betreffen die Unterschiede in der Rechtsprechung nicht das Tatbestandsmerkmal „durch vertragliche Übertragung" bzw. „durch Rechtsgeschäft". Sie erklären sich vielmehr aus den Besonderheiten der jeweiligen Fallkonstellationen. So kommt es für den EuGH für die Frage, ob die Richtlinie in besonderen Fallkonstellationen Anwendung finden soll, neben der Ausgestaltung des Verfahrens und dem Schutzzweck der Richtlinie primär auf das mit dem betreffenden Verfahren verfolgte Ziel an. Besteht dieses - wie beim Konkursverfahren - in der Liquidation des Schuldnervermögens zum Zwecke der kollektiven Befriedigung der Gläubiger, findet die Richtlinie keine Anwendung. Dient es hingegen der Stabilisierung eines in der Krise befindlichen Unternehmens, um auf diesem Wege eine dauerhafte Fortsetzung der Tätigkeit und eine Sanierung zu ermöglichen, so sieht der EuGH es angesichts des verfolgten Ziels als nicht zu rechtfertigen an, daß die Beschäftigten des betroffenen Unternehmens bei dessen Veräußerung die Rechte verlieren, die ihnen die Richtlinie zubilligt[714]. Die geschilderte besondere Interessenlage in der Insolvenz ist ebenfalls der Hintergrund für die Rechtsprechung des BAG. Unterschiedlich ist allein der Weg, auf dem das deutsche Gericht diesen bestehenden Konflikt gelöst hat, nämlich durch eine modifizierte Betrachtung auf Rechtsfolgenseite. Welche Lösung letztendlich vorzugswürdig ist, kann an dieser Stelle offengelassen werden. Zwar ist dem EuGH sicher darin zuzustimmen, daß die - wenn auch nur teilweise - Anwendung der Rechtsfolgenregelung der Richtlinie bzw. des § 613a BGB eine notwendige Sanierung erschwert und durchaus geeignet ist, einen potentiellen Erwerber abzuschrecken mit der Konsequenz, daß die Arbeitsplätze erst recht nicht erhalten werden könnten[715]. Andererseits stellt der Erhalt des betroffenen Unternehmens nach § 1 der deutschen InsO nunmehr ebenfalls ein ausdrückliches Ziel des Insolvenzverfahrens dar, in einem Insolvenzplan (§§ 217 ff. InsO) kann zudem die Fortführung des Unternehmens vorgesehen werden. Insofern trifft die Begründung des EuGH für die von ihm vertretene Differenzierung zumindest für die Bundesrepublik nicht mehr ohne weiteres zu.

---

712 Abels - Rn. 24.

713 Vgl. hierzu Bergwitz, DB 1999, 2005 (2007).

714 Dethier Equipement - Rn. 21-31.

715 Alvensleben, S. 214 ff; Bergwitz, DB 1999, 2005 (2006); vgl dazu auch die Untersuchung von Keller-Stoltenhoff (S. 68, 71) aus dem Jahre 1986, wonach in 25 % der Fälle eine Betriebsveräußerung letztlich an § 613a BGB scheitert.

Betrachtet man die Sichtweisen der Rechtsprechung zum Tatbestandsmerkmal „durch vertragliche Übertragung“ bzw. “durch Rechtsgeschäft“ hingegen isoliert, so stellt man fest, daß sowohl EuGH als auch BAG dieses auch für die besonderen Fallkonstellationen als bloßes Abgrenzungsmerkmal ansehen. Insofern ist für das BAG die Weiterführung des Betriebs durch den Insolvenzverwalter kein Rechtsgeschäft, da dies auf Normen der InsO beruht, die Übertragung der Einheit durch den Verwalter auf einen Dritten stellt hingegen ein Rechtsgeschäft dar. Der EuGH hat demgegenüber im Fall „Abels“ festgestellt, daß der Verkauf eines Unternehmens im Rahmen eines Konkursverfahrens in einigen Mitgliedstaaten als normaler Kaufvertrag ausgestaltet ist, in anderen hingegen aufgrund eines Hoheitsaktes erfolgt[716]. Für die Beurteilung besonderer Fallkonstellationen kommt es nach Meinung des Gerichtshofs jedoch auch auf die Ausgestaltung des fraglichen Verfahrens an. In diesem Kriterium findet sich die Abgrenzungsfunktion des Tatbestandsmerkmals „vertragliche Übertragung“ zu einer Übertragung durch Hoheitsakt wieder. Denn hiernach prüft der Gerichtshof regelmäßig, wie weit die gerichtliche Kontrolle über das betreffende Unternehmen geht und ob dessen etwaige Einstellung aufgrund einer gerichtlichen Entscheidung beruht. Maßgeblich ist der Grad der Verflechtung der betreffenden Fallkonstellation mit einem gerichtlich-hoheitlichem Verfahren. Während Sanierungsverfahren auf Verhandlungslösungen abzielen, bleiben die Konkursverfahren ausgespart, da diese maßgeblich durch die gerichtliche Kontrolle geprägt werden[717].

3. Zur Rechtsprechung zur Übertragung von Betrieben der öffentlichen Hand

a) Betriebe der öffentlichen Hand als Gegenstand einer Übertragung

Es läßt sich zunächst feststellen, daß der EuGH und das BAG übereinstimmend davon ausgehen, daß es der Anwendbarkeit der Richtlinie und des § 613a BGB nicht entgegensteht, daß bei der Übertragung auf Veräußerer- oder Erwerberseite juristische Personen des öffentlichen Rechts stehen. Darüber hinaus nimmt der EuGH aber an, daß keine „Übertragung eines Unternehmens, Betriebs oder Betriebsteils“ vorliegt, wenn die betreffende öffentlich-rechtliche Einheit nur hoheitliche Aufgaben wahrnimmt. Dies ergibt sich aus der dargestellten Entscheidung „Henke“. Die Anwendung der Richtlinie scheiterte hier am Umstand, daß nach Feststellungen des Gerichts „hoheitliche Tätigkeiten“ Gegenstand der Übertragung waren. Hingegen ist der EuGH nicht auf die Art der Übertragung eingegangen. Die Frage, ob § 613a BGB bei der Übertragung hoheitlicher Aufgaben einschlägig sein kann, hat das BAG bislang offengelassen. Die Rechtsprechung des EuGH ist mittlerweile in Art. 1 Abs.1c) der Richtlinie

---

716 Abels - Rn. 12.
717 Vgl. auch Kohte, BB 1997, 1738 (1739).

2001/23/EG eingeflossen, wonach die Richtlinie für öffentliche und private Unternehmen gilt, die eine wirtschaftliche Tätigkeit ausüben, unabhängig davon, ob sie Erwerbszwecke verfolgen oder nicht[718]. Der soeben geschilderten Rechtsprechung soll an dieser Stelle zugestimmt werden.

Die Anwendbarkeit der Richtlinie und des § 613a BGB kann nicht schon deswegen ausgeschlossen werden, weil bei der Übertragung auf Veräußerer- oder Erwerberseite juristische Personen des öffentlichen Rechts stehen. Dies ergibt sich aus dem Umstand, daß juristische Personen des öffentlichen Rechts heutzutage eine Reihe von Aufgaben wahrnehmen, die ebenso durch Private erfüllt werden. Dies gilt z.B. für öffentliche Versorgungsunternehmen (Strom, Wasser, Gas), Entsorgungseinrichtungen (Abfallbeseitigung, Straßenreinigung), kulturelle Einrichtungen (Museen, Theater) oder Einrichtungen des Gesundheitswesens (Krankenhäuser, Sanatorien). Hier ist kein Grund für eine Privilegierung der öffentlich-rechtlichen gegenüber den privatrechtlichen Personen ersichtlich. Auch die Arbeitnehmer erscheinen in beiden Fällen gleich schützenswert.

Die Richtlinie 2001/23/EG bzw. § 613a BGB sollte aber - entsprechend der vom EuGH vertretenen und in Art. 1 Abs. 1c) der Richtlinie 2001/23/EG normierten Einschränkung - keine Anwendung finden, wenn die betreffenden Einheiten keine wirtschaftlichen, sondern allein hoheitliche Aufgaben wahrnehmen[719]. Dies begründet der EuGH zutreffend mit dem Schutzzweck der Richtlinie 77/187/EWG (2001/23/EG), der nicht dem Arbeitnehmerschutz allgemein, sondern diesen nur im Rahmen eines „wirtschaftsorientierten" Übergangs von Unternehmen erfaßt[720]. Diese Wirtschaftsorientierung ergibt sich sowohl aus der Präambel als auch aus der Entstehungsgeschichte der Richtlinie 77/187/EWG und wurde vom europäischen Gesetzgeber durch die Neufassung der Richtlinie 98/50/EG noch einmal bekräftigt[721]. Zudem ergibt sich dies aus dem i.R.d. Tatbestandsmerkmals „Betriebsübergang"[722] für richtig erkannten Wirtschaftlichkeitskriterium. Berücksichtigt man dies, so läßt sich die Anwendung der Richtlinie bzw. des § 613a BGB bei der Übernahme einer Einrichtung der öffentlichen Hand nicht durch die Erwä-

[718] V. Roetteken, NZA 2001, 414 (420) sieht daher Bedarf für eine genauere Fassung des § 613a BGB.

[719] Anderer Ansicht Kohte, BB 1997, 1738 (1741) für § 613a BGB. Dieser begründet seine Ansicht damit, daß die Richtlinie 77/187/EWG (2001/23/EG) der Angleichung der arbeitsrechtlichen Standards nur für marktorientierte Unternehmensübertragungen diene. Dies sei bei § 613a BGB anders, da die nationale Norm auf Art. 74 Nr. 12 GG als Kompetenzgrundlage beruhe, welcher den Bund zur generellen Regelung arbeitsrechtlicher Sachverhalte legitimiere.

[720] Von dieser Wirtschaftsorientierung der Richtlinie gehen auch Kohte (BB 1997, 1738 (1739)) und v. Alvensleben (S. 222 ff.) aus.

[721] S.o. 2. Teil A. I. 2., 3.

[722] Um die Anwendbarkeit dieses Tatbestandsmerkmals für Einheiten, die hoheitliche Aufgaben ausführen, geht es auch hier.

gung begründen, der neue Inhaber erwerbe eine betriebswirtschaftlich interessante Einheit, die es für ihn rechtfertigt, die Rechtsfolgen des Betriebsübergangs tragen zu müssen. Vielmehr werden Umstrukturierungsmaßnahmen und Kompetenzübertragungen innerhalb der staatlichen Sphäre unter Beachtung besonderer öffentlich-rechtlicher bzw. politischer Gesichtspunkte durchgeführt. Diese sind mit wirtschaftlichen Kriterien nicht vergleichbar[723].

b) Die Art der Übertragung

Während es bei der eben erörterten Frage, ob Betriebe der öffentlichen Hand überhaupt Gegenstand einer Übertragung i.S.d. Richtlinie bzw. des § 613a BGB sein können eigentlich um den für diese Normen geltenden Unternehmens- und Betriebsbegriff ging, fällt die „Art der Übertragung" unter das Tatbestandsmerkmal „durch vertragliche Übertragung" bzw. „durch Rechtsgeschäft". Hier greift richtigerweise wiederum die Abgrenzungsfunktion des Tatbestandsmerkmals ein. In den Fällen der Privatisierung greift § 613a BGB direkt ein, wenn Grundlage der Übertragung ein privatrechtlicher Vertrag ist. Sowohl die Richtlinie als auch § 613a BGB erfordern nicht zwingend ein privatrechtliches Rechtsgeschäft, so daß diese Normen - wie das BAG zutreffend erkennt - auch eingreifen können, wenn Grundlage eines Übergangs ein öffentlich-rechtlicher Vertrag gem. §§ 54 ff. VwVfG ist. Dies folgt dann zudem noch aus § 62 S. 2 VwVfG.

Beruht dagegen ein Übergang auf Gesetz oder Verwaltungsakt, so liegt kein Übergang aufgrund eines Rechtsgeschäftes vor[724]. Teilweise wird für diese Fälle jedoch eine analoge Anwendung des § 613a BGB erwogen[725].

---

[723] So auch v. Alvensleben für Fälle der öffentlich-rechtlichen Funktionsnachfolge, S. 226 f.

[724] A.A. v. Roetteken, NZA 2001, 414 (420).

[725] Dafür Kohte, BB 1997, 1738 (1741f.); GroßkommKündR/Steffan, § 613a BGB, Rn. 70; ErfK/Preis, § 613a BGB, Rn. 62; a.A. sind KR/Pfeiffer, § 613a BGB, Rn. 77; BAG v. 6.9.1978, EzA Nr. 20 zu § 613a BGB.

4. Teil: Fazit

Wenking hat in seiner Arbeit zum Betriebsübergang im europäischen und deutschen Arbeitsrecht noch vor kurzem festgestellt, „Europa ist noch lange nicht eins". Mag der Hinweis auf die Uneinigkeit in Europa damals inhaltlich richtig gewesen sein, so läßt sich heute feststellen, daß die Prognose „noch lange nicht" zumindest unzutreffend war. Denn was den Betriebsübergang im europäischen und deutschen Arbeitsrecht angeht, so findet man nunmehr weitestgehend eine einheitliche Rechtsprechung des Europäischen Gerichtshofs und des Bundesarbeitsgerichts vor. Europa ist also eins geworden und dies verdient volle Zustimmung.

Der Hintergrund hierfür liegt in dem Umstand, daß es sich beim Tatbestand des Betriebsübergangs mittlerweile um eine europäische Rechtsfrage handelt. Dessen Anwendungsbereich wird durch die Richtlinie 2001/23/EG festgelegt und durch § 613a BGB in nationales Recht umgesetzt. Zur Auslegung ist daher in erster Linie der EuGH berufen. Den deutschen Gerichten fällt die Aufgabe zu, die vom EuGH geschaffenen Grundsätze anzuwenden und anhand spezifischer Besonderheiten in der deutschen Rechtsordnung weiterzuentwickeln.

Nachdem insbesondere die Entscheidungspraxis des EuGH längere Zeit eher Anlaß zur Sorge gegeben hat, muß der Rechtsprechung von EuGH und BAG zum Tatbestand der Richtlinien und des § 613a BGB nunmehr auch inhaltlich voll zugestimmt werden. Als zentrales Tatbestandsmerkmal steht dabei die Feststellung eines „Übergangs von Unternehmen, Betrieben, Unternehmens- bzw. Betriebsteilen". Hierzu ist im Rahmen einer Gesamtabwägung unter Berücksichtigung einer Vielzahl von Kriterien danach zu fragen, ob eine wirtschaftliche Einheit ihre Identität bewahrt hat. Durch das Tatbestandsmerkmal „auf einen anderen Inhaber" wird sodann gewährleistet, daß tatsächlich ein Wechsel in der Inhaberschaft der wirtschaftlichen Einheit stattgefunden hat. Schließlich dient das Merkmal „durch Rechtsgeschäft" bzw. „durch vertragliche Übertragung oder Verschmelzung" vornehmlich der Abgrenzung zu anderen Übertragungsformen, schränkt darüber hinaus den Anwendungsbereich der Richtlinien bzw. des § 613a BGB jedoch nicht ein.

Dieses Modell unterscheidet sich von der herkömmlichen Sichtweise des BAG im wesentlichen in zwei Punkten:

Zum einen finden hierin im Rahmen des Abwägungsvorgangs alle Kriterien Berücksichtigung. Bisher ging das BAG hingegen davon aus, daß die Arbeitnehmer von vornherein bei einer derartigen Abwägung außen vor bleiben müßten, relativierte dies allerdings z.T. dadurch, indem das Gericht zumindest die Übernahme von Know-how-Trägern unter dem Gesichtspunkt der immateriellen Betriebsmittel berücksichtigte. Abgesehen davon, daß schon die Begründung für die herkömmliche Sichtweise des BAG, das sog. Konfusionsargument, verfehlt ist, überzeugt die jetzige gegenüber der bisherigen Sichtweise auch inhaltlich. Sie hat den Vorteil, daß sich hiermit für alle denkbaren Fallkonstellationen sachgerechte Ergebnisse erzielen lassen. Dies war bisher zumindest für die Arten von Dienstleistungsbetrieben, in denen keinerlei relevante materielle oder immaterielle Betriebsmittel vorhanden sind, nicht der Fall.

Der zweite maßgebliche Unterschied liegt darin, daß es bisher nach Ansicht des BAG nur auf den Erwerb der Fortführungsmöglichkeit des neuen Inhabers der wirtschaftlichen Einheit ankam, mittlerweile der EuGH und das BAG sich aber darin einig sind, daß der Erwerber die fragliche Einheit tatsächlich fortführen muß. Diese Neuerung erscheint konsequent und führt ebenfalls zu sachgerechten Ergebnissen, die die Interessen der beteiligten Parteien sachgerecht berücksichtigt[726].

Über diese Unterschiede hinaus entsprechen die Ergebnisse der einheitlichen Linie von EuGH und BAG aber weitgehend denjenigen der bisherigen nationalen Rechtsprechung, wenn dabei auch oftmals an anderen europarechtlichen Begrifflichkeiten - wie der der „wirtschaftlichen Einheit“ statt des „Betriebs oder Betriebsteils“ i.S.d. § 613a BGB - angeknüpft wird.
Ein weiterer wichtiger und zugleich begrüßenswerter Aspekt in der neuen Rechtsprechung zum Betriebsübergang liegt darin, daß damit die den Regelungen zugrundeliegenden Gesichtspunkte, sprich der Arbeitnehmerschutzgedanke aber auch die wirtschaftliche Bedeutung eines Übergangs für die beteiligten Personen, angemessen berücksichtigt und miteinander in Einklang gebracht werden.

Trotz dieser insgesamt positiven Bewertung muß jedoch davor gewarnt werden, die Problematik des Betriebsübergangs nunmehr als gelöst ansehen zu wollen. Dies erscheint schon wegen der Vielgestaltigkeit der denkbaren Fallkonstellationen bei einem Vorgang, der maßgeblich von wertenden Elementen abhängig ist, von vornherein als unmöglich. Für Kritik und Diskussionen wird daher auch weiterhin genug Raum vorhanden sein. Das in dieser Arbeit beschriebene Modell kann nur in vornehmlich abstrakter Form eine gute Grundlage für die Einordnung von Betriebsübergangssachverhalten geben. Insbesondere kann es dazu beitragen, die bisher in den frühen Entscheidungen des EuGH aber auch in einigen älteren BAG-Entscheidungen anzutreffende Tendenz, allzu leicht einen Betriebsübergang zu bejahen, einzudämmen. Insofern soll an dieser Stelle noch einmal darauf hinge-

---

[726] S.o. 3. Teil B. III.

wiesen werden, daß auch der Arbeitnehmerschutzgedanke, der sowohl der Richtlinie 2001/23/EG als auch § 613a BGB zugrundeliegt, es eben nicht in jedem Fall erfordert, einen Betriebsübergang anzunehmen.

Literaturverzeichnis

Alvensleben v., Constantin, Die Rechte der Arbeitnehmer bei Betriebsübergang im europäischen Gemeinschaftsrecht; Baden Baden 1992

Annuß, Georg, Der Betriebsübergang nach „Ayse Süzen"; NZA 1998, 70

ders., Der Betriebsübergang in der neuesten Rechtsprechung des Bundesarbeitsgerichts; BB 1998, 1582

Baeck, Ulrich/Lingemann, Stefan, Auftragsübergang als Betriebsübergang? - Neues vom EuGH; NJW 1997, 2493

Bastgen, Margit, Wie man seine Belegschaft unfreiwillig vergrößert; BB 1994, 1859

Baudenbacher, Carl, Auftragsnachfolge und Betriebsübergang im europäischen Recht; DB 1996, 2177

Bauer, Jobst-Hubertus, Unternehmensveräußerung und Arbeitsrecht; Heidelberg 1983

ders., Kein Widerspruchsrecht der Arbeitnehmer bei Betriebsübergang; NZA 1990, 881

Bauer, Jobst-Hubertus/Steinau-Steinrück v., Robert, Neuregelung des Betriebsübergangs: Erhebliche Risiken und viel mehr Bürokratie; ZIP 2002, 457

Beckmann, Detlef Rüdiger, Probleme des Vorabentscheidungsverfahrens nach Art. 177 EGV, Münster 1982

Bergwitz, Christoph, Betriebsübergang und Insolvenz nach der neuen EG-Richtlinie zur Änderung der Betriebsübergangsrichtlinie; DB 1999, 2005

Bieler, Frank, Zur Sicherung der Arbeitnehmer bei der Übernahme notleidender Betriebe; BB 1981, 435

Bötticher, Eduard, Zum Übergang der Arbeitsverhältnisse auf den Betriebsnachfolger; Festschrift für Nikisch, S. 3, Tübingen 1958

Brecher, Fritz, Vertragsübergang, Betriebsnachfolge und Arbeitsverhältnis. Eine Studie zur Struktur der Schuld- und Organisationsverhältnisse; Festschrift für Schmidt-Rimpler zum 70. Geburtstag, S. 181, Karlsruhe 1957

Brößke, Christof, Übernahme eines „nach Zahl und Sachkunde wesentlichen Teils des Personals" als Voraussetzung des Betriebsübergangs; BB 1997, 1412

Buchner, Herbert, Lösung der Kontroverse um den Betriebsübergang - Eine konsensfähige Entscheidung des EuGH; NZA 1997, 408

Canaris, Claus-Wilhelm, Der EuGH als zukünftige privatrechtliche Superrevisionsinstanz?; EuZW 1994, 417

Constantinesco, Leontin-Jean, Das Recht der Europäischen Gemeinschaften; Baden-Baden 1977

Creifelds, Carl, Rechtswörterbuch, 17. Aufl., München 2002

Dänzer-Vanotti, Wolfgang, Die richtlinienkonforme Auslegung; RIW 1991, 755
ders., Methodenstreit um die den EG-Richtlinien konforme Auslegung; DB 1994, 1052
Däubler, Wolfgang, Das Widerspruchsrecht des Arbeitnehmers bei Betriebsübergang - ein Verstoß gegen EG-Recht?; NZA 1991, 134
Dauses, Manfred A., Das Vorabentscheidungsverfahren nach Artikel 177 EG-Vertrag; 2. Aufl., München 1995
ders., Handbuch des EU-Wirtschaftsrechts; München, Stand April 2003
Dietl, Clara-Erika/Lorenz, Egon, Wörterbuch für Recht, Wirtschaft und Politik, Teil I, 5. Aufl., München 1990
Di Fabio, Udo, Richtlinienkonformität als ranghöchstes Normauslegungsprinzip?; NJW 1990, 947
Edenfeld, Stefan, Der Betriebsübergang - ein nach wie vor aktuelles Problem; AuA 1996, 379
ders., Der neue Betriebs(teil)begriff des BAG zu § 613a BGB; AuA 1998, 161
Ehrich, Christian, Das Widerspruchsrecht der Arbeitnehmer beim Betriebsübergang (§ 613a BGB) - keine Makulatur; NZA 1993, 635
Ekkenga, Jens, Die Überleitung von Arbeitsverhältnissen kraft rechtsgeschäftlicher Funktionsnachfolge; ZIP 1995, 1225
Erfurter Kommentar zum Arbeitsrecht, 4. Aufl., München 2004, (zit.: ErfK/Bearbeiter)
Erman, Handkommentar zum Bürgerlichen Gesetzbuch, Band 1 (§§ 1 - 853); 10. Aufl., Münster 2000, (zit.: Erman/Bearbeiter)
Everling, Ulrich, Das Vorabentscheidungsverfahren vor dem Gerichtshof der Europäischen Gemeinschaften; 1. Auflage, Baden Baden 1986
ders., Zur Funktion des Gerichtshofs bei der Rechtsangleichung in der Europäischen Gemeinschaft; Festschrift für Lukes, S. 359, 1989.
Fischer, Lorenz, Individualarbeitsrechtliche Probleme beim Betriebsübergang nach § 613a BGB; Mainz 1980
Fitting, Karl/Kaiser, Heinrich/Heither, Friedrich/Engels, Gerd/Schmidt, Ingrid, Betriebsverfassungsgesetz, Handkommentar; 21. Aufl., München 2002
Franzen, Martin, Entwicklungstendenzen im europäischen und nationalen Recht des Betriebsübergangs; DZWir 1996, 397
Gaul, Björn, Die aktuelle Entwicklung zum Betriebs- und Unternehmens- übergang; ArbuR 1995, 119
ders., Die Privatisierung von Dienstleistungen als rechtsgeschäftlicher Betriebsübergang (§ 613a BGB) - Teil I; ZTR 1995, 344
ders., Aktuelle Entwicklungen im Europäischen Arbeitsrecht; NZA 1997, 1022
ders., Kehrtwende der Rechtsprechung zum Betriebsübergang im Dienstleistungsbereich; ZTR 1998, 1
ders., Die neue EG-Richtlinie zum Betriebs- und Unternehmensübergang; BB 1999, 526

Gaul, Björn/Otto, Björn, Unterrichtungsanspruch und Widerspruchsrecht bei Betriebsübergang und Umwandlung; DB 2002, 634

Gaul, Dieter, Der Betriebsübergang; 2. Aufl., Ehningen bei Böblingen 1993

Gemeinschaftskommentar Betriebsverfassungsgesetz, Band 1, 7. Aufl., Neuwied-Kriftel 2002, §§ 1 – 73 b mit Wahlordnungen; Band 2, 7. Aufl., 2002, §§ 74 – 132 mit Kommentierung des BetrVG 1952, (zit.: GK/Bearbeiter)

Gemeinschaftskommentar zum Kündigungsschutzgesetz und zu sonstigen kündigungsschutzrechtlichen Vorschriften, 6. Aufl., Neuwied 2002, (zit.: KR/Bearbeiter)

Gitter, Wolfgang, Betriebsübergang und Arbeitsverhältnis unter besonderer Berücksichtigung des Arbeitnehmers; Festschrift 25 Jahre BAG, S. 133, München 1979

Götz, Volkmar, Europäische Gesetzgebung durch Richtlinien - Zusammenwirken von Gemeinschaft und Staat; NJW 1992, 1849

Grabitz, Eberhard/Hilf, Meinhard, Das Recht der Europäischen Union, Kommentar; Band I, Stand Februar 2002 (19. Ergänzungslieferung), München, (zit.: Grabitz/Hilf/Bearbeiter)

Groeben v.d., Hans/Thiesing, Jochen/Ehlermann, Claus Dieter, Kommentar zum EU-/EG-Vertrag; Band 4 (Art. 137 - 209a EGV), 5. Aufl., Baden-Baden 1997, (zit.: Groeben/Thiesing/Ehlermann/Bearbeiter)

Grobys, Marcel, Die Neuregelung des Betriebsübergangs in § 613a BGB; BB 2002, 726

Großkommentar zum Kündigungsrecht, Herausgegeben von Ascheid, Preis, Schmidt, München 2000, (zit.: GroßkommKündR/Bearbeiter)

Gugerbauer, Norbert, Der EFTA-Gerichtshof und sein Zusammenwirken mit dem EuGH; NJW 1994, 2743

Heilmann, Karin, Die Rechtsprechung des Bundesarbeitsgerichts und des Europäischen Gerichtshofs zum Betriebsübergang im Vergleich; AuR 1996, 168

Heinze, Meinhard, Der Betriebsübergang in der Rechtsprechung des EuGH; DB 1997, 677

Heither, Friedrich, Zum Widerspruchsrecht der Arbeitnehmer bei Betriebsübergang; NZA 1991, 136

ders., Verfahrenskoordination bei der Auslegung der EG-Richtlinie über den Betriebsübergang; RdA 1996, 96

Hennsler, Martin, Aktuelle Rechtsprobleme des Betriebsübergangs; NZA 1994, 913

Herdegen, Matthias, Europarecht; 3. Aufl., München 2001

Hirsch, Günther, Der EuGH im Spannungsverhältnis zwischen Gemeinschaftsrecht und nationalem Recht; NJW 2000, 1817

ders., Wie geht es weiter mit § 613a BGB?; ArbRdGgwart 1997, 21

Hitzfeld, Ulrike, § 613a BGB im System der europäischen Rechtsprechung; BB 1991, 199

Hueck, Alfred/Nipperdey, Hans Carl, Lehrbuch des Arbeitsrechts, 1. Band; 7. Aufl., Berlin-Frankfurt/Main 1963

Hölters, Wolfgang, Handbuch des Unternehmens- und Beteiligungskaufs; 5. Aufl., Köln 2002

Jacobi, Erwin, Betrieb und Unternehmen als Rechtsbegriffe; Leipzig 1926

Jarass, Hans Dieter, Grundfragen der innerstaatlichen Bedeutung des EG-Rechts; Köln 1994

ders., Richtlinienkonforme bzw. EG-rechtskonforme Auslegung nationalen Rechts; EuR 1991, 211

Joost, Detlev, Betrieb und Unternehmen als Grundbegriffe im Arbeitsrecht; München 1998

ders., Der Widerspruch des Arbeitnehmers beim Betriebsübergang und das europäische Recht; ZIP 1991, 220

ders., Eine vergangene Zukunft der Rechtswissenschaft; JZ 1995, 11

ders., Betriebsübergang und Funktionsausgliederung; Festschrift für Ottfried Wlotzke zum 70. Geburtstag, S. 684, 1996

Junker, Abbo, Der EuGH im Arbeitsrecht - Die Schwarze Serie geht weiter; NJW 1994, 2527

Kasseler Handbuch zum Arbeitsrecht, 2. Aufl., Neuwied (u.a.) 2000, (zit. KassHbArbR/Bearbeiter)

Keller-Stoltenhoff, Elisabeth, Die rechtstatsächlichen Auswirkungen des § 613a BGB im Konkurs; Köln 1986

Kirschbaum, Rita-Maria, Zum Begriff des Betriebsübergangs i.S.d. EU-Richtlinie 77/187 (- Anmerkung zu Ayse Süzen); DRdA 1997, 305

Kohte, Wolfhard, Betriebsübergang im öffentlichen Dienst; BB 1997, 1738

Kraft, Alfons, Betriebsübergang und Arbeitsverhältnis in der Rechtsprechung des Bundesarbeitsgerichts; Festschrift 25 Jahre BAG, S. 299, München 1979

Krause, Rüdiger, Das Übergangsmandat des Betriebsrats im Lichte der novellierten Betriebsübergangsrichtlinie; NZA 1998, 1201

Lenz, Carl-Otto, EG-Handbuch - Recht im Binnenmarkt; 2. Aufl., Berlin-Herne 1994, (zit.: Lenz/Bearbeiter, EG-Hb.)

Löw, Friederike, Die Betriebsveräußerung im europäischen Arbeitsrecht; Berlin-New York 1992

Lorenz, Frank, Neuvergabe von Dienstleistungsaufträgen kein Betriebsübergang?; ZIP 1997, 531

Loritz, Karl-Georg, Aktuelle Rechtsprobleme des Betriebsübergangs nach § 613a BGB; RdA 1987, 65

Magiera, Siegfried, Die Rechtsakte der EG-Organe; Jura 1989, 595

Martens, Eckehard Christian, Zur Haftung des Erwerbers bei Betriebsveräußerung durch den Konkursverwalter nach § 613a BGB BGB, insbesondere für Versorgungsanwartschaften; DB 1977, 495
Meilicke, Wienand, Widerspruchsrecht des Arbeitnehmers bei Betriebsübergang - Wirkungen des Europarechts; DB 1991, 1326
Moll, Wilhelm, Betriebsübergang und Arbeitsverhältnis - § 613a BGB: Anwendungsbereich und Voraussetzungen; AnwBl 1991, 282
ders., Bedeutung und Voraussetzungen des Betriebsübergangs im Wandel; RdA 1999, 233
Müller-Glöge, Rudi, Bestandsschutz beim Betriebsübergang nach § 613a BGB; NZA 1999, 449
Münchener Handbuch zum Arbeitsrecht, Band I; 3. Aufl., München 2000, (zit.: MünchHbArbR/Bearbeiter)
Münchener Kommentar zum Bürgerlichen Gesetzbuch, Band 4 (§§ 607 - 704); 3. Aufl., München 1997, (zit.: MüKo/Bearbeiter)
Nikisch, Arthur, Arbeitsrecht, Band I; 3. Aufl., Tübingen 1961
Palandt, Bürgerliches Gesetzbuch, 63. Auflage, München 2004, (zit.: Palandt/Bearbeiter)
Pietzko, Joachim, Der Tatbestand des § 613a BGB; Berlin 1988
Posth, Martin, Arbeitsrechtliche Probleme beim Betriebsinhaberwechsel (§ 613a BGB); Köln 1978
Pottmeyer, Klaus, Die Überleitung der Arbeitsverhältnisse im Falle des Betriebsinhaberwechsels nach § 613a BGB und die Mitbestimmung gemäß §§ 111 ff. BetrVG; Frankfurt/Main-Bern-New York-Paris 1987
Preis, Ulrich, Entwicklungslinien in der Rechtsprechung des EuGH zum Arbeitsrecht; ZIP 1995, 891
Preis, Ulrich/Steffan, Ralf, Neue Konzepte des BAG zum Betriebsübergang nach § 613a BGB; DB 1998, 309
Reichel, Christian, Die Kompetenzabgrenzung zwischen Europäischem und Nationalem Arbeitsrecht; Sinzheim 1995
RGRK, Das Bürgerliche Gesetzbuch Kommentar, herausgegeben von Mitgliedern des Bundesgerichtshofes, §§ 611a - 620, 630; 12. Aufl., Berlin-New York 1997, (zit.: RGRK/Bearbeiter)
Roetteken, v., Torsten, Anforderungen des Gemeinschaftsrechts an Gesetzgebung und Rechtsprechung; NZA 2001, 414
Schaub, Günter, Rechtsprobleme des Betriebsübergangs; ZIP 1984, 272
Scherzberg, Arno, Die innerstaatlichen Wirkungen von EG-Richtlinien; Jura 1993, 225
Schiefer, Bernd, Outsourcing, Auftragsvergabe, Betriebsübergang - nach geänderter Rechtsprechung; NZA 1998, 1095
ders., Rechtsfolgen des Betriebsübergangs nach § 613a BGB; NJW 1998, 1817
Schlachter, Monika, Der Europäische Gerichtshof und die Arbeitsgerichtsbarkeit; Stuttgart-München-Hannover-Berlin-Weimar-Dresden 1995

Schmidt, Klaus, Der Einfluß des Betriebs und Betriebsinhaberwechsels auf die Arbeitsverhältnisse führender Angestellter; Würzburg 1966

ders., Der Betriebsinhaberwechsel im Regierungsentwurf eines Betriebsverfassungsgesetzes; BB 1971, 1199

Schmitker, Elmar, Die Auswirkungen des neuen Umwandlungsgesetzes auf die Zuordnung und den Inhalt der Arbeitsverhältnisse sowie die Fortgeltung von Betriebsvereinbarungen; Frankfurt a.M.-Berlin-Bern-New York-Paris-Wien 1998

Schwanda, Klaus, Der Betriebsübergang in § 613a BGB unter besonderer Berücksichtigung des Betriebsbegriffs; Berlin 1992

Schweitzer, Michael, Staatsrecht III; 7. Aufl., Heidelberg 1999

Seiter, Hugo, Betriebsinhaberwechsel; Stuttgart-Wiesbaden 1980

Soergel, Bürgerliches Gesetzbuch, Band 3, Schuldrecht II (§§ 516-704); 12. Aufl., Stuttgart-Berlin-Köln 1997, (zit.: Soergel/Bearbeiter)

Staudinger, Kommentar zum Bürgerlichen Gesetzbuch, Zweites Buch - Recht der Schuldverhältnisse (§§ 611-615); 13. Aufl., Berlin 1999, (zit.: Staudinger/Bearbeiter)

Steffan, Ralf, Der Betriebsteil als wirtschaftliche Einheit; NZA 2000, 687

Streinz, Rudolf, Europarecht; 4. Aufl., Heidelberg 1999

Streit, Arnold, Das Abkommen über den Europäischen Wirtschaftsraum; NJW 1994, 555

Tomuschat, Christian, Die gerichtliche Vorabentscheidung nach den Verträgen über die Europäischen Gemeinschaften; Köln-Berlin 1964

Trittin, Wolfgang, Der EuGH bestätigt die umstrittene Christel Schmidt-Entscheidung; DB 1997, 1333

ders., Betriebsübergang: Von den Betriebsmitteln zur wirtschaftlichen Einheit; Arbeitsrecht im Betrieb 1998, 374

Tschöpe, Ulrich, Rechtsfolgen eines arbeitnehmerseitigen Widerspruchsrechts beim Betriebsinhaberwechsel; Frankfurt a.M. 1984

Waas, Bernd/Johanns, Anke, Die Änderung der Richtlinie zum Betriebsübergang; EuZW 1999, 458

Wank, Rolf, Die Geltung von Kollektivvereinbarungen nach einem Betriebsübergang; NZA 1987, 505

Wendeling-Schröder, Ulrike, Outsourcing out ? - zur aktuellen Debatte um Funktionsnachfolge und Betriebsübergang -; AuR 1995, 126

dies., Betriebs(teil)übergang und Funktionsnachfolge - Anmerkungen zu neuen Tendenzen der Rechtsprechung zu § 613a BGB und zur EG-Richtlinie 77/187/EWG -; Arbeitsrecht d. Gegenwart Band 32 (1995), 55

Wendling, Gerhard, Rechtsgeschäftlicher Betriebsübergang und Arbeitsverhältnis; Bochum 1980

Wenking, Thomas, Der Betriebsübergang im europäischen und deutschen Arbeitsrecht; Düsseldorf 2000

Wiedemann, Herbert/Willemsen, Heinz Josef, Die Anwendung des § 613a BGB im Konkurs; RdA 1979, 418

Willemsen, Heinz Josef, Die Kündigung wegen Betriebsübergangs; ZIP 1983, 411

ders., Die neuere Rechtsprechung des Bundesarbeitsgerichts zu § 613a BGB; ZIP 1986, 477

ders., Aktuelle Tendenzen zur Abgrenzung des Betriebsübergangs; DB 1995, 924

Willemsen, Heinz Josef/Annuß, Georg, Neue Betriebsübergangsrichtlinie – Anpassungsbedarf im deutschen Recht?; NJW 1999, 2073

Wollenschläger, Michael, Betriebsverfassungsrechtliche Fragen des Betriebsübergangs nach § 613a BGB unter Berücksichtigung des Rechtes der Europäischen Union; Festschrift für Gitter 1995, S. 1067

Ziemons, Hildegard, EuGH-Rechtsprechung versus unternehmerische Entscheidungsfreiheit; ZIP 1995, 987

Zöllner, Wolfgang, Veränderung und Angleichung tarifvertraglich geregelter Arbeitsbedingungen nach Betriebsübergang; DB 1995, 1401

Zivilrechtliche Schriften
Beiträge zum Wirtschafts-, Bank- und Arbeitsrecht

Herausgegeben von Peter Kreutz und Dieter Reuter

Band 1 Sabine Koch: Eigenkapitalleistungen und eigenkapitalersetzende Leistungen des Kommanditisten in der gesetzestypischen Kommanditgesellschaft. 1992.

Band 2 Knut Weigle: Die leitenden Angestellten zwischen Sprecherausschuß und Betriebsrat. 1993.

Band 3 Stephan Worpenberg: Die konzerninterne Arbeitnehmerüberlassung. 1993.

Band 4 Carsten Führling: Sonstige Unternehmensverträge mit einer abhängigen GmbH. 1993.

Band 5 Heike Grote-Seifert: Das englische Arbeitskampfrecht unter besonderer Berücksichtigung der Entwicklung seit 1979. Zugleich: Vergleichende Analyse der Rechtslage in Deutschland und England. 1994.

Band 6 Uwe Theobald: Gesamthaftungsverhältnisse. Die Gesamtschuld als Ausgleichsmodell bei der mehrfachen Drittsicherung einer Forderung. 1994.

Band 7 Kay-Uwe Jacobs: Die Wahlvorstände für die Wahlen des Betriebsrats, des Sprecherausschusses und des Aufsichtsrats. 1995.

Band 8 Horst-Jürgen Michallek: Die Verteilung des wirtschaftlichen Risikos der Nothilfe. Eine rechtsvergleichende Studie. 1995.

Band 9 Sibylle Kessal-Wulf: Die Innenverbände. Am Beispiel Publikumsgesellschaft, Franchising, Mitarbeiterbeteiligung und Betriebsverband. 1995.

Band 10 Britta Holdorf-Habetha: Der Übergang von gewerblich genutztem Vermögen im Wege der Erbfolge im Einkommensteuerrecht. 1996.

Band 11 Sönke-Peter Nehlsen: Nutzungsausfallersatz. Ein notwendiges Übel? Versuch einer dogmatischen Begründung und Alternativlösungen. 1997.

Band 12 Sebastian Graf von Wallwitz: Tarifverträge und die Wettbewerbsordnung des EG-Vertrages. Wettbewerbsbeschränkende Tarifverträge und das Kartellverbot des Artikel 85 EGV. 1997.

Band 13 Hans-Joachim Arnold: Die Bilanzierung des Geschäfts- oder Firmenwertes in der Handels-, Steuer- und Ergänzungsbilanz. 1997.

Band 14 Volker Hoes: Die Überschuldung Privater als Problem von Ungleichgewichten. 1997.

Band 15 Dörte Christiansen: Betriebszugehörigkeit. Die Zuordnung von Arbeitnehmern aus betriebsverfassungsrechtlicher Sicht. 1998.

Band 16 Axel Boysen: Betriebsverband und Arbeitsverhältnis am Beispiel der Gruppenarbeit. Ein Beitrag zur Entwicklung der arbeitsrechtlichen Dogmatik im Wandel der Industriearbeit. 1998.

Band 17 Kristoffer Blydt-Hansen: Die Rechtsstellung der Destinatäre der rechtsfähigen Stiftung Bürgerlichen Rechts. 1998.

Band 18 Per Christiansen: Über die reale Seite der Verbände. Die Bedeutung der tatsächlichen Zweckverfolgung in einem Verband für dessen Legitimität, Existenz und Kontinuität. 1999.

Band 19 Annette Grotkamp: Die Bedeutung des Gesamtbetriebsrats und die Abgrenzung seiner Zuständigkeit zu den Einzelbetriebsräten im Rahmen des Strukturwandels in der deutschen Wirtschaft. 1999.

Band 20 Oliver Ebert: Die Kosten der Einigungsstelle gemäß § 76 a BetrVG 1972 unter besonderer Berücksichtigung der Honorierung von Einigungsstellenmitgliedern. 1999.

Band 21 Christoph Nawroth: Die steuerliche Anerkennung von Familienpersonengesellschaften bei fehlerhaftem Gesellschaftsvertrag. Zur Anwendung der Lehre von der fehlerhaften Gesellschaft im Steuerrecht. 1999.

Band 22 Kai Litschen: Die juristische Person im Spannungsfeld von Norm und Interesse. Am Beispiel der Gesellschafterhaftung in der GmbH. 1999.

Band 23 Eva Günther-Gräff: Kündigung und Kündigungsschutz von Absatzmittlungsverträgen. Dargestellt am Beispiel des Handelsvertreters, des Vertragshändlers und des Franchisenehmers. 1999.

Band 24 Martin Steiner: Entgelte der Kreditinstitute. Regelungen beim Girovertrag mit rechtsvergleichender Darstellung des anglo-amerikanischen Rechts. 2000.

Band 25 Sven Claussen: Grenzen der Insichgeschäfte im Gesellschaftsrecht. 2000.

Band 26 Sönke Peters: Der gesellschaftsrechtliche Grundsatz der Einheitlichkeit der Mitgliedschaft. 2000.

Band 27 Gabriele Komp: Die juristische Person als Geschäftsführungsorgan einer Kapitalgesellschaft. Betrachtungen zu §§ 76 Abs. 3 S. 1 AktG und 6 Abs. 2 S. 1 GmbHG. 2000.

Band 28 Gunnar Mayer: Das außerdienstliche Verhalten von Arbeitnehmern. Ein Beitrag zu Geschichte, Grundlagen und Erscheinungsformen außerdienstlicher Verhaltenspflichten. 2000.

Band 29 Michael Mönke: Die Sicherung der Bauunternehmer nach § 648 a BGB. Unter besonderer Berücksichtigung der Vereinbarkeit der Regelung mit den Prinzipien des Zivilrechts. 2000.

Band 30 Oliver May: Die Zulässigkeit der Regelung von Lohn und Arbeitszeit in Betriebsvereinbarungen. 2001.

Band 31 Robert Pape: Die tarifvertragliche Unkündbarkeit. Zugleich ein Beitrag zu den Grenzen der Tarifautonomie im Kündigungsschutzrecht und zum partiell zweiseitig-zwingenden Charakter des § 1 Abs. 2 und 3 KSchG. 2002.

Band 32 Wilm-Christian Jaekel: Die Bindung an formnichtige Grundstücksverträge nach Treu und Glauben. 2002.

Band 33 Susanne Müller: Die Gesellschafterklage als rechtsformübergreifendes Institut. 2002.

Band 34 Freia Peters: Treuhand und Unterbeteiligung an Gesellschaftsanteilen. Eine vergleichende Betrachtung für den Bereich des Gesellschafts- und des Steuerrechts. 2003.

Band 35 Mario Nahrwold: Die wirtschaftliche Betätigung von Idealvereinen am Beispiel der Ausgliederungsvorhaben der Fußballbundesligavereine. Eine Untersuchung zu Geltungsgrund und Grenzen des Nebentätigkeitsprivileges. 2003.

Band 36 Henning Plöger: Sonderarbeitsrechte im Pressebereich. Auswirkungen eines institutionellen Grundrechtsverständnisses auf das Arbeitskampf- und arbeitsrechtliche Statusrecht der Presse. 2003.

Band 37 Christian Springmann: Der Betriebsrat und die Betriebsbeauftragten. Ein Vergleich zweier betrieblicher Funktionsträger unter besonderer Berücksichtigung ihres Verhältnisses zueinander. 2004.

Band 38 Holger Meyer: Der Tatbestand des Betriebsübergangs nach der Rechtsprechung des Europäischen Gerichtshofs und des Bundesarbeitsgerichts. 2004.

www.peterlang.de

Volker Vogt

Betriebsübergang bei Fremdvergabe (contracting-out) staatlicher Dienstleistungen an Private

Studie zur rechtlichen Situation in Großbritannien und Deutschland

Frankfurt am Main, Berlin, Bern, Bruxelles, New York, Oxford, Wien, 2002.
335 S.
Europäische Hochschulschriften: Reihe 2, Rechtswissenschaft. Bd. 3474
ISBN 3-631-39657-0 · br. € 56.50*

Die Arbeit beinhaltet eine ökonomische Untersuchung des Nutzens von Fremdvergaben staatlicher Dienstleistungen, aus der sich u.a. ergibt, daß eine wesentliche Komponente der Zweckmäßigkeit derartiger Vergaben die Einsparung von Personalkosten ist. Die Höhe dieser Ersparnisse ist von der Frage abhängig, ob mit der Fremdvergabe ein Betrieb(steil) nach der EWG-Richtlinie 77/187 auf den neuen Dienstleister übergeht. Hinsichtlich der dafür erforderlichen Voraussetzungen hat der EuGH in – teilweise widersprüchlicher – jahrelanger Rechtsprechung bestimmte Abgrenzungskriterien entwickelt, die ausführlich dargestellt werden. Diese Kriterien wurden von den Mitgliedstaaten teilweise unterschiedlich interpretiert. Deswegen wird im Anschluß untersucht, wie sich in Großbritannien und Deutschland das Recht und die Praxis bezüglich staatlicher Fremdvergaben seit der Entstehung der Richtlinie entwickelten.

Aus dem Inhalt: Terminologie, Ausmaße und rechtliche Hintergründe von Fremdvergaben staatlicher Dienstleistungen an Private in Großbritannien und Deutschland · Ökonomische Untersuchung hinsichtlich des Nutzens von staatlichen Fremdvergaben · Rechtsprechung des EuGH bezüglich der Anwendbarkeit der Richtlinie 77/187/EWG auf Fremdvergaben staatlicher Dienstleistungen an Private · Betriebsübergang und Fremdvergaben staatlicher Dienstleistungen in Großbritannien und Deutschland im Zusammenspiel mit der Richtlinie 77/187/EWG

FSC
www.fsc.org
MIX
Papier | Fördert gute Waldnutzung
FSC® C083411

Kolibri 360 GmbH
Ferdinand-Jühlke-Straße 7
99095 Erfurt, Deutschland
produktsicherheit@kolibri360.de

Druck:
CPI Druckdienstleistungen GmbH
im Auftrag der
Kolibri 360 GmbH
Ferdinand-Jühlke-Str. 7
99095 Erfurt